"一带一路"开发研究丛书

总主编 ◎ 向宏 胡德平 王顺洪 徐飞

企业生态

良性发展的基础与深化改革的关键

左大杰 ◎ 编

西南交通大学出版社
· 成都 ·

图书在版编目（ＣＩＰ）数据

企业生态：良性发展的基础与深化改革的关键／左
大杰编.—成都：西南交通大学出版社，2017.4
（"一带一路"开发研究丛书）
ISBN 978-7-5643-5429-9

Ⅰ.①企… Ⅱ.①左… Ⅲ.① 企业管理－生态化－研
究－中国 Ⅳ.①F279.23

中国版本图书馆 CIP 数据核字（2017）第 078731 号

"一带一路"开发研究丛书
Qiye Shengtai
企业生态
良性发展的基础与深化改革的关键

左大杰 编

出版人 阳 晓
责任编辑 周 杨
封面设计 严春艳

印张 16.25 字数 226 千	出版发行 西南交通大学出版社	
成品尺寸 165 mm×230 mm	网址 http//www.xnjdcbs.com	
版次 2017 年 4 月第 1 版	地址 四川省成都市二环路北一段 111 号 西南交通大学创新大厦 21 楼	
印次 2017 年 4 月第 1 次	邮政编码 610031	
印刷 四川玖艺呈现印刷有限公司	发行部电话 028-87600564 028-87600533	
书号 ISBN 978-7-5643-5429-9	定价 66.00 元	

ISBN 978-7-5643-5429-9

9 787564 354299 >

"一带一路"开发研究丛书
创作与出版说明

一、立项说明

"一带一路"倡议如果没有找准全球发展的真实需求，她不可能在今天得到如此众多国家的支持和响应。尽管如此，寻求最广泛的共识与参与依然是我们需要艰苦努力的目标，因为这一倡议的本质是推动"五通三同"：政策沟通、设施联通、贸易畅通、资金融通、民心相通以及利益共同体、责任共同体、命运共同体，在此基础上实现区域共同市场的协同发展与全球化的深入。

"一带一路"倡议尽管是一个经济发展战略和操作计划，但她明显区别于一般的全球发展概念和相应项目计划，因此，"五通三同"既是手段又是目的，只有如此，我们才能推进相关事业的螺旋递进和升华发展。

面对如此众多的国家与经济体，要建立"五通三同"的基本理解与共识并不断深化，将是一个非常复杂的浩繁系统工程。我们深知没有理论研究的超前展开和持续跟进，寻求广泛共识与普遍参与将是非常困难的。

"'一带一路'开发研究丛书"将从五个角度把握选题方向，弄清基本诉求、明晰关键问题、找准逻辑关系：一，从中国国家战略角度；二，从全球发展角度；三，从"一带一路"倡议实施的相关主体角度；四，从西南交通大学角度；五，从新基建高潮与轨道交通发展角度。

（一）从中国国家战略角度

随着改革与开放事业的循环递进，中国借助全球化契机，快速实现了城市化与工业化，也就是初步现代化。长周期高速成长的中国在今天面临如何跨越"中等收入陷阱"与"修昔底德陷阱"的巨大难题，全球经济格局的变化也给我们带来了新一轮的挑战。通过更紧密地融入世界经济体系尤其是亚非欧市场，毫无疑问是跨越两大陷阱、实现和平崛起的根本性战略选择。

2013 年 9 月，中国国家领导人正式向国际社会提出了共建"丝绸之路经济带"和"21 世纪海上丝绸之路"的重大倡议，两者合称"一带一路"倡议。近四年来，"一带一路"倡议首先在中国变成了实实在在的国家战略，从组织机制与体系到首批项目安排都全面展开，取得了阶段性成果；"一带一路"倡议不仅得到了沿线国家的积极响应，也结出了诸如亚投行、金砖银行等重大战略性、阶段性成果；2016 年 11 月 17 日，第 71 届联大将"一带一路"倡议正式作为大会议程，这不仅标志着国际社会对它的接受，更预示着"一带一路"倡议逐渐成为全球发展的新理念与新思路，成为"千年计划"的重要操作内涵；2017 年 1 月 17 日，习近平主席在达沃斯世界经济论坛年会上宣布将在北京召开"一带一路"国际合作高峰论坛，预示着中国声音、中国主张、中国方案将满怀信心地进入国际议题；刚刚结束的中美元首"海湖庄园会晤"不仅将开启中美"新型大国关系"格局下的新合作局面，还将在规划中美关系下一个 45 年的过程之中，探寻"繁荣中美与建设世界并行不悖"的、促进世界经济"增量再平衡"的、中美共同倡导的全球发展新主张和"再全球化"新战略，这些中美间的战略安排将促进"一带一路"倡议的全面深化和"一带一路"大市场的兴旺发达。

我们可以预计，5 月 14 日至 15 日在北京召开的高峰论坛不仅是中国主场的全球性盛会，也标志着"从一带一路到人类命运共同体"的全人类"大交通"时代的即将来临，新一轮的世界经济大繁荣也许将由此开启，中国新一轮"对外求和、对内求变"的改革发展新战略同样也将由此开启；随后召开的中共十九大将是新一轮改革发展新战略的组织保障与机制深化。

（二）从全球发展角度

今天亚洲的大部分国家依然面临现代化的紧迫需求，也就是城市化与工业化的紧迫需求；美洲尤其是南美、欧洲尤其是东欧不少国家也面临同样的需求；非洲更是如此。

"一带一路"倡议的一个重要特征就是借鉴中国快速实现工业化与城市化所积累的相关经验、模式、方法以及相应的中国能力，联合欧美日等发达国家力量和沿线发达经济体力量，推动亚、非、拉为主的洲域市场快速实现赶超型的、后发优势的现代化过程。因此，"一带一路"倡议也可以说是全球市场整体实现城市化与工业化的"收尾工程"，它将迎来的是现代化的灿烂晚霞。

今天的北美、欧盟等发达国家和经济体，虽然也因就业等压力提出了"再工业化"等口号，事实上是很难收到实效的，更难发挥比较性优势。他们恰恰应该面对未来寻求超前的战略安排与新竞争力布局，通过商业模式与机制的创新实现诸多未来产业的提前成熟，并通过新兴产业与新生活方式创造全新的后工业化产业体系与新消费体系，实现经济的转型与市场的繁荣乃至社会的发展。

"一带一路"倡议的另一个重要特征就是在中美螺旋递进的战略合作机制下，依托美国发达的科技力量与教育力量，创新技术方案与商业模式，联合欧日等发达经济体力量和沿线发达经济体力量，推动中美市场为基础的、"一带一路"沿线相对发达经济体普遍参与的、超前布局的、先发优势的后现代化过程。因此，"一带一路"倡议也可以说是中美联手推动的全球市场发达经济体超前实现后工业化与后现代化的"超前工程"，它将迎来的是后现代化的蓬勃朝阳。

"一带一路"倡议的上述两大特征使其完全有可能成为"再全球化"或"后全球化"时代，实现世界经济"增量再平衡"和新一轮长周期繁荣的全球新战略，也是推动工业化往后工业化演进的文明转型工程。

（三）从"一带一路"倡议实施的相关主体角度

"一带一路"倡议实施涉及的各类主体非常丰富，同类主体又有不同的层级需求；每类主体对"一带一路"的关注、研究、参与都抱有不同的目的与不同的逻辑演进关系。

"一带一路"倡议实施涉及的产业面也相当广泛，不同区域产业链发育的成熟度又有相当大的差异，全球性产业秩序也处在总体平衡的动态调整之中，它的不确定性和不同主体扮演的龙头角色又决定了产业重组与再造所面临的企业性格的个性化。

"一带一路"倡议实施中有一个征象必须说明，那就是区域共同市场的抬头乃至区域共同市场主义的兴起，这就使我们多了一个关注的对象，那就是区域共同市场的牵头人，也许是国际组织、也许是强势国家、也许是强势企业。

"一带一路"倡议实施不能回避它对现行国际政治经济秩序的影响甚至是话语权地位的调整，既有秩序的守成方和挑战方之间的矛盾是无法回避的，关键是看新秩序的建构能不能达成挑战方与守成方的新平衡，这种新平衡的认可需要靠新思维与大主张。

我们的研究，包括因本套丛书带来的深化研究显然是不能够囊括各类主体的不同需求，当下的需求也许还能够有几分感觉，未来变化中的需求调整是很难把握的，尤其是博弈的双方在入场前后的动机变化是最难把握的，我们将尽努力挑战它。

（四）从西南交通大学角度

西南交通大学秉持 120 年的大交通理念，在全校师生、校友事实上已经是"一带一路"倡议项目实施的普遍参与者基础上，根据创办"双一流"大学的总体目标，提出了"以'一带一路'倡议为契机，以国家实验室为突破，全面建构大交通范畴的学科体系建设理念和有特色的世界一流大学目标"，并以此展开交大新一轮的改革发展新事业。

学校成立了"一带一路"开发研究院与"一带一路"历史文化研究院，参加了全国政协统筹的，由清华大学、国家开发银行、丝路基金等机构发起的"丝路规划研究中心"，同时与中央财经领导小组办公室保持联系，将学校机制与国家机制结合，一方面系统性、全局性展开"一带一路"研究，另一方面积极展开国家战略层面的项目实践。近期开发研究院在华盛顿组织了 20 位中美双方政产学人士参加的"中美民间基建合作计划专家工作组",推动中国民间资本联合赴美的"美国基建投资计划",取得中美双方高层的一致认可与褒扬。2016 年年底,历史文化研究院应梵蒂冈教皇邀请赴梵展开"中梵丝绸之路历史文化研究",不仅取得了阶段性成果,还建立了与梵方多个机构的长期合作机制,2017 年 5 月将组织北大、北师大、北外、中国红楼梦研究会、中国曹雪芹研究会等中方专家与梵方教皇大学、梵蒂冈博物馆展开系列研讨会与课题合作,推动"一带一路"历史文化研究上台阶、创品牌。

两个研究院在工作中发现虽然"一带一路"倡议的实践已经走在前面,但理论研究尤其是系统理论研究与理论准备明显不足,落后于实践。我们认为"一带一路"倡议是在全球化发展转型期、全球性工业化与现代化步入后发阶段、后工业化与后现代化步入先发阶段、崛起大国与守成大国进入相持阶段、世界经济正在由失序的不平衡走向有序的再平衡过渡阶段等多个特殊时期提出的。面对这样一个特殊时期,既需要有突破的理论思维与主张,也需要表达核心主张的理念阐述、更需要有逻辑的操作方案且要照顾不同主体的真实需求与思维习惯。

基于上述观点,两个研究院提出了由"智库型模式"起步并逐渐过渡到"智库与教学结合模式"的发展思路。一方面通过智库拓展与"一带一路"相关主体尤其是市场主体的紧密互动关系,进一步找准两个研究院的操作性定位;另一方面组织编写"'一带一路'开发研究丛书",聚集研究资源、提出研究思路、创新研究方法、服务战略实施,在此基础上,进一步找准两个研究院的学术定位。与此同时,动员与统筹全校力量、五所交大的协同力量和成都地区、西南地区高校力量,乃至"一带一路"关联地区大学力量和"大交通"关联的全球性力量参与研究与智库活动。

通过两个研究院对"一带一路"倡议的系统研究,我们越来越发现不仅"一带一路"所关联的亚洲、非洲、欧洲尤其是中东欧普遍面临基础设施先行带动的城市化与工业化快捷发展的后发现代化的总体需求,整个美洲包括北美同样存在如此需求。我们注意到伴随中美合作关系的升级，世界性的新基础设施建设高潮即将掀起。也许它发端于中美两国的基建升级、繁荣于"一带一路"直接推动的亚非欧"世界岛"。

两对新一轮的基建浪潮，在后发现代化国家最重要的表现特征是"大交通"推动的城市化与工业化；在先发现代化国家和地区如美、欧、日等以及中国部分地区，表现特征是"新型大交通"推动的新空间布局与新产业布局。

"大交通"强调依托高铁及城市轨道交通串联形成的城市带、产业带以及在此基础上的特色城镇群与特色产业群；"新型大交通"强调依托磁浮等新型轨道交通实现大都市与特色卫星小镇的快捷连接，重构都市空间格局与新产业布局，除此之外还包括空地一体化新型交通格局带来的"未来城市"的兴建。

由此看来，"新型轨道交通"将是"大交通"与"新型大交通"的基础解决方案，西南交通大学在轨道交通领域的全国性地位乃至全球性地位决定了它的特殊角色。

高铁尤其是时速 300 公里左右的常规高铁，虽然是新型轨道交通的重要组成部分，但它的研发体系和产业体系已基本成熟，交大要做的工作更多的是补充与完善。交大要在升级版的超级高铁，重载铁路，第二代中低速磁浮列车、高温超导磁浮列车等磁浮轨道交通多样化应用，空铁等多制式城市轨道交通，国防特种运输装备，真空管道超高速轨道交通（1000 km＋），现代有轨电车、虚拟有轨电车等"新型轨道交通"方面聚集研究力量与市场力量，不仅创中国"双一流"大学，还要创世界第一的"新型轨道交通大学"，以此带动交大综合能力的全面成长，用全球性基建高潮的大势推动交大成为国际一流研究型大学与智库型大学。

为了实现上述目标，尤其是在"新型轨道交通"产业体系成型之前，交大不仅要为学术体系的完善发挥独特作用，也要为标准体系的完善发挥关键作用，更要为市场体系的超前布局发挥先锋作用。因此，尽快组织战略投资人一步到位形成大资本介入的"中国新型轨道交通集成集团有限公司"显得尤为重要与迫切。它是学术、科研、产业良性循环的重要一环，在一个全新产业孵化之初，这样的机制更显得尤为必要。

（五）从新基建高潮与轨道交通发展角度

伴随中美合作新格局的来临、"一带一路"倡议的全面实施，一场启动于中美市场、繁荣于"一带一路"市场的全球性基础设施建设高潮即将来临。交通，毫无疑问是先行工程，轨道交通尤其是高铁和城市轨道交通又是先行工程中的先行工程。

中国已经有大大小小的若干行业取得了全球规模与技术的领先优势，在大行业领域取得市场领先优势的还是凤毛麟角，中国高铁与城市轨道交通是我们最自豪的佼佼者，它事实上成了全球有目共睹的中国基础设施建设能力的核心能力。我们的尴尬在于为我们这一产业巨大市场优势做出贡献的主要还是国内市场，而大步走向全球市场才是我们轨道交通产业真正成熟的标致。

我们靠国内规模市场优势做大了产业，但还没有做强，关键问题出在应用研究与基础研究的相对滞后，深层问题又在于研究力量的协同与组织机制的困扰，更深层次的问题在于应对全球竞争、大国竞争到底应该有怎样的产业发展战略与机制保证。

培育优势企业、打造优势产业毫无疑问是国家竞争力战略与新一轮改革发展的关键能力需求与基础能力需求；中国高铁与城市轨道交通因市场规模所积累的丰富经验与综合能力，使其成了市场潜力最大的优势产业和企业集群，这样的综合优势产业相对而言实在太少；它过去的成功，一是靠大胆决策、超前超规模展开、用暂时的亏损换取中国城市化与工业化整体能力的快速提升等巨大综合收益，二是靠产学研资源的系统性长期积累；现在的问题，浅层面看是过于依赖国内市场、进入国际市场依然面临技术经济多项指标的竞争压力，深层次看表现为产业、科研、教育整体协同机制与定位出了问题，基础科研与新技术孵化跟不上市场的变化与需求；市场大势来了，它启动于中美新一轮的基建合作计划，繁荣于"一带一路"基础设施建设的先行；需求来了我们从何下手，只能是一方面尽最大努力抓市场，另一方面抓产业与应用研究能力提升，但这需要一个过程；综合而言，从教育突破相对容易、逻辑也比较顺畅，中国轨道交通教育、科研、产业综合体系离世界第一只差一步，教育水平离第一目标相对更近，教育水平的整体提升必然带来基础研发与新技术孵化的能力跃升，直接推动产业规模优势变成性价比优势、技术优势、品牌优势，全球第一的教育品牌更便于整合各类相关主体与不同阶段的科研资源，有利于突破产学研整体能力的协同性障碍；通过世界第一的轨道交通大学和相关研究体系，带出世界第一的优势产业和企业集群不仅可行且战略意义重大，如此安排"一带一路"倡议与"中美基建合作计划"就能快速取得丰富的早期收获。

二、选题原则与创作力量的组织

在今天看来，"一带一路"倡议既是一套中国发展战略，也是一套全球发展战略。两者之间是一个相辅相成的关系：中国战略必须有清晰的国际逻辑，否则没有操作性；全球战略必须要有一定的中国因素，否则同样操作性不强。中国不仅仅是"一带一路"的倡议者，更是市场要素资源组织的基础环节与关键环节，也是新机制的建构者与新方法的始创者。

选题原则要兼顾理论与理念、政府与市场、经济与技术、工业化与后工业化、现代化与后现代化、全球化与后全球化、经济与社会、历史与文化，还要兼顾宏观与微观、战略与战术、理论与实践、国家与地方，更要兼顾国际与国内、长远与现实、区域与国别、产业与项目、产业与金融、大企业与小企业、金融体系与金融产品、金融市场与资本市场等多方面。要从这些关系中抽象出选题要义，安排好出书计划的时间序列与分类序列。

"'一带一路'开发研究丛书"总体采取命题研究的创作形式，创作力量首先是以西南交通大学为首的大学力量，包括五所交大、成都、四川、西南地区相关高校和北京地区相关高校等，其次是国内外从事相关问题研究的各类专业人士。

我们特别注重寻找相似题目的著作者，由他组织研究力量结合我们的战略意图进行再创作。如此安排不仅有利于快速形成研究成果，更有利于思想碰撞、观点交锋与学术深化。

由于"一带一路"概念本身是一个操作性概念，因此方案策划与设计显得尤为重要，许多选题将采取"研讨会"形式展开，由主创人员邀请相关专家共同研究"方案设计"，这样不仅使其研究成果的应用价值得以大大提升，还方便阅读，方便相关人员依不同角色进行资讯的取舍。

如何创新研究形式与课题创作形式是我们接续关心的重要问题，通过它可以使选题的资讯内涵与价值内涵得到最大化发挥。

"'一带一路'开发研究丛书"的编写过程本身也是西南交通大学"一带一路"开发研究院与西南交通大学"一带一路"历史文化研究院创立、研究力量组织、定位精准、方法论形成、智库品牌创立、超级项目能力形成、超级项目模式建立的过程，也是交大产学研模式升级发展的过程，更是中国"一带一路"倡议完善的过程。

我们希望本套丛书能有效服务整个"一带一路"倡议的深度认知与中国"一带一路"倡议的深化。它重在系统基础上的早期行为推动，也不排除在若干年后通过实践的总结形成第二套丛书。我们希望借此丛书的创作为"实验政治学"、"发展经济学"、"产业经济学"、"公司经济学"、"方案经济学"以及"现代化理论"与"后现代化理论"、"大交通理论"、"文化人类学"与"空间人类学"等学科的理论建设做出贡献，更希望为"一带一路"倡议建构起系统的理论体系。

三、选题分类与计划

"'一带一路'开发研究丛书"按九大类方向进行选题规划：一是核心理论与主张系列，二是总体战略系列，三是大国与域内经济体相关理念与主张系列，四是新理念与行动系列，五是人文历史系列，六是中国改革开放新战略系列，七是中国新市场理念与战略转型系列，八是智库与媒体系列，九是轨道交通系列。

编委会初步拟定了九大类 100 多个选题方向，主要是便于著作者参考与选择，整个丛书计划控制在 100 本以内，编委会与著作者在互动中确定最终选题与研究计划和写作提纲，双方取得一致意见后再进行具体的研究与写作工作。

编委会初步拟定的 100 多个参考选题也将在研究深化过程中不断调整与修改，此次提出的如下选题旨在打开研究视野、明确九大分类的逻辑关系，为首批计划的推出建构参照坐标。

（一）核心理论与主张系列

1. 文明与产业：从工业化与现代化走向后工业化与后现代化
2. 新规则：工业文明与后工业文明的胶着与转型
3. 新贸易论：国家间的竞争与改变世界的基础力量
4. 国是与生意：超级项目与超级资本在未来十年将如何改变世界
5. 停滞与繁荣：摆脱政治困扰，迎接新商业力量带来的世界性繁荣
6. 十字路口：新国家为何官僚化以及特朗普可能的再设计与再改变
7. 一千个理由：中美始于现实主义繁盛于新商业主义的战略合作
8. 窗口期：习近平、特朗普可能带来的改变与行进中面临的巨大压力
9. 一带一路：中国经验与中美欧能力结合的后发现代化道路
10. 拥抱：摆脱冷战思维的大国战略
11. 科莫湖：湖边散步，对话美中欧新世界体系
12. 增量再平衡：中美战略对话的全球性议题与机制构想
13. 大交通：从"一带一路"走向人类命运共同体
14. 实践社会主义：在制度竞赛的反省中寻找超越第三条道路的新方向
15. 人类命运共同体：通过经济繁荣导向新普世价值的全球共识

56. 丝路基金：中国由贸易大国向投资大国转型的引导性基金

57. 并驾齐驱：贸易与航运的波罗地海指数与海上丝路指数

58. 新模式：中美欧高科技合作 1.0 与 2.0 互动机制

59. 六大走廊：概念性规划基础上的深度研究

60. 第三欧亚大陆桥：穿越亚洲人口密集地区连接中欧的新通道

61. 捷径：北极航线、克拉地峡运河等海上丝路新通道构想

62. 哑铃战略：十余趟中欧班列连接两个扇面的城市群与产业群

63. 管道丝路：中国与俄缅哈土等国油气管道创造的新开发模式

64. 东西方之桥：土耳其在"一带一路"倡议中的重新定位

65. 比雷埃夫斯港：海上丝路港城连接的中东欧新通道

66. 科伦坡再造：海上丝路中转大港的新发展计划

67. 中白工业园：白俄罗斯的新中心城市与丝路明珠

68. 苏伊士新区：中埃合作的新型经贸合作区与海上丝路的节点城市

69. 瓜达尔港城：一个面向三个大市场的超级工业基地与商贸大城

70. 先走一步：中国在非洲的基建与产业发展

71. 雅达瓦伦油田：中国超级油田海外合作的里程碑

72. 印度钢铁：崛起大国的钢铁产业快发之路与后发之路的双轮驱动

73. 班加罗尔：软件产业聚集区与中国互动的互联网+

74. 有机农业：远东布局的生产基地和全球市场

75. 台湾价值：超级项目合作重塑两岸关系

76. 巴拉望的后现代生活：与增长中心配套的热带海滩度假城与非现场工作基地

（五）人文历史系列

77. 曾经的辉煌：东西方商路连接的古丝绸文明

78. 大航海时代：洲域经济的交流与早期的全球化

79. 从历史走来：始于《中国》的西方关于中国的描述

80. 西方视野的中国：大历史、大文化与大战略的观察

（六）中国改革开放新战略系列

20 世纪 80 年代之前，企业面临的基本上是一个稳定、静态的环境，企业之间的竞争主要是在国内的众多对手之间展开。政府的严格管制限制了竞争者的进入和竞争的激励程度；大多数企业的组织结构和管理模式是直线职能式的，这就限制了企业内跨部门的交流和组织创新等。在这种静态环境下，企业关注的核心问题仅仅是企业自身的发展情况。而随着经济全球化、信息技术的发展、知识经济的到来等一系列重大理念技术的革新，企业经营环境发生了巨大的变化，企业面临的不再是静态、稳定的经营环境，而是一种动态、多变甚至极不确定的新环境。

目前在"一带一路"推进的背景下，推动我国企业"走出去"的时代，环境的急剧变化使得我国企业对其如何通过继续深化改革来实现良性发展不得不进行重新思考。企业正在从只关心自身利益到关注企业存在的社会、生态、环境价值，从只关心企业自身经济利益到关心所有利益相关者的利益，从只注重企业内部整合资源、追求效率向外部挖掘潜力、协作创新转变。企业不再是以单个形式参与市场竞争，而是以与其他企业合作的形式参与市场竞争。

传统管理理论认为企业以自身利益为中心，一切从企业自身战略出发，只关注自身的生存与发展，漠视其他企业和利益相关者的发展和生产状况，不利于企业之间的合作与共同发展，已难以指导当今动态多变环境下企业发展和改革的实践。面对日益复杂的经营环境带给企业的挑战，现有战略、组织理论存在很大的缺陷，需要借助交叉学科的理论与思想，重新思考企业及其环境的关系，企业生态学以及企业生态系统理论的产生为此提供了一个崭新的视角。

本书共分为十章：第一章绪论，主要对我国企业的发展与改革历程进行了回顾，分析了在"一带一路"背景下我国企业面临的新的机遇与挑战，提出了企业生态是确保企业良性发展与深化改革的关键。第二章企业生态，主要对企业生态的概念等进行了介绍。第三章企业生态相关基本概念，对企业生态相关的基本概念：企业种群与企业群落、企业生态系统、企业生态平衡、企业生态位进行了介绍。第四章企业生态下的产业链重新审视，主要对企业生态产业链概念及分类进行了介绍，从生态学的角度分析了产业链的特性，在此基础上从重构、打造和整合三个角度对企业生态产业链的组建提升进行了思考。第五章企业生态下的运营管理变革，通过对运营管理概念的介绍，分析了企业运营的机制，并对企业运营管理的核心内容企业产品设计与开发、生产和制造以企业生态的角度进行了再思考。第六章企业生态下的竞合方式新思维，企业生态中的成员不仅仅是单纯的竞争或合作关系，而是一种竞争与合作并存的博弈关系，本章主要对企业生态中成员之间的竞争合作关系及战略进行了分析。第七章企业生态下的商业模式策略，主要对以往商业模式的定义进行了回顾并给出了本书的定义，以企业生态的思维给出了指导商业模式的"六式"，最后基于平台、联盟和组合三个方面对企业生态商业模式策略进行了解析。第八章企业生态下的企业创新，基于企业生态视角，审视企业创新的特点、优势以及动力，最后提出了生态环境下的创新战略和对策。第九章企业生态的演化，描述了企业生态的形成与演化发展，通过了解企业生态的形成与发展原理机制，能够维护企业生态的稳定性、健康性，同时也是企业生存与发展的基础。第十章对渝新欧物流公司进行了基于企业生态的发展与改革的实证分析，为其构建以自身为核心的企业生态提出了建议对策。

本书的编写分工如下：第一章，左大杰；第二章，李晟东；第三章，徐长安；第四章，雷之田；第五章，曹瞻；第六章，戴文涛；第七章，胡万明；第八章，闫懿琛；第九章，徐跃华；第十章，陆柳阳。全书由左大杰主编审稿。

由于学识、精力有限，书中难免存在不妥之处，恳请读者不吝提出宝贵意见。

编　者

2016 年 8 月

目 录
contents

第一章 绪 论

第一节 企业的发展与改革

自 1978 年改革开放以来，随着我国特色社会主义市场经济不断形成与发展，企业也在发展和改革中不断前进。经过 30 多年的改革与发展，中国企业从经营理念到经营机制、从产权结构到商业模式等都发生了根本性的转变。国有企业是中国最具特色也最具代表性的企业类型，因此可以通过回顾我国国有企业发展改革的历程，来总结我国企业发展与改革中的经验得失，把握我国企业当前面临的问题。我国国有企业大体经历了如下四个发展改革阶段：

（1）1978—1984 年："放权让利"、扩大企业自主权试点阶段

这一阶段是在计划经济背景下，在体制内的放权让利改革，重点在于调整政府与国有企业之间的生产经营管理权限和利益分配关系。通过改革高度集中的计划经济管理体制，扩大国有企业的经营管理自主权来增强企业活力和竞争力。在管理权限上，政府将一部分经营管理权交给企业；在分配关系上，国家向企业让出一部分利润，为此开始了一系列试点与创新。

（2）1984—1992 年：承包制、利益分配调整阶段

这一阶段仍是在计划经济体制内的调整和改革。1984 年 10 月，党的十二届三中全会通过了《中共中央关于经济体制改革的决定》，决定将我国的经济体制改革的重点从农村转向城市。而增强企业，尤其增强全民所有制大中型企业的活力，是以城市为重点的整个经济体制改革的

中心环节。增强国有企业活力，也被称为"搞活"国有企业。十二届三中全会上提出了"两权分离"理论，认为国有企业的经营权和所有权可以分离。国家希望在不触动所有制的前提下，能够赋予国有企业在经营体制方面更大的灵活性，增强企业的活力。因此，以转换企业经营机制为主要内容，实行以承包责任制为主体的多种经营方式，在国内的国有企业开始大规模推广。"承包"成为了当年的流行用语，许多国有企业实行了承包经营，出现了一批盘活企业扭亏为盈的能人。部分中小企业也实行了租赁经营，同时，公司制改造的试点也开始展开。1986 年 12 月，针对当时的经济形势和国有企业利润下滑较为严重的情况，国务院发布了《关于深化企业改革，增强企业活力的若干规定》，提出要推行多种形式的经营承包责任制，给经营者充分的自主权。承包经营责任制的全面实行，在短期内不仅扭转了由于"利改税"所导致的国有企业连续利润滑坡局面，而且调动了经营者和企业职工的积极性，确保了国家财政收入的稳定增长。然而，伴随着整个经济体制转轨进程的加速，经济市场化程度的不断提高，承包制在实践中日益暴露出其内在的制度性缺陷，国有企业改革开始寻找新的动力和突破。本阶段的改革从内容上看，仍然以完善承包责任制为主，随着承包制的潜力逐渐释放殆尽，承包制的局限性日益显现，光环逐渐退去，国家更加重视对企业经营自主权的下放和放开，出台了一系列相关的法规、政策和指令性文件。

（3）1992—2002 年：建立现代企业制度阶段

1992 年，邓小平南行讲话后，同年 10 月，中共十四大明确提出了建立社会主义市场经济体制的改革目标，为国有企业的改革指明了方向。现代企业概念的引入和市场经济体制目标的确立，使建立现代企业制度成为国有企业改革的目标和关键。

（4）2002—2012 年：完善国有资产管理体制阶段

党的十六大指出，深化国有企业公司制股份制改革，健全现代企业制度，优化国有经济布局和结构，增强国有经济活力、控制力、影响力。2003 年 10 月，十六届三中全会《关于完善社会主义市场经济体制若干问题的决定》提出了股份制是公有制的主要实现形式，要大力发展混合所有制经济，并建立归属清晰、权责明确、保护严格、流转顺畅的现代产权制度。党的十七大召开以来，已基本建立中央、省、市三级的国有资产监管体制。国有企业改革迈向新的台阶，国有企业的经营水平持续提高。

（5）2012 年至今：良性发展与深化改革阶段

十八大以来，国有企业改革进入良性发展与深化改革阶段。在十八届三中全会上通过的《中共中央关于全面深化改革若干重大问题的决定》要求国有企业深化改革必须坚持公有制为主体、多种所有制经济共同发展的基本经济制度，围绕着"规范经营决策、资产保值增值、公平参与竞争、提高企业效率、增强企业活力、承担社会责任"对进一步深化国有企业改革提出了新的要求。十八届五中全会强调，必须牢固树立并切实贯彻创新、协调、绿色、开放、共享的发展理念。经过国有经济布局和结构调整，国有经济的质量进一步提高,虽然国有企业的绝对数量有所减少，但国有经济的规模和效益不断提升，真正发挥了在经济结构中的主导作用。

发展至今，我国国有企业发生了巨大的变化，企业的产权结构、治理制度、组织形式等都发生了深刻重要的变化，愈加表现出主业突出、多元化发展，日益重视创新和国际化发展的趋势。

第二节　当前的机遇与挑战

当前中国经济的基本面已经发生了质的变化，进入了所谓的"新常态"时期。在经过过去三十多年经济跨越式发展的高速增长后，中国积累了巨额的外汇储备，同时也面临着经济增速放缓、产能严重过剩、劳动力比较优势降低等风险问题；在国际上，面临对中国崛起的遏制以及国际竞争等问题。在这种背景下，我国提出了"一带一路"的国家重大发展战略。"一带一路"倡议不仅是中国自己的构想，更是世界更美好的愿景。"一带一路"的提出，将为我国的企业带来哪些机遇与挑战呢？

一、"一带一路"背景下我国企业面临的机遇

（1）基础设施建设是重点领域

修桥建路、油气管道、输电网、跨境光缆建设等基础设施的互联互通是共建"一带一路"的优先领域。目前，我国基础设施的设计建造水平已跃居世界前列，在"一带一路"推进的背景下，我国将与沿线各国在交通基础设施、能源基础设施和通讯干线网络等方面加强合作：一是加强与相关国家和地区交通建设规划、技术标准体系的对接，优先打通缺失的路段，畅通瓶颈路段，提升道路的通达水平，共同推进国际骨干通道的建设；二是共同谋求输电管道等运输通道的安全，推进跨境的电力和输电通道的建设，将积极开展西南和中俄输电通道的建设，还有电网升级改造合作；三是共同推进跨境光缆干线网络的建设，加快推进中缅、中老等国际光缆建设，启动建设中国—东盟信息港，提高国际通信互联互通水平，打造信息之路。这给我国企业"走出去"开展基础设施领域的互利合作带来巨大机遇和发展空间。

（2）投资贸易合作是核心目标

"一带一路"的核心目标是投资贸易合作。"一带一路"沿线国家经济结构互补性很强，具有巨大的经贸互利合作潜力，正在形成投资与贸易齐头并进的局面。在贸易方面，2004—2014 年，我国与沿线国家的贸易额年均增长 19%，高于同期我国外贸总额增速 4 个百分点。2014年我国与沿线国家的贸易总额为 1.12 万亿美元，占我国外贸总额的四分之一。今后，我国将深化与沿线国家在海关等方面的合作，消除关税和非关税壁垒，创造货物畅通条件；创新贸易方式，大力发展跨境电商；坚持进口与出口并重，保持与沿线国家的贸易平衡；积极发展服务贸易，实现服务贸易和货物贸易协同发展。在投资方面，2004—2014 年，我国企业对沿线国家的投资总额从 2.4 亿美元上升到 92.7 亿美元，年均增长 44%。今后，我国将继续推动装备制造业和传统优势产业"走出

去"，带动沿线国家产业升级和工业化水平的提升。可以预见，随着"一带一路"不断建设，投资贸易合作不断深入将给沿线国家带来更广的合作领域、更多的就业机会和更大的市场空间，这也为中国企业"走出去"提供了巨大机遇。

（3）产业合作是重要抓手

"一带一路"沿线大多数是与我国一样处于发展中的国家，市场潜力大，未来产业间合作的空间十分广阔。我国可加强与沿线国家在资源、能源方面的合作，实现开采、冶炼、加工一体化等方面的协作。深化海水养殖、远洋渔业加工、海洋工程、海洋生物制药和海上旅游等海洋产业合作，共同开发海上资源。此外，我国将进一步深化农业渔业、航道安全、海洋环保以及海上搜救等领域的合作，合作建立一批海洋科技合作园、海洋经济示范区、境外经贸合作区和海洋人才培训基地等。

（4）"一金一行"提供金融支持

2014 年 11 月，我国发起设立亚洲基础设施投资银行（简称亚投行）和丝路基金，旨在为"一带一路"沿线国家基础设施、产业合作、资源开发和金融合作等与互联互通有关的项目提供投融资支持。目前，我国出资 400 亿美元设立的丝路基金已顺利启动，同时我国倡导成立的亚洲基础设施投资银行，将吸引遍布五大洲超过 50 个国家和地区申请加入。丝路基金和亚投行的建立能够更好地支持基础设施建设推动地区经济发展与合作。

二、"一带一路"背景下我国企业面临的挑战

（1）投资所在国政策和政局变动

当前，"走出去"所在地的政策和政局变动是我国企业所面临的最大挑战。如，2014 年 9 月，我国主导的斯里兰卡科伦坡港口城项目开工，但 2015 年 1 月斯里兰卡新总统上任后就宣布暂停"科伦坡港口城"项目。斯里兰卡新政府认为该项目涉嫌规避当地法律和环境要求，需要重新评估，并要求中方公司提供相关政府部门颁发的有效许可证明。同

时，斯里兰卡专门成立由总理、总检察长、财政部、港务局和环境部门等多部门官员组成的项目评估委员会，将发布科伦坡港口城评估最终报告，继续研究这一项目的可行性。又如，中远集团投资的希腊比雷埃夫斯港项目也经受当地政权更迭带来的挑战。2015 年 1 月份希腊左翼政党上台后，叫停包括中远港口项目在内的所有私有化项目，这导致中远集团在后期的收购过程中遇到较大障碍。

（2）低水平的海外投资

目前，我国主要有四种对外投资形式：收购国际品牌；获得先进技术、研发和管理能力；并购资源、能源；收购国际市场。其中，资源类的投资最集中，据统计，自然资源项目占海外投资项目数量的 41.3%，其投资金额为总投资额的 51.3%。虽然投资海外资源能为国内经济发展提供稳定的矿产和能源供应，但这属于大规模、低水平的海外资源投资，长此以往将不利于国内经济结构调整以及经济发展方式转变。

（3）沿线国家经济文化发展差异

"一带一路"沿线覆盖的国家多，同时各国文化差异明显，文化差异是我国企业在沿线国家投资首先要遇到的问题。 此外，"一带一路"沿线各国经济发展水平不一，如吉尔吉斯斯坦的人均收入只有 990 美元，而卡塔尔人均收入高达 7.8 万多美元。因此我国企业"走出去"需具体、有针对性地对沿线国家开展研究，以更好地与对象国文化、风俗、制度等方面充分融合。

第三节　企业生态是良性发展的基础与
　　　　深化改革的关键

当前，我国企业在不断发展与改革的进程中取得了一系列令人瞩目的成绩，但也不断面临着新的问题，在我国提出的"一带一路"倡议背景下，中国企业应积极面对动态的、不确定的、前所未有的国际市场，从而更好地"走出去"，参与"一带一路"建设、参与国际化竞争，实现企业不断的良性发展与深化改革。

企业与生物具有相似的生命特征，都要经历诞生、成长、繁殖、衰老和死亡的历程。生物的生存发展赖以其所处环境，而生物与环境相互作用、相互影响，构成了生态系统。企业和生物的相似性使得可以从生态系统的视角审视企业生态。企业面对的市场表现出生态系统性，企业必须适应市场的变化，在变化的环境中不断发展与改革。

随着生态学理论的发展与应用，其思想和方法逐渐在经济管理领域普及。生态学思想对传统管理理论进行了扩展，其目标是为了使在企业在市场竞争中取得成功，以企业为核心构建的生态系统比单个企业更具竞争力。生态学是一门研究生物与环境相互作用关系的科学，对企业管理具有重要的指导价值。主要表现在：① 对影响企业发展的各种因素进行全面系统的梳理分析，预防并解决企业管理方面的问题；② 基于生态学的理论，分析现代企业竞争与发展的机理，有利于企业更好地制定战略；③ 基于生态系统的视角研究企业生态，调控企业内外部平衡，确保企业及其生态系统的可持续发展；④ 在企业管理的过程中融入生态学的思想，可以转变企业间关系，实现企业间的生态共赢。

可以看到，企业生态为企业的管理提供了新的视角与思维，企业生态下的企业产业链、运营管理、竞争合作、商业模式等都将发生新的变化。在经济全球化的今天，尤其在"一带一路"倡议背景下，中国企业要想"走出去"必须拥有企业生态思维，认识到企业生态是良性发展的基础与深化改革的关键。

第二章　企业生态

第一节　生态学

一、生态学的定义

"生态"一词源于希腊文，其意为"住所"或"栖息地"。"生态学"的英文单词为 Ecology，它是由词根"oiko"和"logos"演化而来，"oikos"表示"住所"，"logos"表示"学问"。因此，从原意上讲，生态学是研究生物"住所"的科学。Ecology 与 Economy 词根相同，生态学（Ecology）一词由德国赫尔克（E.H.Haeckel）于 1866 年提出，他认为生态学是一种"研究生物有机体与其无机环境之间相互关系的科学"。

生态学有多种定义。英国生态学家 Elton（1927）把"科学的自然历史""定义为生态学。澳大利亚生态学家 Andrewartha（1954）的定义为：生态学是研究有机体的分布与多度的科学，突出研究了种群动态。美国生态学家 Odum（1959，1971，1983）认为，生态学是研究生态系统的结构与功能的科学。在国内，著名的生态学家马世俊提出，研究生命系统和环境系统相互作用的科学即为生态学。但随着生态学的发展，其实质与涵盖区域都有了相应的变化，目前在科学界把"研究生物生存条件、生物及其群体与环境相互作用的过程及其相互规律的科学"视为生态学的主流定义。

二、生态学的产生与发展

生态学的产生与发展经历了漫长的时间，海克尔（H.Haeckel），德国动物学家，于 1866 首次提出生态学这一词，意味着近代生态学的诞生。他把研究生物与其生存环境之间相互关系的科学定义为生态学。发展初期，生态学研究的目标是人类之外的动植物个体、种群和群落与其周围环境的相互关系。随着科学的进步，到 20 世纪初，生态学逐渐的发展成为四个彼此独立的学科：植物生态学、动物生态学、海洋生态学和湖沼生态学。之后在基于还原论的基础上，这四大分支随着科学的进步不断分化，渐渐形成多系列分支。

　　20 世纪三四十年代是全球生态学基础理论发展的奠基时期，有生态学家提出了生态系统概念和"十分之一定律"，这两个概念在当时属于最具代表性的。生态系统（Ecosystem）概念是指，生物与其生存的自然环境是一个相互作用的有机整体，因此，研究生态系统就需要从整体上考虑到生物与生物、生物与环境以及环境诸因子之间的相互联系与作用。这一概念是英国生态学家坦斯列（A.G.Tansley）于 1935 年首先提出的。生态系统概念的提出以及之后的广泛使用，首先是为生态学的研究对象提供了不同层次的平台，其次也推动着生态学向系统研究的新高度发展，科学界在研究这一概念的过程中，对认识和解决日益突出的环境问题的相关理论上进行了归纳与整理，这大大拓展了日后生态学的研究领域。"十分之一"定律来自于美国生态学家林德曼（Linderman）在这一时期对赛达·伯格湖（Cedar Bog）进行的实验。该实验研究的是赛达·伯格湖中食物链不同营养级的能量，在经过分析之后，林德曼发现不同营养级之间的能量转化效率大致为 10%，而被消耗的 90% 的能量则是因为消费者采食时的选择浪费及被呼吸、排泄等。"十分之一"定律的提出，量化生态学的研究，使得研究人员可以采用定量化的方法探索生态环境的内在机理。生态学从而不再是多学科的杂合状态，自成体系。

　　20 世纪 50 年代，美国生态学家奥德姆（E.P.Odum）编著了《生态学基础》一书，该书在总结前人研究成果的基础上，进一步发展了生态系统的概念，并从生态学原理和方法等方面极大地丰富了生态学内容，标志着近代生态学的形成。

　　20 世纪 60 年代以后，由于世界人口与资源环境的不协调发展，全球产生了许多环境问题，如水土流失、荒漠化扩展、生态系统退化、生物多样性丧失、环境污染、气候变暖、臭氧层消失、自然灾害等。这些全球性问题又因为城市化带来的负面效应等不断加剧而日益激化。在这种情况下，人类已无法用传统的线性思维和单学科途径来解决危机，但是依靠生态学所固有的非线性思维模式、系统观点、整体性理论及其多学科集成研究的传统和近代发展的环境监测与模拟方法等，人们发现解决危机有了更加科学的途径。因此，在上世纪六十到七十年代，国际科联（ICSU）和联合国教科文组织（UNESCO）先后展开行动，分别发起了国际生物学计划（IBP）和人与生物圈计划（MAB），这两项全球性计划的开展，把生态学推进到现代生态学阶段。

　　时至今日，生态学不仅与生理学、遗传学、行为学、进化论等生物学各个分支领域联系紧密且有了新的发展，同时，数学、化学、物理学等自然学科又为其注入了新的动力，许多边缘学科不断涌现。生态学甚至超越了自然科学界限，吸收补充经济学、社会学、城市科学的相关知识，成为了连接自然科学和社会科学的重要渠道。

三、生态学主要概念理论

　　生态学研究生物与非生物环境之间的关系。这种关系产生于生物与环境之间不断的物质循环和能量流动，以及伴随的信息流，体现在生态系统之中。生态学主要包括种群和群落、生态系统、生态平衡以及生态位等概念理论。

1. 种群和群落

　　自然界包含了纷繁多样的生物个体。一个区域内由同一生物个体组成的群体称为种群。种群是物种存在、物种进化和表达种内关系的基本单位。物种个体组成种群后，呈现了若干单个个体不具备的特征，如种群增长、密度、性别结构、年龄结构、分布格局等。种群个体之间保持较为牢固的联系。如大象的种群是由一头年长的母象来控制的，由其生育的幼象和母象组成。当种群分家后，相互间仍会保持紧密的协作关系，包括结伙长途迁徙。受生态因子的影响，种群的个体数量不断发生变化，如北欧地区的旅鼠，常年居住在北极，体型椭圆，四肢短小，比普通老鼠要小一些，最大可长到 15 cm，尾巴短粗，耳朵很小，两眼闪着胆怯的光芒，但当被逼得走投无路时，它也会勃然大怒，奋力反击。爱斯基摩人称其为来自天空的动物，斯堪的纳维亚人称之为"天鼠"。这是因为在特定的年头，它们的数量会大增，就像天兵天将，突然降临。

自然界的种群一般不能孤立存在，相互之间具有直接或间接关系，一定区域内彼此相互联系的各种生物种群的总和构成生物群落，简称群落。如森林内部，包括许多不同生活类型的各种生物，如植物和昆虫、鸟、鼠等动物，还有细菌、真菌等微生物，这些生物以一定区域为栖息地，一起共同生活，彼此之间相互紧密联系，互相影响，这样就组成了一个群落，不同的种群形成群落。种群的种群密度等特征和群落的结构，都与无极环境中的各个生态因素有着密切的关系。

2．生态系统

与种群、群落概念相比，生态系统并不涉及新的研究对象，依然是对生物群体进行分析、研究，但是侧重点是研究生物与环境之间的联系。就生态系统的定义而言，科学界有很多，归纳起来，生态系统主要涉及生物和非生物环境间存在的不可分割的关系。生态系统是指生物群落与其无机环境相互作用而形成的统一整体，它存在于一定的空间和时间界限之内，包括各种生物和它们生活的无机环境，具有能量流动和物质循环的基本功能。生态系统作为生态学功能单位，因此能够相对独立地完成所在区域的各种功能。

生态系统的主要组成包括土壤、大气、来自太阳的光和热、水以及生物等。根据生态系统各组成成分功能的不同，生物具体又可分为生产者、消费者和分解者。无机环境为生物提供物质和能量。生产者绿色植物同化 CO_2 和固定光能，是生态系统的最主要成分。生态系统内生产者同化的 CO_2 等物质，大约 90% 需经分解者作用归还无机环境，被生产者重新利用，缺少分解者，生态系统就可能消失。而消费者推动能量流动和物质循环过程。因而生产者、消费者和分解者是紧密联系、缺一不可的。

根据生态系统的能量物质关系，可以推算地球生态系统的人口容量。一天每个人需从植物那里获得 9210.96 kJ 的能量才能维持机体自身正常生存，那么在长达一年的时间里需 3 349 440 kL。全球植物每年生产的能量大约为 2763.288×1015 kJ，每年养活 8000 亿人。但是，人类对于植物的利用率很低，在植物中有一部分是根本无法被人类利用的，同时还有不少的被其他动物利用，因此能够被人享用的植物部分只占植物总生产量的 1%。所以，地球能养活的人口只有 80 亿。另据维托塞克（PeterVitousek）等人估计，地球上所有陆生生态系统每年的净初级生产量的 40% 直接或间接地为人类所利用或破坏。

生态系统类型具有多样性，尺度并不固定，大到整个生物圈，小至一个池塘或一堆朽木及其生物组成的局部空间。按照所处的生活环境，生态系统一般划分为陆地生态系统和水域生态系统。陆地生态系统涵盖森林、草原、农田生态系统；水域生态系统涵盖海洋生态系统和淡水生态系统。

生态系统本身可以为人类提供多重价值和服务功能，具体表现经济价值、商品价值，主要是生态系统初级产品、生态系统次级产品，及其他产品的价值。而服务功能主要体现在环境公益服务和社会公益服务。就环境公益服务而言，强调的是调节气候、抗御干扰、保持水土、控制侵蚀、降解污染、维持养分循环、传粉播种、病虫害的生物防治等。而社会公益服务，侧重的是保健康复、生态旅游、休闲娱乐、自然美的感受、基因库、科研价值等。生态系统的服务功能和多重价值主要体现在以下几方面：（见表 2-1）

表 2-1 生态系统的功能与价值

功能	地球陆地	森林	草地	农地
面积/($10^6 hm^2$)	15323	4855	3898	1400
调节气体/($\$/hm^2$)		-	7	
调节气候/($\$/hm^2$)		141	0	
调节扰动/($\$/hm^2$)		2		
调节水分/($\$/hm^2$)		2	3	
供水/($\$/hm^2$)		3	-	
控制侵蚀/($\$/hm^2$)		96	29	
土壤形成/($\$/hm^2$)		10	1	
养分循环/($\$/hm^2$)		361		
废物处理/($\$/hm^2$)		87	87	
授粉/($\$/hm^2$)			25	14
生物控制/($\$/hm^2$)		2	23	24
食物产品/($\$/hm^2$)		43	67	54
原料/($\$/hm^2$)		138		
基因资源/($\$/hm^2$)		16		
娱乐/($\$/hm^2$)		66	2	
文化/($\$/hm^2$)		2		
年值/($\$/hm^2$)	804	969	232	92
全球/$10^9\$$	12319	4706	906	128

资料来源:《生态学原理与引用》(2008)。

生态系统健康是指生态系统在遇到一定破坏时,由于自身存在一定的潜在能力维护其相对稳定状态,会借助外界最小的支持来自身管理并进行相应的自我修复、保护。一个健康的生态系统是能够维持自身的结构组织,在受到干扰后能够在一段时间后进行自我修复,逐渐的回复到健康状态,以保持其稳定性和持续性。

3．生态平衡

非洲热带稀树草原地区，终年气候炎热，降水干湿季分明，景观随季节变化十分明显。干季到来，草本植物开始枯萎，因食物和水分的不足，斑马等食草动物迁徙，狮、豹等食肉动物随之迁徙，草原压力减少。湿季来临，降水增加，草原迅速恢复生机，处处郁郁葱葱，这样食草动物的春天到来了，纷纷重新返回故地，食物链的平衡也促使食肉动物紧随而来。非洲热带稀树草原地区就是依赖这样的调节机制，稳定有效地调节、维持自然生态平衡。

由此可见，生态系统中的各个组成部分都极为的关键，通过相互联系、相互制约形成统一体。生态平衡是指在一定时间内，生态系统中的生产者、消费者、分解者以及非生物环境之间通过能量流动、物质输入、物质输出、信息传递，使生态系统达到一种相对稳定的动态平衡状态，即为生态平衡。简单地说，生态平衡就是生态系统之间相互保持平衡、相互依赖，即生态系统平衡。

威廉·福格(美国环境思想学家)于 1949 年首次提出"生态平衡"一词，但是他没有直接给出"生态平衡"的具体详细定义，只是提出人类要发展就必须进行物质生产,在生产过程中必须处理好人与环境的关系，如果生态系统的平衡被打破，那么人类文明将会受到致命的打击与毁灭。从生态系统概念的提出到生态平衡的出现，经过了 80 年的时间，由此表明，人们对生态平衡的认识经历了一个过程。这种过程既与人们的认识水平有关，又和人们利用自然环境的特点有联系，可以说，20世纪中期人口剧增、资源过度开发、环境污染等促使人们对生态系统状况的思考不断深入.生物之间的营养联系是生态系统内部极为重要的联系，通过这种密切的联系，对生态系统的稳定程度起到了决定性作用。生产者、消费者和分解者之间的营养结构联系称为营养结构，主要形式包括食物链和食物网。生态系统中的每一个食物链都包括几个环节，同一环节上所有生物被称为营养级。一般认为，食物链的长度为 3～5 级。

在一个生态系统中,稳定的物种数量和种群规模是生态平衡的重要标志。在生态系统中，为了能够保持生态平衡，就要求有复杂的成分和结构，多途径的能量流动和物质循环，在食物链中需要各个营养级的生物种类多样化，较强的抵抗人类活动、自然灾害和气候变化等外界干扰带来的影响。相反，生态系统的组成成分越简单，生物之间的营养结构关系越单一，那么生态系统整体的自我调节能力就越弱，保持平衡的难度就越大，极其容易打破生态平衡。一旦生物之间的营养结构关系遭到破坏时，生态系统就失去了平衡。

人类社会中，在国际市场交流和竞争日趋激烈的今天，现代企业的持续发展，也需要建立高效的全球价值链。在物质输入和输出方面，由于成本控制已贯穿到日常生产的每一个环节，因而企业的重点应重视持续效益的产出。

平衡按其表现形态的不同，可分为静态平衡和动态平衡。自然界总是在不断地运动和变化。生态平衡是生态系统长期进化所形成的一种动态平衡，该平衡取决于生态系统的自我维护和自我调节，是在生态系统各种组成成分结构的运动特性和相互关系的基础上建立的。生态平衡通过生态系统内生物与生物、生物与环境之间的相互稳定关系来体现稳态特征，一个区域的生态平衡体现了该生态系统结构和功能的统一。

生物与环境之间相互关联、相互影响达到一种平衡状态，就意味着生态平衡，其实质反映了它们之间的主动与被动的关系。一旦生物不能适应赖以生存的环境，生物就会被环境而淘汰，渐渐地失去生态平衡。由于生态系统平衡是暂时的、动态的、不是永恒不变的，因此维护生态平衡，并不是保持最初稳定状态从一开始的不平衡到最终的相对平衡，需要进行周而复始地演进，这就是生态学的重要规律。

在一个自然系统内，有许多对立的因素在起控制作用。在人为活动的合理控制下，可以实现结构化和功能的提高。人们可以维护适合人类需要的生态平衡，或打破不符合自身要求的旧平衡，建立新平衡，使生态系统的结构更合理，功能更完善，效益更高。如我国珠江三角训的桑基鱼塘人工生态系统就是一个良好的例证。400多年来，珠江三角洲的居民对自然生态系统进行系统地改造，桑叶会变成蚕粪，蚕粪会变成鱼粪，鱼粪会变成塘泥，塘泥又为桑施肥，形成以种桑—养蚕—养鱼良性循环生产的生态农业模式，"世间少有美景、良性循环典范"正是联合国教科文组织在 1992 年对桑基鱼塘的称赞。

　　人类对生态平衡的认识，经历了相当长的过程，包括农业文明时代的崇拜观、工业文明时代的征服观和生态文明的平衡观。

　　农业文明时期，受生产力发展水平的制约，人们缺乏对自然环境的全面系统认识，总感到自然界有诸多神秘的力量决定人类的命运，特别是当火山、地震、洪涝等突发性自然灾害发生时，人们以为是自然界在惩罚自己，因此以各种图腾形式的崇拜文化应运而生，时至今日一些地区仍保留着传统的崇拜方式。人类的生产活动完全按照自然规律安排，"日出而作，日落而息"，成为农业生产活动最基本的标志。在这种条件下，人们没有能力也不可能去大幅度地改造自然环境。

　　工业文明时期，人类掌握了诸多先进的生产技术。伴随着工业化的实现，生产力水平迅速提高，人类改造自然的速度和规模达到史无前例的程度，地球表面每一个角落，几乎都留下了人类的足迹。车水马龙、灯火辉煌的大都市是高度人工化、远离自然状态的生态系统，随之带来了诸多环境问题。特别是在 20 世纪相继出现的塑料污染、汽车尾气、光化学烟雾、海洋污染等，使人类社会在享受征服自然环境的同时，不断地承受随之而来的各种环境污染与生态退化恶果。

　　美国海洋生物学家蕾切尔·卡逊（Rachel Carson）在 1962 年出版了《寂静的春天》（Silent Spring），客观上宣布了人类征服自然的时代的终结，被认定是人类生态意识觉醒的标志，是生态学新纪元的开端。人们开始从生态文明的角度，反思自己对自然的态度。生态平衡观正在成为指导人类活动的重要指南。美国科罗拉多瓦赫原野公园的指示牌原为"请留下鲜花供人欣赏"，后改为"请让鲜花开花开放"。表现出人类从自然界主人的傲慢态度，到对自然的谦恭态度和平等意识的转变，生态文明时代，尊重环境伦理的生态平衡观应当成为新的文明观。

4．生态位

生态位（Niche）源自拉丁文"nidus"，文字意思为"巢""龛"，是指在一个生态系统中，群落中种群或物种个体在时间空间上占据的一定位置及其相互之间的功能关系与作用。。生态位这一词于 1910 年被美国学者 R.H.Joinson 第一次使用。生态位理论产生于生态位现象又称为"格乌司原理"，这种生态位现象是俄罗斯格乌司在研究多种单履虫时发现的。生态位的概念首次被 Joseph Grinnell（1917）提到，他定义生物种群所占据的基本生活单位为生态位，着重刻画了生物的"住所"，因此又特指"空间生态位"。Charles Elton（1927）研究的出发点是生物功能或营养，提出生物群落中有机体的功能和位置就是生态位，这个角度的着重点是物种的"职业"。Gaulse（1934）有机地把生态位和种间竞争结合起来，认为"竞争的结果使两个相似的种极少占据相似的生态位"，进而提出排斥原则。G.E.Hutchinson（1957）提出生物单位赖以生存条件的总和即为生态位，进一步研究提出生态位是多维资源的超体积，在生态系统中个体或物种可以没有约束的成长下去的多维度空间，该概念与 J．格林内尔的定义接近。后来他提出"基础生态位"和"实际生态位"。基础生态位强调的是指在无竞争者和捕食者存在的情况下，生态系统中某物种完全拥有系统空间的最大部分，后者是指在竞争者和捕食者存在的条件下，该物种只能占有自身适应能力所达到的实际空间（见图 2-1）。

Whittaker（1975）提出"自然生态系统中各个种群在时间上的位置、空间上的位置以及与其相关种群之间的功能关系称为生态位"。

综合上述分析，生态位着重刻画了生物物种在空间、营养和竞争三者的关系，就像奥德姆所言，生态位决定于生物长期栖息在哪里，它们互相之间如何进行能量转变，怎

图 2-1　温度和水分条件下的生态位

样反应对其理化和生态环境，怎样改变赖以生存的环境条件，甚至它们如何在生态系统中受到其他各种生物的致约等。生态位是一种生物界普遍存在的现象，描述了关于物种群栖息生存时间、空间的界定，对种群的生存状态、方式、条件、演变过程和途径等问题作了详细的解答。在生态系统中，为了得以保持生态系统的平衡稳定，各个物种都有各自的生态位。因此，可以把生物物种占据的空间和具有的功能的总称定义为生态位。

　　生态位重叠是指当不同物种同时拥有共同的生态位空间或者生态位。如果两个或两个以上的物种共时利用资源位或资源状态时，这时就存在资源共享以及相互竞争的问题。每当有两个以上物种同时占据相同的生态位时，在物种之间必将存在竞争的矛盾，最后只有竞争的强者才能生存下来。为了尽量减少或避免物种之间相互竞争，就生态位而言物种之间应该选择不重叠或较少重叠显得尤为重要。如果多个物种能够合理的利用不同的生态位时，在生态位上形成相互补充的关系，这样群落的稳定性有了很大的提升。

第二节　企业生态

一、企业生态的概念

　　企业是各种资源和资产组成的集合体，它是由信息资源、人力资源、管理资源、企业文化及无形资产、固定资产、金融资产、流动资产等构成的经济社会中的基本单元。将企业与复杂多变的市场环境之间的相互关系类比于生命系统与生态系统的作用机理是企业生态研究的理论基础。自然地，将企业学与生态学理论有机结合即形成企业生态学。企业生态学是研究企业与社会、经济、自然、规范等外界生态环境因素之间相互作用机理的一门科学。这门科学的目的是基于生态学的基本原理，研究各种企业现象及其成因，从而掌握企业的发展规律，揭示企业发展的方向和趋势。

二、企业生态的类型

从个体的分子尺度到整个生态系统尺度,生态学理论可将其分为不同尺度的、能够辨别的亚部分,即个体、种群、群落、生态系统等[①]。因此,研究企业生态可以类比生态学意义上的多个尺度展开,即企业个体生态、企业种群生态、企业群落生态、企业生态系统等。通过这种由微观到宏观、由内部到外部的逻辑划分,对于分析不同企业生态系统的产生与发展,建立和维护不同企业生态系统的统一和完整是非常关键的工具和方法。企业生态可划分分为如下几个子类:

(1)**企业个体生态**

顾名思义,企业个体生态即是将企业个体作为一个独立的生态系统,它是以企业个体本身为研究对象,探究企业个体本身及其与复杂多变的市场环境的相互作用关系,其侧重点在于企业对市场环境的应激反应。它是企业生态学的基础层面,以围绕个体企业如何从市场中获取资源和企业维护、保卫、生殖、修复等方面的适应与进化战略来进行研究。企业所具有的各个要素、角色和部门彼此相互依赖与协作共生于个体生态系统中。企业所处的环境除企业和其他企业有机体外,还包括其所面临的市场环境、社会政治经济环境、自然环境以及国际政治环境。状况决定一个企业的生存与发展能力,同时所有生态因子共同决定企业的寿命、体质、成长方式、和演进机制等。

(2)**企业种群生态**

在一定空间地域、同一时期内的同种、同类、同行业或其产品具有相互替代功能企业的集合体称为企业种群。企业种群是在复杂市场环境下通过研究种群内部各成员之间,企业种群或企业个体与其他企业种群

---

① Reid R S, Thornton P K, Mccrabb G J, et al. Is It Possible to Mitigate Greenhouse Gas Emissions in Pastoral Ecosystems of the Tropics? [M]// Tropical Agriculture in Transition — Opportunities for Mitigating Greenhouse Gas Emissions?. Springer Netherlands, 2004.

之间的相互关系,进而探讨企业种群数量在时空上的变化规律及其变化原因和调节机制,其重点是研究单个企业的企业种群对于市场环境的反应。

（3）企业群落生态

若干企业种群或企业在一定的生存环境条件下形成的与市场环境相互作用的企业群体称为企业群落。它以功能各异或不同行业的企业种群为基础,形成多链条且相互关联的生态链,探讨环境因子与企业群落关系的同时揭示企业群落的自适应调节机制和演替规律,其重点是研究在确定面积中的企业种群集合体（企业群落）的组成和结构。

（4）企业生态系统

在一定区域内的每个企业与周围的其他个体或组织连同企业生存的外部环境所构成的相互影响、相互作用、相互依赖的共同体称为企业生态系统。其研究侧重于企业生态系统企业群落与环境的非生命部分的结合内的各种过程,例如资源的循环、能量交换流和关系网等,重点关注企业间的合作、协调以及与环境的协同进化。

三、企业生态形成的原因

1. 企业生态形成的外部环境

融合一种组织形式的产生和形成都离不开特定的时代背景和外部环境。世纪之交,企业所处的外部环境发生了深刻变化,主要表现为经济全球化方兴未艾、信息技术迅猛发展以及知识经济的兴起、组织范式的演进、企业经营理念的转变等。传统的产业组织越来越难以适应如此变化多端的外部环境,企业纷纷通过构建自身企业生态网络来增强竞争力。企业生态网络正是在这种大的背景下形成的。

（1）经济全球化营造了市场环境

20世纪80年代以来,世界贸易迅速增长,各国的金融保险、证券投资、信息通信等市场逐渐加大开放力度,各国经济的相互依赖程度进一步加深,经济全球化大潮势不可挡。随着经济全球化的迅速发展极大地推动了企业向全球网络化发展,进一步促使经济发达的国家和地区的相关企业发展技术联盟或者战略联盟，同时为了实现企业整体功能最大化，企业将整合重组局部最优化系统。同时，经济全球化促进了国际劳动分工的深化和细化，进一步深化了企业之间的渗透力，越发使的企业发展网络组织化。 经济全球化使得市场竞争更加激烈，经营与管理的风险和不确定性加大。随着世界经济日益全球化，各国的关税和非关税壁垒不断削弱，世界各国企业逐渐失去本国政府的贸易保护，不得不直接面对来自国际市场的竞争。随着市场全球化的发展，许多企业以当下的发展水平不能提高自己在全球化市场的地位，因此，他们通过与其他企业相互网络结盟的方式，以获得在全球市场的竞争力。企业生态网络是一种合作型组织，能够适应经济全球化所营造的市场环境。全球化具有以下三个基本特征，即产品标准化、技术生产工序标准化和消费者偏好趋同化。因而，经济全球化所带来的市场环境促进了产业组织向分工化、生态化方向的演进，有利于生态化企业网络的形成。同时，企业为了应对国内外市场竞争、巩固市场地位、增强竞争优势，采取了构建生态网络化的措施。戴尔电脑采用的芯片是英特尔的、主板是由中国台湾提供 、显示器由韩国提供和中国内地的硬盘，形成生态化企业价值网络，背后的驱动因素正是经济全球化所营造的市场环境。

（2）信息技术发展奠定了物质技术基础

构成组织系统的三大要素为共同目标、合作意愿和信息交流，信息交流为了发挥共同目标与合作意愿的作用奠定了基础，是连接两者的纽带。20世纪60年代至70年代信息技术创新有了大规模的发展，60年代主要以开发大规模集成电路和研制计算机网络技术为主，70年代主要以光导纤维和微型计算机的应用为主。计算机辅助设计（CAD）、计算机辅助制造（CAM）、计算机集成制造系统（CIMS）以及管理信息系统（MIS）、物资需求计划（MRP）、企业资源计划（ERP）等系统的运用极大地提高了企业在产品开发、产品制造、企业管理等方面的效率，同时也为企业间的合作提供了必要的技术支持。在20世纪90年代，光纤通信技术、计算机网络技术等现代信息技术有了很大的发展，并且广泛的在企业中应用，促进了人类文明社会逐步的从后工业时代过渡到社会信息时代。一方面，这严重地冲击了具有刚性边界、严格等级层次的传统组织；另一方面，这也为组织形式的变革奠定了物质技术基础。随着信息网络技术的发展、计算机信息系统的完善、集成制造技术的普及和电子商务的发展，信息搜寻、协作分工在市场交换中的交易成本极大地减少，进而及时、有效地进行信息沟通、传播，促进企业能够跨越自身的组织边界和时空界限，和相关的全球企业密切、广泛合作。在信息技术的推动下，企业组织结构逐步向精简、高效和灵活敏捷的方向发展，企业也逐步把重心放在核心业务环节，以培育、强化企业的核心竞争力。企业通过自身的核心业务来调控生态网络组织的具体分工，是新型技术迅猛发展的结果。信息技术即为企业生态网络的形成提供了技术手段，同时也是其演进和发展的重要动力。因此可以说，企业生态网络是基于现代技术基础上的组织形式。

　　（3）知识经济兴起提供了战略资源

　　知识经济是建立在知识和信息的生产、分配和使用之上的经济。知识经济具以下两大特征，一是知识是现代经济发展最关键的生产要素和战略资源；二是知识带动了学习与创新，为组织发展提供了基本动力。管理大师德鲁克指出："知识是今天唯一意义深远的资源，传统的生产要素——土地、劳动和资本没有消失，但是它们已经变成第二位的。"在知识经济中，知识资源的投入可以使企业获得高效益、高报酬，拥有的知识资源越丰富、越关键，企业的竞争优势就越显得明显。但是由于企业自身发展的局限，其知识资源是有限的，这样仅仅依靠自身的知识资源很难与多边的环境以及日渐强大的竞争对手相抗衡，很难获取竞争优势。以自身的知识资源位基础参与构建企业生态网络是企业在知识经济时代发展的一种明智选择。知识经济的兴起促使学习和创新能力成为企业发展的战略资源，同时也使得企业的核心竞争力以建立在企业的学习和创新能力的基础上。学习和创新能力要以知识资源位基础，是企业走可持续发展的最重要、最关键的要素，同时也是企业生态网络形成与发展所必需的战略资源。在知识经济时代，产品生产过程需要对企业内部或企业之间进行资源的优化、整合，并能够及时有效地适应市场的变化，而对市场做出一系列敏捷的反应。企业生态网络是一种具备高度柔性、敏捷性、动态性、学习性特征的新型组织模式，具有快速组合资源的能力，同时能够把握不断发展变化的市场机遇，及时、动态调整组织结构，高效实现组织内部或组织之间的资源有效整合和未来的发展动态。

（4）组织范式演进转换了思维观念

组织范式的传统思维观念认为，组织是现存事物的存在，是事物内部（及外部）按照一定结构与功能关系构成的方式和体系，是一个客观的实体；组织结构主要表现为空间结构，科层制原则是其核心；所运用的组织范式往往是"他组织"的范式，是一种构成论、实体论和机械论。20 世纪 90 年代以来，随着知识经济时代的出现与发展，互联网和新经济的蓬勃发展促进了企业组织结构和经营模式向有利的方向发展，组织范式也发生了转换，组织理论的新范式开始出现，并成为引导组织发展的新指向。在组织理论的新范式中，关系论、生成论、有机论的思想正在逐步取代构成论、实体论和机械论的思维观念，主张只有在环境、背景的关系条件下才能全面的生成、定义、描述和认识的行为个体、单个组织。组织范式的新思维观念主要认为，组织是一种过程性演化体系，是一种事物朝着空间、时间和功能的合理、有序组织结构方向进行演化的过程体系，是一个不断与外部环境发生作用的自组织系统的自组织过程。Mintzberg 和 Heyden（1990）认为，在新的组织理论范式下，不再采用集合（set）和链条（chain）这两种旧陈的组织形式来刻画、描述组织，而是采用枢纽（hubs）和网络（webs）这两种新式的概念来描述组织。这种组织表现出多层次性、关系复杂性、边界混沌性、结构网络性、环境适应性等多种特点。Peters（1992）认为，传统的科层制和职能化概念上的"牛顿性组织（Newton organization）"必然被具有网络化和柔性化特性的"混沌组织（chaos organization）"所取代。组织范式的演进促使人们对组织的传统思维观念发生巨大转变，为企业生态化网络的形成创造了外部条件。

（5）企业经营理念转变创造了文化氛围

经济向全球化发展和企业逐渐步入全球网络化，使得企业的经营理念发生转变。现代企业经营管理理念的主流是"合作双赢"，这为企业生态网络的形成营造了必要的文化氛围。表现为：① 竞争范式发生了变化，从"对抗的竞争"演进为"合作的竞争"；② 在知识兴起的经济时代，知识、信息等无形资源和物质、能源等有形资源相比更具有重要战略意义时，合作成为企业理性选择，企业可以通过合作共享知识、信息资源，获取"合作剩余"；③ 随着快速化的产品更新换代、技术生命周期的缩短和高质量产品技术的出现，加快高新技术的开发和应用显得尤为重要，而高新技术开发和应用费用增加、周期加长、风险提高，迫使企业进行合作；④ 信息技术的发展也为企业合作创造了条件。由此可见，"在竞争中求合作、在合作中促竞争"已经成为企业经营理念转变后的一种文化氛围，而这种文化氛围为企业生态网络的形成创造了条件。

　　另外，需求约束的日益强化、竞争演进的新特点、纵向一体化组织在新形势下表现出的非适应性等也为企业生态网络的形成提供了契机、创造了条件。

2．企业生态形成的内部环境

　　生态化企业网络的成员企业以自身优势资源参与分工，形成生态化企业网络，是一种通过获取网络资源或者网络利益而追求最大化利益的理性行为。企业生态形成的动因主要是网络资源或网络利益，具体表现为"降低企业成本、追求经济规模、节省研发费用、提高竞争格局优势（Poter&Fuller，1987）"，也可以是"降低交易成本，增进企业组织效率（Oliver，1990）"，还可能是"构建竞争优势、创造协同效应、防止恶性竞争（李维安，2003）"。本书从以下几个方面分析企业生态网络形成的内部驱动因素。

（1）共享优势资源

　　资源具有稀缺性，企业资源更为稀缺。无论哪家企业都不能独家拥有某种产品的全部核心技术，不能成为独一的"大而全的万能组织"。企业如果仅仅单纯依靠自己的力量，不可能在竞争的市场中获得主动权。更何况随着全球经济的发展，顾客需求的多样化、个性化、方案化、主体化和及时化以及企业的经营环境愈加复杂,市场就需要对企业提出更高的要求。企业所需要的资源在多样性和稀缺性之间产生了巨大的矛盾，并且日益显现，但是每一个企业都具有自身的相对优势资源。在这种大环境下，许多企业为了获得最高的利益，都会充分利用合作企业的核心技术优势，做出相应的转换，具体表现为：在行业间、企业间以至生产流水线上进行分工与协作,在从产品专业化到零部件专业化进行分工与协作，再到工艺流程的专业化进行分工与协作，通过整个灵活的转换促使企业生态网络是分工与协作逐步发展和演化的产物。倘若各个企业都以自身的优势资源发展为一个价值节点参与形成企业生态网络，那么各具资源优势的企业就可以联合起来，相互支持、相互补充，共享优势资源，应对市场竞争，满足顾客需求。节点是各个企业优势资源的有效载体,节点在企业生态网络内部的流动和共享保证了优势资源的流动和共享。企业生态网络不仅可以满足每个企业在开展生产经营活动所需的资源（包括外部资源），而且可以使每个企业通过企业分工的形式，在生产经营活动中逐步强化自身的资源优势。随着经济、技术、市场条件的变化，越来越多的企业为了弥补自身资源的不足，都积极创造有利的企业外部资源，这样通过内外资源的优势互补，可以进一步巩固和提升自身在市场竞争中的优势。在企业生态网络内部，为了确保资源外取形式下资源流动的持续性和可靠性,各个成员企业都必须服从协议或合同的共同约束和协调管理。英特尔和微软合作的 Wintel 联盟，就是一种企业生态网络。它利用微软的 FlexGo 技术，纳入英特尔"全球超越计划"，谋求推出低成本电脑。由于共享英特尔和微软各自的优势资源，这种 PC 的价格约为正常价格的一半甚至更少，具有较强的市场竞争力。

（2）构建竞争优势

构建竞争优势是企业生态网络形成的主要动因。随着知识经济的兴起和全球化经济的迅速发展，企业之间的竞争愈加激烈。企业单单依靠自身的力量很难在竞争中获得竞争优势。企业要想让自己长期处于优势的地位，就必须善于利用各种各企业间的相互竞争力量，以获取竞争优势。大型企业为了降低成本、突出核心优势，往往将一些辅助性业务外包出去，共同与擅长辅助性业务的企业组建生态网络组织；中小企业之间也可以按照各自专长，借助企业分工来组建企业生态网络。这样，在不同企业之间以相互的优势资源为纽带，充分发挥整体优势，近而提高各企业在市场的竞争力。

企业生态网络作为一种"高效的产业组织形式"，其网络效应和其产业的专业化、集中化、分工化特性对于构建竞争优势有极大的帮助，其作用机制主要是通过发挥集聚经济效应（外部经济性）、联合行动效应和制度效应实现的：一是集聚经济效应，又称外部经济性，即通过提高因产业在地域（组织）上的集中（接近）而致使社会分工深化、企业联系加强和区域资源的利用率所节约的成本；二是联合行动效应，即网络组织中的各个厂商认识到共同合作发展能够实现某些共同的目标因此进行有意识的联合行动，这样能够提高合作厂商的技术能力、生产能力和市场能力，通过共同发展效应而推进网络组织的成长和提高其在市场中的竞争力；三是制度效应，主要是指企业生态网络中资本形成与积累的有效机制、合约签订与执行的诚信和合作制度以及政府相对成熟的产业政策等。产业的专业化、集中化、分工化三大特性有利于降低成本，形成经济规模化。企业生态网络为了营造了一个相对广阔的市场需求空间，就必须增加对分工更细、专业化更强的产品和服务的潜在需求量分工化和专业能够将生产产品的不同阶段分派给不同的企业生产，这样就可以让单个企业专重生产某一种产品。在生产过程中，单个企业可以通过采取改进生产工艺、提高生产效率、扩大生产规模等措施，来提高相应的经济规模和实力。越来越多的专业化企业集聚在同一地区，使相应的区域实现了规模生产，企业之间可以在生产环节中相互学习，渐渐提升网络组织整体的生产效率，逐步形成外部规模经济。

网络组织内部的合作与价值、分工与协作、柔性生产、弹性专精以及自组织和自增强机制等是企业生态网络竞争优势的主要来源。

（3）促进学习与创新

企业生态网络为成员企业提供了一个学习和创新平台。在知识经济时代的快速发展，知识学习和创新能力在企业发展优势资源中起到战略性作用。然而在一个企业内部，自身的发展水平有限导致知识储量和技术创新的潜力也是总是。在当下，经济技术的快速发展，无论哪个企业都不可能完全掌握所有的最先进的技术和实践创新方法。其实，企业的知识和创新怎么可能仅仅局限在企业内部，各个企业之间可以相互的学习、渗透，合理的利用企业生态网络，把企业的知识和创新发挥到极致。企业生态网络是一种创新型网络，其社会资本、企业文化和组织结构极大地促进网络内部的知识流动、组织学习和技术创新。可以说，企业生态网络为创新提供了"肥沃土壤"。罗沙贝·坎特（1998）认为创新的"肥沃土壤"涵盖以下相应特点：创新者和用户能够紧密接触、充分沟通；有更高技能、专业化、世界性的劳动资源；来自研发中心新技术新思想的流动；作为减少不确定性的战略因素，鼓励更为复杂的、更多元化的创新环境；设立交换创新思想的沟通渠道；组织内部有更多的相互依赖和整合；对作为社会商品的新思想的公开的奖励。企业生态网络内部进行组织学习和技术创新，确保了各个成员企业能够永保自身发展的生命和活力，同时也为企业生态网络长期处于竞争优势地位提供了有力的支持。

（4）分散和化解市场风险

在全球化市场的经营条件下，企业面临的竞争环境瞬息万变，各种市场风险时刻威胁着企业的生存和发展。企业生态网络利用突破企业和空间的有形边界手段来拓展企业和网络的无形边界，通过合理利用外部资源来降低单一企业的投资风险，高速、有效的实现整体的市场目标，让之成为高柔性的敏捷制造体系。柔性组织的敏捷制造体系是一种适应性组织，能够培育产业先见、实施动态管理、快速调配资源，进而有效应对市场风险。企业生态网络生产的产品能够适应市场消费，满足日趋多样化和个性化的需求。另外，参与形成企业生态网络也是成员企业以组织接近整合地理接近、化解市场风险的一种战略举措。例如，我国台湾地区新竹工业园的 IT 企业以分工化生产方式参与美国硅谷高新技术产业的企业生态网络，不但能够及时获得技术信息、产品信息和市场信息，不断缩短产品研发时间、降低研发经费、降低研发风险，并且积极融入企业生态的全球销售网络，分散和化解市场风险。

（5）集中精力建设企业核心能力

企业核心能力是指能使企业提供附加价值给客户的一组独特的技能和技术，它能使企业不断进行产品创新，扩展市场能力。一般而言，企业核心能力的建设主要依靠自我积累创新和知识联盟。大型企业实施的"归核化战略"具体表现为放弃企业非核心业务、高度集中精力建设企业核心业务能力的战略。在这一战略实施过程中，大型企业往往将业务模块化，将主要精力集中于自己专长模块的设计和生产，将其他模块外包给那些在该领域具有专长的企业，这样就形成了企业生态网络。其他企业通过生产自己具有专长的模块，又能够强化自己的专长，进一步巩固自己的核心能力。同样道理，中小企业实施的"生态集群战略"也是一种突出企业核心专长、"强强联合"的战略。在企业生态网络内部，各成员企业通过专业分工，能够在某一领域实现自我积累创新。同时，企业生态网络本身就是一种知识联盟，"背对背竞争"和"面对面合作"能够促进知识的流动和整合。2001 年，爱立信公司将生产和供应等环节外包，把设在巴西、马来西亚、瑞典、英国的手机制造工厂以及部分美国工厂剥离，与 Flextronics 等公司形成企业生态网络，自己控制价值链的关键环节。这就是爱立信公司为了集中精力建设企业核心能力，维持企业持续竞争力，获取全球竞争优势而采取的战略抉择。

（6）创造网络协同效应

网络协同效应是指通过整个网络对各成员、各环节、各要素的进行全面的功能耦合和能力整合，进而使网络化的整体功能极大地超出各自独立的功能之和，使网络的整体协同价值远远超出各成员的单独价值总和的效应。Leibowitz 和 Margolis（1995）从更广泛的意义上将其定义为"当采取相同行动的代理人数量增加时该行动产生的净价值增量"。企业在构建和参与企业生态网络时，利用知识的流动和整合相互传递的技术，促进研究与开发的步伐，以获取本企业相对缺乏的重要资源。同时，企业之间由于企业文化的不同，会出现文化的相互融合和碰撞，在这个过程中会产生各种网络协同效应。这种网络协同效应是通过相互合作而导致的"1＋1＞2"的效应，它包括财务协同效应、经营协同效应、技术协同效应和管理协同效应（李维安，2003）。在构建和参与企业生态网络的同时，每个企业成员都受益于网络协同效应，通过以网络为纽带构建自己独特的资源、品牌、信息等优势，以增强其在市场中的竞争能力。并且，个体效益也得益于整体效益的提高，逐步加强在市场竞争中的优势地位。2006年，阿尔卡特和朗讯科技合并形成企业生态网络，通过集无线通信、有线通信和服务于一体的技术，创建真正的全球性通信解决方案供应商。其合并的主要动机是通过下一代网络、服务和应用方面的市场商机，大幅度增加收入和盈余，同时产生显著的协调效应。

　　另外，任务的复杂性也是企业生态网络形成的内在驱动因素。当一项任务的履行超过企业自身的能力或者从发展战略上看合作更为有利时，企业会将自身核心能力模块化后参与形成企业生态网络。任务具有复杂性，同时也具有可分解性。

第三章   企业生态相关基本概念

第一节   企业种群与企业群落

　　企业种群是指一个连续地域空间内由若干不同类型企业或企业种群在一定的环境条件下所形成的与环境相互作用的企业群体。企业种群概念包含三个特征：① 处在一个连续地域；② 存在两个以上的不同类型企业或种群；③ 企业或种群之间联系紧密。企业群落成员一般包括同一地域不同行业的企业或者产品具有替代性、互补性、独立性功能的企业集群。企业群落内部，企业与企业之间、企业与外部环境之间的各综合因素形成了一定的主客互置的生态关系，并形成了相对的、特有的群落环境。企业群体和该群体所处的环境共同构成了企业群落生态系统。

　　企业群落中的各个企业和企业种群相互共享资源，资源互补的优势使企业获得了较为稳定的生存环境，促进了企业各自的发展，从而也促进了企业群落的总体发展。企业群落内部各组织单位所形成的各种互补互利相互影响的关系又可以被称为"企业群落效应"。

第二节   企业生态系统

一、企业生态系统的概念

　　自美国著名战略管理学家詹姆斯·弗穆尔年首先提出企业生态

系统概念以来，许多学者对其进行了不同的解释，但他们都主要侧重企业生态系统的组成和成员间的关系两个方面，而对其本质特征没有更多的关注。至今为止学术界对企业生态系统的概念还没有统一的定义，但是对企业生态系统的内涵进行科学界定，是深入研究企业生态系统的起点，也是建立和完善企业生态系统的管理体制和运行机制的客观要求。对企业生态系统内涵进行揭示，有利于加深人们对这一全新企业发展模式的认识，有助于企业生态系统的规范化运作。

本书认为企业生态系统是企业在动态复杂环境下为了自身生存和持续健康的发展，有意识地按照生态学的思维和原理，以价值传递为纽带，以共同进化为目标，和与自身利益相关的其他企业、组织以及个体共同构成的相互作用、相互影响并具有松散的动态结构的复杂适应系统。

对企业生态系统的含义可以从以下几个方面理解：

① 企业生态系统是借喻自然生态系统概念而提出的。企业与自然生态系统中的生物个体具有相似的特征，企业发展规律在很多方面和生物生态领域中的规律相仿，因此我们可以把企业看成一个生命有机体，把它与其他相关企业、组织和个体之间相互作用、相互影响而形成的社会系统看作企业生态系统。

② 企业生态系统是企业为适应新的现实环境而采取的新的经营思维逻辑和战略视角。随着企业环境由原来相对简单稳定的静态环境变为复杂多变的动态环境，过去传统的只强调自身生存和发展权利而无视利益相关者群体的整体利益和生态系统的共同发展与繁荣的经营理念已经落伍，企业不再将自己看成单个封闭的组织，而是有意识地与相关企业、组织组成一个整体，并用生态系统的观念来看待，将自身的命运与整个生态系统紧密联系在一起，努力实现共

同进化。因此，企业生态系统不只是一个名词而已，它更是一种宏观的经营理念和微观的经营策略，它要求企业经营者不但要注意企业自身的生命力，更要洞察先机，体察企业生态的变化，方能不断调整企业的体质来回应环境。

③ 企业生态系统是一个为顾客创造价值的系统。企业生态系统是以给顾客提供价值为纽带，将整个生态系统资源结合起来，各成员共同发展自己的能力和作用,并注意将自己与未来的方向同一个或数个核心企业确立结合起来，共同投资于为顾客创造价值的过程中。一个企业生态系统要生存,只有给顾客提供有所期望的价值,才能获取足够的利润,满足各成员生存和发展，实现企业生态系统的良性循环，并使整个企业生态系统顺利进化。

④ 共同进化是企业生态系统的目标。企业生态系统各成员通过相互间的合作与竞争实现共同进化，进而推动整个生态系统的进化。企业生态系统中共同进化是通过系统各成员或子系统之间协同作用，使相互依存的各子系统交互运动、自我调节、协同进化，最后导致新的有序结构，这种新的有序结构即生态系统各成员共同进化的结果。

⑤ 企业生态系统是一个复杂的动态适应系统，具备自相似、自组织、自学习与动态演化的特征。总之，企业在市场环境中生存就像生物在自然环境中生存，企业生态系统与自然生态系统存在许多相似点（见表 3-1）①，正是这些相似点使得从生态的角度对企业生态系统进行分析成为可能。

---

① Jongebreur A A. Strategic Themes in Agricultural and Bioresource Engineering in the 21st Century [J]. Journal of Agricultural Engineering Research, 2000, 76 (3).

表 3-1 自然生态系统与企业生态系统对照

自然生态系统	企业生态系统
生态位	企业生态位
生产者	供应商
消费者	企业
分解者	用户
食物链	价值链
食物网	价值网
生态系统生物物种	企业生态系统企业成员
关键种	主导企业
群落演替	企业群落演替
生物竞争	企业竞争
生物共生	企业共生（企业合作）
生物进化	企业进化
种群	行业
生态系统的生态因子	企业生态系统生态因子
光、热、水、土、气	政治、经济、文化、技术、自然
DNA	企业核心竞争能力
生物诞生	企业注册
生物死亡	企业注销
生物繁殖	企业扩张

二、企业生态系统的结构

（1）企业生态系统的基本成分

类比自然生态系统，企业生态系统由各种各样的生物物种（成员）所组成，成员相互间存在各种复杂关系。生物物种主要包括企业个体及同质企业（相同的技术、供应商、用户等）所形成的种群（$\sum a_i$）、消费者（$\sum b_i$）、供应商（$\sum c_i$）、市场中介（$\sum d_i$）（包括代理商、销售渠道、销售互补产品及提供服务的组织）、金融机构（$\sum e_i$）和投资者（$\sum f_i$）等；相互间的各种复杂关系既有垂直关系，如供应商、消费者、市场中介机构等），又有水平关系（如竞争对手、其他产业的企业、政府部门、高校、科研机构、利益相关者等）。若用函数 F 来表示，这样可将一个企业生态系统表达成函数式：

$$企业生态系统 = F（各种各样的生物成员）$$
$$= F\left(\sum a_i, \sum b_i, \sum c_i, \sum d_i, \sum e_i, \sum f_i, \cdots\right)$$

另外，企业生态系统还包括政府部门和立法者、大众传媒、分别代表消费者和供应商的协会以及制定标准的机构，由于它们既可能是消费者或投资者等，又对系统非生物生态因子起决定性作用，所以隐含在上述关系中[①]。

企业生态系统的外部环境中存在着各种各样的非生物生态因子，主要有政治生态因子（$\sum A_i$）、经济生态因子（$\sum B_i$）、科学技术生态因子（$\sum C_i$）、人力资源生态因子（$\sum D_i$）、文化生态因子（$\sum E_i$）、自然资源生态因子（$\sum F_i$）等。

如果说自然生态系统是以动物、植物为中心，那么企业生态系统就是以企业为中心，特别是以拥有核心能力的企业为中心，从其构成成员的紧密性和重要性可分为核心生态系统、扩展生态系统、完整的企业生态系统等三个层次（见图3-1）。

---

① 田秀华. 商业生态系统视角下企业互动关系模型构建研究[J]. 南方经济，2006（4）.

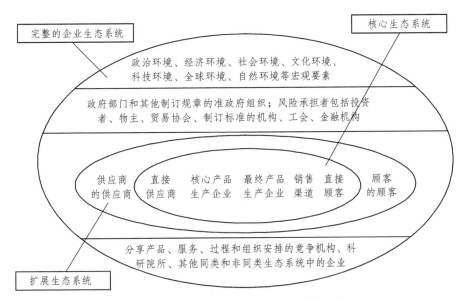

图 3-1　企业生态系统结构及其组成示意图

资料来源：詹姆斯·弗·穆尔著，梁骏，等，译. 竞争的衰亡[M]. 北京：北京出版社 1999，P20.

（2）企业生态系统的网络结构

　　企业生态系统的结构是指系统内各要素相互联系、作用的方式，是系统存在与发展的基础，也是系统稳定性的保障。首先核心企业与供应商、供应商的供应商乃至一切前向关系，以及与顾客、顾客的顾客及一切后向关系相互之间通过竞争与合作进行着物质（产品和/或服务）、能量（资金）、信息的交换，从而形成一条商业链（见图 3-2）。

图 3-2　商业链

　　注：双箭头表示相互作用和信息流方向；同时箭头向右表示物流和价值流方向；物资流量减少，价值流量增加；箭头向左表示资金流方向。

　　其次由于生态系统中的一个企业与若干类、每一类的若干个企业或组织之间均存在着相互联系、作用，而这个商业链的成员同时又可能是另一个商业链的成员，且这些成员会因市场需求和其他环境因素的变化而更新，所以这些链交织在一起形成了企业生态系统多维的复杂网络结构。与完全规则的网络有所不同，企业生态系统的网络节点的排列呈"幂律分布"：其中的许多节点只有几个链接，而其中几个节点（网络中心）有许多链接。因此，企业生态系统具有复杂性、动态性和交叉性[①]。

　　企业生态系统既不是传统的"垂直一体化"企业的内在价值链系统，也不完全等同于基于扩展的企业概念的供应链，它主要关注与上下游之间的合作伙伴关系，还致力于同质企业群体间、及与其他组织、周边非生物环境间的建设性关系的构建[②]。

三、企业生态系统的边界与范围

　　生态系统是有边界、有范围、有层次的，然而事实上，我们通常不可能清晰地划出自然生态系统边界，就如同无法划出种群、群落结束和开始的界限。整体和部分是自然界普遍存在的一对基本矛盾，作为思维操作的分析综合，是思维主体对认识对象按照一定目标进行这样或那样的分解与组合。生态系统只是一种概念性的表达，它本身不应该也不可能去规定具体的范围和大小，因此任何一个生态系统的建立，唯一地取决于人们所研究的对象、内容和方式以及人们所要达到的目标。所有这些归根结底又取决于人们对客体的认识深度。生态系统可以很大，例如海洋、沙漠、森林都可成为一个生态单位，但是有些微环境也具备了生态系统的构造与功能。正如自然生态系统的边界难以严格定义，企业生态系统是难以概括的，因为组织间的相互作用不会在某个边界突然停止，因此边界应按照与研究的目标和将要回答

---

① 潘剑英，王重鸣. 商业生态系统理论模型回顾与研究展望[J]. 外国经济与管理，2012（9）.
② 韩福荣. 企业仿生学[M]. 北京：企业管理出版社，2002.

的问题相关的内容来设置，同时彻底地考察哪些成员是重要的并且明显地相互连接。

企业生态系统边界是由最终提供给消费者总产品（或总的体验——它不仅依靠核心产品和服务，而且也依靠各种辅助的旨在加强消费者体验的方法①）的价值体系来确定，凡是与总产品价值创造过程有着直接关系的企业、社会组织和个人都是生态系统的组成成员。企业生态系统各成员以给顾客提供价值或利益为目标聚集在一起。只有产品或服务能够给顾客带来价值、满足顾客需求，顾客才愿意去购买，企业才能补偿其所耗费的成本并得到合理的利润。因此顾客需求是把企业生态系统各成员企业与最终顾客之间、企业生态系统与企业环境之间连接成一个整体。但顾客的需求只是为企业生态系统的形成和发展提供了可能性，如果只是为了满足顾客需求，系统各成员就不会聚集在一起共同为顾客创造价值的。真正促使系统各成员连接在一起的是该生态系统能给各参与者带来一定的利润，这些利润能够维持其生存或发展。这些参与者不仅仅局限于行业划分，还可以是来自不同行业的利益的贡献者，关键是能找到系统整合机制，通过协调将各成分贡献结合起来，从而给顾客和其他参与者带来利益②。Iansiti 和 Levien 认为要给一个企业生态系统精确地划定界限是不可能的，而且这也不过是一种学术研究而已。相反，你应当系统地确定与公司未来发展密切相关的各类组织，并判断哪一种依存关系对你的公司至关重要。它还指出企业生态系统的边界不必（而且常常不会）与传统的行业边界一致，相反根据组织间发生的相互作用的强度和类型来确定。例如，在微软开发商网络中，生态系统可以根据工具和技术成分的共享来确定；在沃尔玛的供应商网络中，生态系统可以根据买主与供应商之间的相互作用来确定③。

企业生态系统不遵从行业界限，既可以在常规行业界限内部茁壮成

---

① 曹如中. 企业生态化管理：一种全新的管理范式[J]. 管理观察，2006（1）.
② 畅玉玺. 企业生态系统理论对企业成长的影响[J]. 对外经贸，2014（1）.
③ Iansiti，M. & Levien，R. Strategy as Ecology. Harvard Business Review，Vol. 82（3），2004.

长，也可以跨越常规的行业分界线。例如美国电报电话公司为大的商业顾客创建的电子商务解决办法，很容易从几个行业的贡献中获得，这些行业包括计算机、系统一体化服务、地方电话服务、长途电话服务、储蓄所、信用和交易服务。

　　另外企业生态系统不要过分拘泥于规模大小，可以指小的商业活动，也可以指大的企业联合体。一个街道餐厅常常要与附近的机构和人口联系在一起，在拐角的老年公民之家，每个工作日都需要营业的保险公司，一个寻找主办人的小团队，等等，就可以共同形成一个小的生态系统。而像微软的软件生态系统包括几十个企业群或业务域（business domain 指从事相似行为的组织群，有时被认为与传统行业相似），而其中一些领域包括数以千计的组织。还比如一个汽车企业生态系统则包括橡胶、玻璃、钢铁、电子、机械制造、原油冶炼、汽油站、公路、消费者等，几乎囊括了一个国家经济系统中大部分行业，组成了一个规模庞大复杂的生态系统。

　　正是由于边界的模糊性和开放性，企业生态系统观念才比"行业"更加适应作为管理者制定未来战略的依据，更加能够适应未来多变的竞争环境。因为企业生态系统观念为凝聚创新理念的、激烈的共同进化的微观经济划分了界限。它可以促使管理者跨行业进行思考，结合不同行业中企业的优势，共同发展创新能力，通过合作与竞争，开发新的产品，满足顾客的需要，进行下一轮的创新。例如，微软公司就以这种生态系统为支撑点，该生态系统至少包括四个主要的行业：个人电脑、家用电器、信息和通讯。微软生态系统以微处理的创新为中心，四周围绕着一个扩展的网络，其中包括英特尔公司和惠普公司的供应商和无数不同的顾客[①]。

四、企业生态系统的主要特征

1．成员的主要特征

企业生态系统的成员具有如下主要特征：

　　① 生态性。企业具有与生物高度相似的成长性、环境适应性、生

---

① 木内多知．企业的自然课[M]．北京：机械工业出版社，2003．

命周期性等生命体特征。和生物一样，没有一个企业个体或单个组织是能够长期单独生存的，它必须直接或间接地依赖别的企业或组织而存在，与由周围的其他企业个体或组织连同社会经济环境构成的外部环境通过物质、能量和信息的交换发生这样那样的关系。因此企业与生物一样有着共同的生态现象和规律。

② 决策活性（能动性、积极性）。即成员具有处理信息的能动性和积极性，成员是企业生态系统的构成要素，是具有决策或信息处理能力的智能体。无论大脑型组织中的模拟大脑细胞的组织单元，还是复杂组织系统的智能体，都具有决策活性。这也决定了可以借鉴相关的研究方法来研究企业生态系统，如可以用计算机模拟的方式来研究成员的运动引起的企业生态系统的演进。

③ 智慧性。与生物生态系统的成员不同，企业生态系统的企业或组织是由有自我意识和创造力的人组成，因此成员具有智慧性，有能力做出有意识的决策和相对准确地计划和构想未来。正是由于这个，自然生态系统与企业生态系统同样存在着很大的差别，主要表现在：① 自然生态系统的形成完全依赖自然选择，而企业生态系统的建立，部分依赖于成员的意识，首先产生新的理念的成员企业根据需要选择或吸引合适的伙伴来组建企业生态系统，一旦系统绝大多数成员接受了这个新的理念，就会为共同的目标而努力，系统就会实现共同进化。② 自然生物对环境的适应是被动的，生物的进化按照达尔文的学说是随机变异、自然选择、适者生存。而企业对环境适应是主动的行为，不仅是适应环境，而且力图改造环境，使之向有利于自身的方向转变。企业的进化是适应和创新改造环境的主动行为。企业生存与发展的根本在于保持内环境的动态稳定性和对外环境的适应性与创新改造的能力。③ 企业生态系统瞄准创造创新，而生物生态系统瞄准纯粹的生存。生物生态系统不为了引起某个外部观察者的注意而竞争，也不需要满足任何观众，结果是它们强调面对外部冲击时的稳定性和持久性，但是它们很少关心创新，因为它们没有培育和提供新的功能或者满足新的需求的压力。而企业生态系统需要不断创造新的价值来满足顾客和吸引更多的顾客，以此

来维持系统的稳定和可持续发展。

2．系统的主要特征

（1）成员间的相互适应，共享命运

企业生态系统内并非是个别的"适者生存"而是整体上的"相互适应"，企业之间的关系总是竞争与合作的混合体，充分自治的分布式协同工作代替了金字塔式的多层管理结构，你死我活的竞争变为"双赢"式的竞争合作。虽然企业在资源和利益分配方面存在竞争，但又能在竞争的排斥力下共处，这是因为系统内有一股更为强大的合作力量——共同做大市场的愿望。愿望驱动企业做到相互适应，跳出"零和博弈"的窠臼结成整合型系统价值链的战略伙伴。如美国航空和美国西南航空在从波音公司购买飞机时自觉地互补合作，形成足够大的订单获取优惠补偿越来越多的零售组织组成正式或非正式的价格卡特尔银行、信托公司、保险公司和其他一些利益相关组织联合推出新型服务，等等[①]。

（2）系统创新性——有利于创新而又依赖于创新

企业生态系统从本质上看是一个独特的创新系统，本身能够产生创新优势。首先每个成员具有决策活性，可以在共享其他成员信息与整个系统信息的基础上，依靠自己的能力、知识、经验对信息进行加工，发布新的信息内容或格式，创造新知识。其次基于价值链的合作既可以使企业实现资源互补，又可以发挥自身的核心专长，挖掘较强的创新潜力，各个成员决策风格、业务专长等不同，也使成员之间"头脑风暴""协作创新"得以实现。再次，系统中成员接触的频繁和知识溢出的效应，将使得创新得成果能被迅速扩散。虽然企业生态系统具有创新优势，但同时创新是企业生态系统保持活力的关键，作为一个生态系统，它也有其生命周期，若缺乏创新能力，则企业生态系统产生的优势将会消失，即使是最强健的生态系统，也会遭到为消费者提供更多价值的新生态系统的攻击，或被其替代。因此，企业生态系统只有不断加强内部机制创

---

① 孔德安. 水电工程技术标准"走出去"战略：竞争、合作、进化——商业
生态系统观点[J]. 水力发电学报，2013，32（1）.

新，发挥成员的创造性和潜力，达到协作创新目标，提高系统的创新能力，才能保持企业生态系统的持久的生命力。

（3）共同进化

生物系统种群存在"共同进化"的规律，企业生态系统中的企业可以有意识地促进其共同进化过程，创造良好的生存环境。共同进化主要体现在企业群体的能力水平的综合平衡上，因为任何成员核心能力的下降都可能弱化系统整体竞争力。每个成员在积极地自我完善的同时，密切注意与之相关的企业是否同步发展，以免拖系统的后腿。最典型的共同进化是领导型企业发挥自己的核心专长时有步骤地与其他企业配合，确保这些企业做出补充性贡献。常见方式是通过投资、赞助和建立合作伙伴关系来促进供应商、配套厂家以及顾客的共同进化。例如，英特尔公司每年花费数千万美元宣传"Intel Inside"的价值理论，鼓励客户使用具有领先技术的电脑，或花巨资支持软件公司开发基于英特尔芯片构架的商用、教育和娱乐软件，其目的就是要更进一步刺激顾客使用更快的芯片，加强其品牌信任度和市场需求更新速度。

（4）系统存在"关键种"

在自然生态系统中，群落之间或群落中的物种之间的相互作用强度是不同的，只有少数几个物种对系统的结构、功能及动态起到决定性的作用，称之为"关键种"。不同成员在企业生态系统的价值体系中所处的位置不同，作用也不一样。在企业生态系统中，也存在类似的"关键种"，系统中的一家或少数几家公司拥有一种或几种可能成为给最终顾客带来巨大利益的基础核心竞争能力，能为该企业生态系统其他成员提供关键性的利润，这些企业可称为企业生态系统的核心企业。核心企业往往决定着整个企业生态系统的形成和完善，影响生态系统功能的发挥，它是企业生态系统中运行规则的主导者，是整个系统的关键物种。

（5）集成化系统

企业生态系统是一个集成化系统，各个成员通过内外集成协调能力、共享信息、紧密合作、不断优化系统价值链的整体绩效和企业生态系统的功能水平。集成化程度直接影响到系统水平的高低，合理、有效的企业生态系统对集成化的要求更高。从企业角度看，企业生态系统的集成化主要表现在两个方面。① 内部职能集成。企业必须进行内部职能集成，具备系统价值链所要求的核心能力，才能与其他成员相互配合，否则将被更为合适的成员所淘汰。所以系统成员都要求改变原来的传统模式，再造业务流程，尽快提高市场反应能力。职能集成使企业特别是领导企业集中培育核心竞争力，尽可能地减少内部价值链环节上的重复劳动和资源浪费，发挥竞争优势，对系统价值链做出最大贡献。如戴尔电脑把有限的资源集中在一个特定的领域，即按照客户需求制定电脑的能力，而把生产、运输、营销交给合作企业去完成。② 外部集成。系统引进消费者、供应商、生产者、分销商以及政府机构和民间团体等一切有利于系统进化的市场主体，以增强和完善生态系统的营养网络，营造良好的行业集成条件。通过对信息流、物资流和资金流的控制，领导企业和其他合作者一起集成以产供销价值链为核心的系统价值网，网络成员结成"合作竞争"下的跨行业战略联盟，市场竞争不再是企业间的竞争而是生态系统之间的竞争。由索尼公司的 Betamax 群体同以松下公司和胜利公司为中心的那个比它大得多的联盟——VHS 之间的录像机之争就是最有名的生态系统对生态系统的冲突。外部行业集成度是衡量生态系统稳定性的指标。系统成员越齐全，行业的集成度越高，生态系统越稳定。开放性保证了系统可以广泛接纳新成员的加盟，避免了因成员缺少而无法进行外部集成，这种高度集成性是其他经济联合体所无法企及的。如在创建电子商务处理流程时，就要把看似丝毫不相干的贡献者集成到系统中共同完成[①]。

（6）复杂性

　　企业生态系统是一个典型的复杂系统，因为它具备了复杂系统的主要特征：① 系统各单元之间的联系广泛而紧密，构成一个网络。每一个单元的变化都受到其他单元变化的影响，并会引起其他单元的变化。② 系统具有多层次、多功能的结构，每一层次均成为构筑其上一层的单元，同

---

① 陆杉，高阳. 供应链的协同合作：基于商业生态系统的分析[J]. 管理世界，
　2007（5）.

时也有助于系统的某一功能的实现。③ 系统在发展过程中能够不断地学习并对其层次结构与功能结构进行重组及完善。④ 系统是开放的，它与环境有密切的联系，能与环境相互作用，并能不断向更好地适应环境的方向发展变化。⑤ 系统是动态的，它不断处于发展变化之中，而且系统本身对未来的发展变化有一定的预测能力[①]。企业生态系统表现出环境复杂性、结构复杂性、动态性、自组织、自学习、自适应、自相似性等特征。

（7）演化阶段性

企业生态系统是一个松散的动态结构，与生物生态系统一样，具有一定的生命周期。当一个新的理念诞生后，其企业生态系统就开始成长，经过开拓期后，如果能生存下来，且获得一定发展，就进入成长期，然后不断扩大延伸成为市场领袖。随着市场成熟，生态系统逐步扩大进入成熟期，之后可能因创新实现企业生态系统的升级延续其发展，或因缺乏创新使生态系统逐步衰退并最终退出市场。因此，企业生态系统的演化表现出一定的阶段性，大致经历开拓期、成长期、成熟期和自我更新或衰退期四个阶段。

第三节　企业生态平衡

企业是一个有机的生态系统，它必然要求系统的整体和谐，这种和谐表现为企业生态的平衡。按企业生态的层次，包括企业内部功能生态平衡、细胞企业的动态平衡、企业种群内生态平衡、企业群落内的生态平衡以及企业生态系统的平衡[②]。

一、企业内部生态平衡

企业个体本身也是一个系统，其活动是在与环境因素作用中进行

---

① 金吾伦，郭元林. 复杂性管理与复杂性科学[J]. 复杂系统与复杂性科学，2004，1（2）.
② 程俊慧. 试论企业生态平衡[J]. 工厂管理，1994（8）.

的，从而达成内部功能平衡。与生物体进行类比，企业体内部主要有：神经系统——管理、决策、执行、控制系统及信息系统；循环系统——资金循环系统；消化系统——生产技术和工艺流程、投入产出系统；运动系统——组织结构及功能；免疫系统——审计、监督系统等。

二、细胞企业的动态平衡

单细胞企业拥有一个独立的法人地位、并实行独立的经济核算，特点是以单一化的经营面对单一化的市场。多细胞企业指具有两个以上法人地位——而至少有两个法人是隶属关系，独立进行经济核算的企业，具有以多样化的经营面对多元化的市场的特点。

单细胞小企业常需要横向联合来抗衡环境压力，使单细胞的优势组合成综合系统的优势，如中小企业组成企业集团；大型单细胞企业因规模庞大、内耗增加、效益下降，则要进行细胞分裂，如大型企业实行分权。多细胞企业也不断化整为零，或化零为整，变换母、子细胞的联系方式，以充分发挥优势提高生命力。单细胞、多细胞企业通过适时的分裂或组合，来达成与环境间的动态平衡。

三、企业种群内的生态平衡

企业种群是指在一定时期设立在一定区域的同类企业所组成的群体。种群内企业个体间的生态关系通常表现为：上游产业企业为下游产业企业提供生产资料，下游产业企业为上游产业企业提供产品市场，实现上下游产业企业间的商品交换并满足上下游产业企业的生存所需。种群内个体间相互依赖并相互制约，上、中、下游产业企业必然要保持这种动态的生态平衡，失衡会对产业的生存和发展带来一系列不良影响。

四、企业群落内的生态平衡

企业群落是指在一定时期设立在一定区域内的各种企业种群相互结合而形成的综合性群体。它以种群之间关系的形式相互联系、相互制约。群落内不同种群企业间的生态关系，主要体现在第一产业企业为第二产业企业提供生产资料和原料，第二产业企业为第一产业企业提供市场和资金；第三产业企业为第一、二产业企业服务，并从中获得市场和资金。企业种群之间相互依赖并相互制约，保持着动态的生态平衡，这种平衡一旦打破，必然会对各产业的生存、发展带来更大的不良影响。换言之，必须保持社会经济的综合平衡。

五、企业生态系统的平衡

企业生态系统作为一个整体，决定其整体功能的是系统中各因素之间的关系。企业与环境的融合体现在它与环境要素之间物质、能量和信息的正常交流之中，这种交流也是企业生态系统平衡发展的标志。企业生态系统的平衡，首先要求内部系统平衡，这是与外部系统达成平衡的必备条件；而且要求自然生态平衡、社会生态平衡，从而达成企业与自然环境、社会环境间的平衡。这种生态平衡是一种动态的、相对的平衡，是企业健康发展的保证。

第四节 企业生态位

一、企业生态位的概念

有关企业生态位的含义，主要存在两种观点。一种是从企业种群的角度对其进行描述，汉纳（Hannan, 1983）；和弗里曼（Freeman, 1983）在"The population ecology of organization"提出种群生态位的概念，认为生态位是企业在战略环境中占据的多维资源空间，一个种群构成一个生态位。企业种群可以看作一个占据特定资源空间的企业群集，形成一个基础生态位（fundamental niche），该群集内的每个企业实际占据基础生态位的一部分或全部，称为现实生态位（realized niche）。并在此基础上发展出了两种理论观点（Hannan et，2003）：生态资源分割观（Carroll，1985）和生态位宽度观（Hannan and Freeman，1977，Freeman and Hannan，1983，Peli，1997）。

Hannan 和 Freeman 在 "Niche Width And The Dynamics of Organization Population" 提出生态位宽度观，生态位宽度观以企业种群基础生态位为着眼点，探求企业种群在与生态环境的互动配合过程中，如何开拓或获得竞争缺位的基础资源空间。Hannan et al，在 "A formal theory of resource partitioning" 中提出的生态位的资源分割观，主要研究企业种群现实生态位，作为基础生态位的子集，现实生态位关注企业种群在一个已存在竞争者的生态环境中的发展态势。

生态位资源分割观关注企业竞争能力，因此强调企业的运营效率；而生态位宽度观关注企业的竞争规避能力，因此更强调企业的宽适应性。正是由于这种认识上的不同，他们分别提出了不同的企业专业化与多元化战略建议。

另一种观点是从企业单体的角度进行描述。Baum and Singh 在 "Organizational niche and the dynamics of Organization founding" 和 "Organization niche and the dynamics of Organizational niche and the dynamics of Organizational mortality" 认为生态位是企业在资源需求和生产方面的特征。企业生态位是企业资源需求和其生产能力的交集，它依赖于企业所处位置以及它做什么（如：企业的目标顾客是谁，企业怎样与环境互动）。一个企业对应有自己的生态位；企业种群是生态位的集合，一群相似的企业或者说一簇类似生态位组成了企业种群；而处在两个生态位上的企业产生直接竞争的可能性取决于他们生态位的相似程度——重叠程度。

这两种企业生态位的观点，也可以解释为宏观生态位和微观生态位（Mckelvey，1982）。企业宏观生态位研究把种群作为生态位的基本单元，关注处在同一种环境机制（生态位）下的企业集群如何适应环境的变化，以及环境又是如何对种群进行选择，并由此寻找产生企业种群多样化和差异化的原因。企业微观生态位以企业单体为研究对象，它注意到了企业种群内的单体企业相互之间的差别,寻找企业与其占据的生态位相互作用的影响特征。Baum(1994)等人认为企业生态位的概念比种群生态位更有意义,它不仅可以成为联系企业单体战略管理和企业种群生态学之间的桥梁,也为企业战略业务选择提供了新的方法。

近年来,国内学者也对企业生态位进行了研究与阐述。梁嘉骅等在"企业生态与企业发展"中认为生态位是一个企业乃至一个行业在企业生态大环境中拥有的明确位置,企业在行业中的生态位是企业在行业内竞争实力的标志。企业生态位是由企业在环境中主动选择和竞争行为所决定的,因此会经常发生变动。闫安和达庆利的"企业生态位及其能动性选择研究"文中,企业生态位是指一个企业与其他企业相关联的特定市场位置、地理位置和功能地位。每个企业都应有自己的生态位,它的生存必须在某一空间、时间、顾客、技术和管理方法上与其他企业有所区别,才能避免过度竞争。万伦来的"企业生态位及其评价方法研究"把企业生态位界定为"在一定社会经济环境下,企业以核心技术能力、生产制造能力为支撑;通过组织内部管理、组织界面管理、营销管理、学习创新管理等子过程的交互作用而获取企业生存、发展、竞争的能力。"其中,企业生存力、发展力、竞争力是指企业生态位的三个层面。钱辉在博士论文"生态位、因子互动与企业演化——企业生态位对企业战略影响研究"中认为企业生态位是企业与环境之间的一种关系定位,这种关系是企业与环境互动后所达到均衡状态,它受到企业内在能力的影响,并通过企业与环境的物质交换接口——资源和需求的状况表现出来。

二、企业生态位的特征

在长期发展演进过程中,企业生态位逐渐表现出与生物生态位共性的一些基本特点。如果说企业生态位的类生物特性强调了生存环境对企业的自然选择的"优胜劣汰",以及企业竞争的"适者生存",那么企业生态位的意识思维和主体能动特性则将企业生态位与生物生态位明显地区分开来，表现出企业生态位适应环境变化的有效能动性，企业生态位遗传变异的目的方向性，以及企业生态位发展进化的稳定秩序性。概括而言，企业生态位具有以下四个特征：

（1）生命本质性特征

生命本质性是企业生态位的显著特征之一。企业生态位的生命本质性特征主要表现为内部结构系统化和功能演进完善化。企业在不同资源维度的利用和占有幅度的有机综合，使多个资源维度紧密联系起来，形成企业生态位特定的结构形态、联结方式和空间范围，每一个结构层面都体现资源维度之间关系的系统化特征，例如一个企业的技术生态位的构建往往离不开企业生态位空间中人力资源生态位、资本生态位、信息生态位等其他层面的支撑。内部结构系统化是形成企业生态位的基础，每一个结构层面是企业生态位实现正常运作不可或缺的重要组成部分。在企业生态位内部，各结构层面之间的交互联系是建立在系统化基础之上，也正因为如此，使企业生态位具有整体性较强的结构和稳定性较强的功能。随着企业生态位空间内部各结构层面关系的稳定化与系统化，企业生态位的功能演进也逐渐趋于完善化与合理化。

（2）社会积累性特征

企业生态位的社会积累性集中表现在结构功能发展与资源因子体系改变两个方面。从结构功能发展来看，企业生态位是企业长期适应内外环境变化，与外部社会环境及其他企业在长期交往过程中形成和积累起来的，其内部结构呈现复杂化、网络化特征。随着企业的逐步发展和外部环境因子的不断改变，企业生态位始终处于动态调整的变化态势之中，一些企业生态位逐渐走向衰退，而一些企业生态位则朝向结构稳定、功能完善的成熟形态发展。从营养因子体系改变来看，企业生态位是社会经济系统的重要组成部分，与外部生态因子尤其是经济生态因子和社会生态因子存在广泛联系。企业外部生态因子的有无多寡、优劣高低制约企业生态位的发展变化，决定企业生态位的存亡久暂。

（3）遗传变异性特征

企业生态位具有携带其遗传信息和功能片段的遗传基因。遗传基因几乎渗透到企业生态位的每一个组分、空间、结构和功能之中。当企业生态位进行调整转换、优化创新时，企业生态位的遗传基因就可以被精确地复制和遗传，从而实现企业生态位在时间流程上承先启后，在结构上相互一致，在功能上彼此互补。同时，企业生态位遗传基因的复制性又蕴涵着传承性和再生性，保持了企业生态位的结构功能的相对稳定。此外，企业生态位也具有异质性，没有两个企业生态位是完全相同的，即便是同一企业生态位，在不同的环境条件和发展时期也会表现出明显的差异性。突变主要是指企业生态位的遗传基因在复制和遗传过程中发生的组成、结构和形状等微弱变化。突变是以对企业生态位的"异化"、对企业生态位的辩证否定为本位和出发点的。一切企业生态位的演进发展都是通过遗传基因的突变而不断实现。

（4）自校平衡性特征

作为一个复杂有机体，企业生态位具有一个基于能动适应内外部环境变化而形成和构建起来的自校稳态机制。外部环境的不断变化，塑造了企业生态位控制结构形态和功能机制的能力；内部构成要素之间的角色冲突、功能妨害，增强了企业生态位的自我调节和自我控制能力。企业生态位的自校稳态机制，一方面维持和保证了企业生态位内部构成要素之间已经形成的且有效的互补关系，约束和影响着构成要素的行为倾向，实现内部结构关系的有序稳定；另一方面能够根据外部环境变化态势，不断调整、优化和重组自身与外部环境交流的方式手段、策略途径等，增强抵御外部风险的免疫能力。

三、企业生态位理论分析

在市场经济体制下，企业为争夺市场、获取利润而产生竞争。由于市场容量的有限性，竞争就成为市场经济的显著特征。企业竞争的本质在于对有限市场的争夺。企业生态位理论借鉴生态学中的生态位理论对企业在市场中竞争的情况进行了说明，现在从企业生态位的宽度、重叠度和强度三个方面对企业生态位进行分析。

（1）企业生态位宽度分析

在自然生态系统中，生物的多样性与物种生态位宽度有关，物种生态位宽度即物种所利用的各种环境资源的总和，即环境资源利用的多样化程度。如果实际被利用的资源只占整个资源谱的一小部分，则这个物种的生态位较窄；如果一个物种在一个连续的资源序列上可利用多种多样的资源，则它具有较宽的生态位。企业生态位宽度可以定义为一个企业所利用的各种市场环境资源的总和，即对市场环境资源适应的多样化程度。例如，科龙公司和海尔公司都生产电器，但科龙公司主打制冷空调，消费者类型较单一，生态位较窄；而海尔公司产品线较宽，需求的消费者类型较多，有一个很宽的生态位。通常来说，随着企业的不断发展，产品种类的不断增多，企业生态位会逐渐加宽。

与生物物种的生态位宽度原理类似，若企业的生态位越窄，该企业的特化程度就越大；反之，若企业的生态位越宽，该企业的特化程度就越小。窄生态位企业对特定狭窄范围的消费者类型满足能力强，当特定消费者足够多时，其竞争能力将超过宽生态位企业。宽生态位企业以牺牲对特定狭窄范围消费者的强满足能力来换取对大范围消费者的基本满足能力，在市场上消费者不足时，其竞争能力将会优于窄生态位企业。例如，在空调竞争尚不激烈时，科龙公司单靠生产制冷空调也能高速发展，但随着空调竞争的白热化，空调的市场消费者不够多，海尔公司由于产品品种较多，生态位较宽，具有更高的综合竞争力。

（2）企业生态位重叠分析

在自然界，两个亲缘关系密切的物种在异域分布时，它们的特征很相似，但在同域分布时，由于激烈竞争，它们的特征差别明显，出现明显的生态位分离。这是因为共同利用有限资源的个体间会发生竞争，大范围的生态位重叠一般会导致激烈竞争,物种的竞争程度主要是由物种的生态位关系决定的。在自然竞争压力下，经过选择和进化，物种通过生态位的分离达到共存，所以物种的灭绝并不普遍[1]。

同样，企业生态位也经常发生重叠，为了避免竞争排斥现象，使相互竞争减少到最低限度，每一个企业的生态位都同其他企业的生态位明显分开，或者努力创造新的生态位空间，从而增加企业对环境的适合度。因此，在饱和的市场环境中，相似企业实现和平共存的基础是：市场资源要有足够的异质性，并能划分出许多不同的生态位。在现实市场环境中，企业生态位经常发生重叠但并不表现出竞争排除现象，这是因为市场环境资源很丰富，远没有达到饱和，两个企业可以共同利用同一资源而彼此并不给对方带来损害。由于竞争会降低竞争个体间的适合度，所以企业会充分利用市场中的全部环境资源，使相互竞争减少到最低限度[2]。

不同企业在市场环境中的生态位会出现重叠与分离，如消费者资源是企业的环境资源之一，通常两个企业对消费者资源的占有是不同的。企业生态位分离程度可以表示为两个企业在环境资源范围内利用资源的差异程度，企业生态位分离度模型类似于 Begon（1986）的三个共存物种的资源利用曲线，如图 3-3 所示。企业的资源利用曲线为一正态分布的钟形曲线，表示企业在某一生态位维度上所处的生态位置及在生态位置周围的变异度。企业 a、b、c 的生态位部分重叠，曲线的标准差（或相对宽度）为 w，表示企业在生态位置周围的变异度；两曲线峰值间的距离为 d，表示企业生态位之间的分离程度。图 3-3（a）中企业 a、b、c 的生态位狭窄，相互重叠少，$d > w$；图 3-3（b）中企业 a、b、c 的生态位宽，生态位高度重叠，$d < w$。

① 郭妍，徐向艺. 企业生态位研究综述：概念、测度及战略运用[J]. 产业经济评论：山东大学，2009.
② 赵嘉佳. 企业生态位原理分析及在企业管理中的应用[J]. 企业导报，2010（9）.

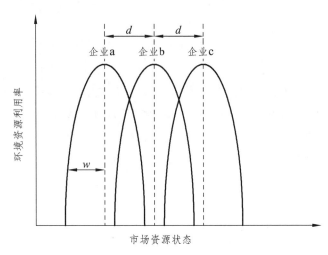

（a）企业生态位相互重叠少

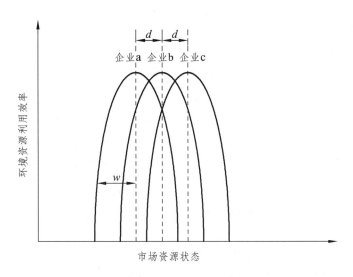

（b）企业生态位相互重叠多

图 3-3　企业生态位的分离度模型

比较不同企业的市场环境资源利用曲线,如果两个企业的曲线没有重叠,则说明市场中还存在没有被充分利用的环境资源,例如电信与移动刚拆分时,两个企业的生态位是完全分离的,说明两者之间竞争不明显,消费者的资源还未被充分利用。电信为了更大发展而开展了小灵通业务,扩大了生态位空间,导致电信与移动生态位的部分重叠,竞争加剧。随后小灵通开通了短信功能,两者的生态位重叠更大,竞争越来越激烈,如果竞争足够激烈,根据竞争排斥原理,将导致两个企业必须发生生态位的分离才能共存。所以,竞争促使两个企业生态位的接近,又促使两者生态位的分离。

（3）企业生态位强度分析

生态位强度反映了两个或两个以上的企业（群）在争夺重叠生态位时的能力。企业生态位强度是指企业在特定的时间、空间和企业生态环境内企业的生存、发展、竞争能力的集合。其中,企业的生存力、发展力、竞争力是指企业生态位的三个层面。企业生存力描述的是企业的"态"属性,反映企业机体内部构成要素的完整性及各要素功能的完好性（包括企业生产制造能力和核心技术能力状况）,是企业生命体得以生存的基础;企业发展力描述的是企业的"态"和"势"交界面属性,既含有"态"的因素,又具有"势"的成分,反映企业机体内部构成要素之间相互协调性（包括企业营销管理能力、企业战略管理等）;企业竞争力描述的是企业的"势"属性,反映企业机体与环境之间的物质、能量、信息交流转换情况,主要是指组织对环境的主动适应性,即企业不断学习创新的进化能力。

值得一提的是,尽管企业生态位是通过企业的生存、发展、竞争这三个层面（包括这三个层面相应的维度）的能力来体现的,但是企业的生存力、发展力、竞争力三者不是孤立的,而是交互作用、互为因果的。发展、竞争都是为了更好地生存,而持续生存的本身就意味着要发展和竞争。一个企业要保持旺盛的生命力,具有较高的生态位,就必须营造一个有利于组织生存、发展、竞争的环境。

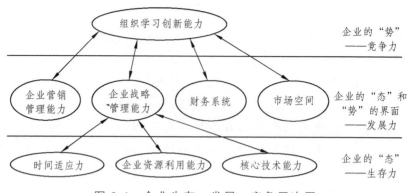

图 3-4 企业生存、发展、竞争层次图

企业生态位强度与企业在特定生态位时的竞争优势成正比,企业的生态位强度越高,就越有可能获得重叠生态位上的资源。上述分析至少说明以下四点:

① 企业间竞争优势的差别源于企业间竞争能力的差别,企业间竞争能力的差别源于企业所拥有的资源以及对这种资源利用能力的差别;

② 企业竞争的能力与优势应当在特定的时间、空间及生态环境下进行讨论与分析;

③ 生态位强度是反映企业在特定生态位时企业间竞争优势差别的指标;

④ 生态位强度包含了企业的生存、适应和进化的能力,动态的反映了企业自身、企业与生态环境,以及各个企业之间的关系。

第四章　企业生态下的产业链重新审视

第一节　企业生态产业链概念及分类

一、企业生态产业链的概念

本书中企业生态产业链的定义为：同一产业或不同产业的企业，以产品为对象，以投入产出为纽带，以价值增值为导向，以满足用户需求为目标，依据特定的逻辑联系以及时空布局形成的上下联动的链式中间组织。

其含义包括：

① 形成产业链的企业，既可以是同一产业的，也可以是不同产业的企业。例如汽车产业链，有来自橡胶工业的轮胎生产企业，有来自机械工业的发动机生产企业，也有来自电气工业的电线生产企业，还有来自第三产业的维修服务企业。

② 产业链可以看成是企业的集合，企业则是产业链的载体。

③ 产业链的对象是产品，这里所谓的产品既可以是我们看得见摸得着的实物，也可以是无具体形态的服务，如金融服务、教育服务等。

④ 产业链以投入产出为纽带，即上一企业生产出来的产品必定将成为下一企业的投入，直至整个产品的生产完成为止。

⑤ 产业链以价值增值为导向，产业链中的企业从上游到中游再到下游是一个自始至终不断增值的过程，直到用户购买产品，实现了产业

链的价值为止。

　　⑥　产业链以满足用户需求为目标，产业链从原材料的供应直到生产出用户需求的产品，整个过程一直都是按照用户需求来组织生产的，如果最终生产出的产品用户不需要，那么就无法实现产业链的价值。

　　⑦　产业链包含了生产和交易两大过程。产业链内不同企业的专业化分工及企业部门间的垂直协作关系在生产功能上是完全一致的，众多企业围绕某一核心企业或某一产品系列在垂直方向上形成了前后关联的一体化链条。产业链的交易既包括链内企业间的交易，也包括链内企业与链外企业的交易。

　　⑧　产业链的关联关系不仅包括时间的次第性还包括了空间的区位指向性。

　　⑨　产业链的组织性质是"有市场的组织"和"有组织的市场"双重属性的合作竞争型准市场组织。

　　⑩　产业链种类多样，从不同角度可以划分不同的类型。

　　⑪　产业链中企业的逻辑关系是功能分工关系或产品工艺分工关系。

　　⑫　产业链始于初始资源而终于消费市场，但由于初始资源和消费市场之间具有相对性。因此，产业链的起止点是相对的，因研究问题的范围和内容的变化而变化。

　　⑬　从不同的角度考察，产业链的表现形式不同。从产品结构的角度看，产业链是指上下联结、向下延伸、前后向密切联系而形成的产品链，它以某项核心技术或工艺为基础，以科技含量较高、市场前景较好、产品关联度较强的优势企业和产品为链核，以产品技术为联系，以投入产出为纽带。从创造价值的角度看，产业链是指在同一产业内所具有的连续追加价值关系的活动所构成的价值链关系。从产品间结构链的角度看，产业链是指组成产业结构的第一、第二、第三产业的各部门之间的前后产业联系，它关注的是一个产业的前后关联，上下游产业匹配，即产业关联和配套。

　　⑭ 总体而言，产业链是一个内含有不同子链的复合链。"产品链"、"价值链"和"结构连"是内含在其中的一个子链，可称之为产业链的"内含链"。

　　⑮ 接通产业链和延伸产业链是构建产业链应该包含的两个层面的内涵。将一定地域空间范围内的产业链的断环和孤环借助某种产业合作形式串联起来称之为接通产业链；将一条已经存在的产业链尽可能地向上游延伸或下游扩展称之为延伸产业链。产业链向上游延伸一般使得产业链进入技术研发环节或基础产业环节，向下游拓展则进入市场销售环节[①]。构建产业链的目的在于：一方面接通了断环和孤环，使得整条产业链产生了原来孤环或者断环所不具备的风险共担、利益共享等方面的整体功能；另一方面衍生出了一系列新兴的产业链环，增加了产业链附加价值。

二、企业生态产业链分类

（1）按形成机制分类

　　按外界因素作用力的大小来分，产业链的形成可分为自组织形成的产业链和他组织形成的产业链两种。自组织形成的产业链的形成完全是企业的自发行为，没有外界因素的作用，产业链中无核心企业，也没有哪个企业从产业链中赚取垄断利润，只有在产业链中的地位完全平等的节点企业，节点企业之间的关系为简单的市场交易关系。自组织产业链又可称为市场交易式产业链，其特点是：链条短，节点企业之间链接力不强，不能有效发挥产业链的功能效应，是产业链发展的低级阶段。他组织形成的产业链又可分为"自上而下"和"自下而上"两种方式。他组织产业链"自上而下"的方式，主要是在地方政府积极主动地规划、扶持下得以出现、发展和壮大的。他组织"自下而下"的方式往往都是在产业链已初具雏形之后，地方政府再通过政策上的规划和引导，对产业链雏形进行培育使之

---

① 龚勤林. 区域产业链研究[D]. 四川大学，2004.

不断发展壮大；产业链在形成发展过程中受到国际产业链布局调整、国家产业结构调整、地方产业政策的引导等诸多因素的影响，不断发展，进而演化成不同类型的产业链。

产业链还可以分为市场交易式、纵向一体式和纵向约束式三种类型。因为在外界因素作用下，产业链在某空间区域内不断延伸和拓展，接通孤环和断环，使产业链节点企业的富集程度不断增加，节点企业之间的竞争程度也日益激烈，从而通过不断兼并重组，优胜劣汰，最后形成了纵向一体化式产业链、纵向约束式产业链两种类型。

（2）按行业性质分类

按行业分类，可将产业链具体分为农业产业链、畜牧业产业链、林业产业链、农工贸产业链、蔬菜产业链、猪肉产业链、中药产业链、造纸产业链、化肥产业链、煤炭产业链、钢铁产业链、机械制造产业链、汽车产业链、服装产业链、电信产业链、高新技术产业链、互联网产业链、IT 产业链、教育产业链、体育产业链、金融产业链、旅游产业链、媒介产业链等。这种分类方法一般在开展行业产业链研究，制定行业产业链政策以及考察不同行业之间的产业关联时使用。

（3）按作用层次范围分类

按作用层次分类，可将产业链分为微观产业链、中观产业链、宏观产业链。微观产业链是指区域内某个经济主体或行业的产业链；中观产业链是指区域内部或区际之间的产业链；宏观产业链是指全球或全国范围内某行业产业链。

按作用范围分类，可将产业链分为园区产业链、区域产业链、区际产业链、全国产业链、全球产业链等，如图 4-1 所示。图中，L 为经济系统的特征尺度，它是指能够体现经济系统特征的最短时间跨度和最小空间尺度[①]。从经济系统的层次性出发，特征尺度具有以下特点：层次越高，特征尺度越长，即 $L_{园区} < L_{区域} < L_{区际} < L_{全国} < L_{全球}$。

---

① 昝廷全. 系统经济学研究：经济系统的层级过渡理论[J]. 中国传媒大学学报：自然科学版，2015（1）.

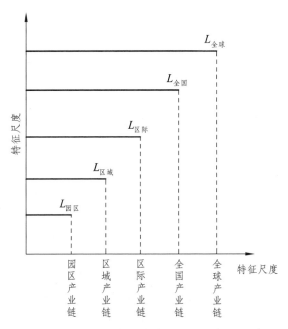

图 4-1　不同层次产业链示意图

（4）按关联结构分类

按形成过程中企业与企业之间的关系，可将产业链分为资源带动性、技术推动型、需求拉动型、综合联动型四种。

资源带动型产业链（见图 4-2）的特点是：中游企业对上游企业的具有很强的资源依赖性，上游资源型企业只有少数几家或一家，基本处于垄断地位，而中游企业有很多家，处于激烈竞争环境中。石油产业链、煤炭产业链等资源型企业组成的产业链一般是资源带动型产业链。在发展资源型产业链时，资源枯竭时地域经济的转型问题是一个必须要考虑的问题。

技术推动型产业链（见图 4-3）的特点是：当上游企业向中游企业提供技术和设备时，其投入的技术、设备就由上游企业向中游企业转移，上游企业顺利地实现了产品价值，中游企业吸收上游企业的技术、设备、生产产品并通过其产品向下游企业或消费者转移以实现产品价值。

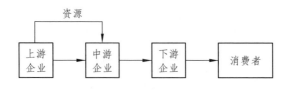

图 4-2　资源带动型产业链

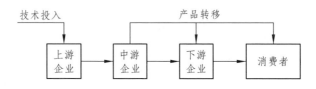

图 4-3　技术推动型产业链

需求拉动型产业链（见图 4-4）的特点是：启动产业链流程的不再是制造商，而是最终用户消费者。整个型产业链以消费者需求为中心，强调对消费者的个性化服务，尤其强调与消费者的交流和消费者的满意度。整个产业链的信息交换迅速，集成度较高，发展导向明确，企业见效快，但缺乏发展后劲。

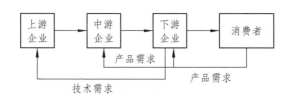

图 4-4　需求拉动型产业链

综合联动型产业链（见图 4-5）兼具技术推动型产业链发展后劲足和需求拉动型产业链发展导向明确优点。这种分类法适合于研究产业链过程或行业产业链时使用。

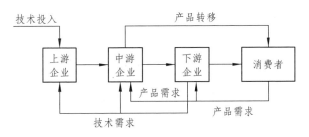

图 4-5　综合联动型产业链

（5）按核心企业地位分类

按产业链中核心企业地位分类，可将产业链分为共和式产业链、联邦式产业链和王国式产业链、[1]。共和式产业链表现为大量中小企业集聚，无核心企业，企业之间地位平等，联系密切，长期分工合作使企业之间建立了相互信任与合作关系。联邦式产业链表现为水平关系网络、垂直关系网络和相关产业关系网络的交互叠加而成的一种复杂的产业链体系。这类产业链是围绕两个或多个核心企业形成多条产业链网，产业链网内有众多的水平关系网络和垂直关系网络，两个或多个产业链网之间存在互为依存的关系，其他企业与核心企业之间形成如成品商和供应商之间的上下游投入产出关系。王国式产业链表现为大量小企业围绕核心企业，作为核心企业的供应商，按照产品生产上的增值环节，为核心企业进行配套生产。

第二节　企业生态产业链特性

一、产业链的一般生态学特性

产业链也具有类似于生命有机体的诸多生命现象。不过，与单个企业不同，产业链与生物种群更为相似，是指相互联系的多个企业的集合

① 范晓屏. 工业园区与区域经济发展[M]. 北京：航空工业出版社，2005.

体。种群是生态学中的一个重要概念，由个体组成，但不等于个体的简单"相加"，即种群内各个个体不是孤立的，而是通过复杂的种内关系组成的一个有机的统一体。将种群与产业链进行比较，可以看出产业链与种群有一定的相似特征。

①　若干个分工协作的上下游企业组成位于一定空间的产业链。一个产业链中涉及产业的多少，以及每一产业中企业的数量，这些是度量产业链多样性的基础。

②　产业链由个体企业组成，但绝不等于个体的简单"相加"。因为链内各个节点企业不是孤立的，而是通过复杂的链内关系组成的一个有机的统一体。产业链中的企业在有序状态下生存，即通过有效的整合实现有规律的共处。一个产业链的形成和发展必须经过企业对环境的适应和各产业之间相互适应这样一个过程。

③　产业链与其所处的外界环境是相互作用的。换句话说，产业链对其所处环境具有一定的能动作用。产业链不仅受到所处环境的制约，也对其当地环境产生重大影响，同时促进自身发展条件的形成。

④　产业链具有一定的动态特征。链内企业都处于不断的动态变化中，且具有一定的生命周期，。不适应产业链发展需要的企业会被淘汰出局，有利于产业链完善发展的新企业又不断地加入，而产业链在动态的发展中不断强化其竞争优势。

⑤　产业链具有一定的分布范围，不同产业链的分布范围是不同的，即每一产业链都分布在特定空间区域及特定资源环境内。

⑥　产业链具有边界特征。有些产业链具有明显的边界，可以清楚地加以区分：有的产业链边界则不明显，而是处于在持续变化中。

二、产业链的食物链特性

食物链由生产者、消费者和分解者这三个基本要素构成。生产者是整个生态系统赖以存在的物质基础，在此之上依次为草食动物、弱小肉食动物、强悍大型的肉食动物等营养级，处于各营养级上的动物相生相克。生产者所能固定的光能决定了食物链内的能量流动总量，是食物链的起点，重要性明显。同时食物链中各节点如出现异常情况（如外来物种的侵入），可能导致食物链出现断裂。产业链的情况具有类似性，如消费者在产业链中的地位也非常重要，是链条的起点和终点，事实上也是产业链的动力和源泉，决定着产业链存在的意义及其价值的实现。如同食物链中的各级消费者一样，一旦原材料、零部件或其他产品的供应商出现异常变动，产业链的其他环节将受到影响，整个产业链链条则有可能处于瘫痪状态。在产业链内部，如果销售渠道出现滞阻或为生产提供服务的辅助活动不能正常进行，那么产业链将无法实现他的系统功能，严重时甚至可导致产业链的解体。

三、产业链的生态位特性

生态位的定义是：生物群落中某种生物所占的物理空间、发挥的功能作用及其在各种环境梯度上的出现范围。它包含了两方面含义：一是生物与其所处环境之间的关系；二是生物群落中的种间关系。生态位的大小可以用生态位的宽度衡量。生态位宽度越大，在系统中发挥的生态资源越大，对社会、经济、自然资源的利用越广泛，利用率越高，效益也越大，竞争力越强。物种之间的生态位越接近，相互之间的竞争越激烈，分类上属于同一属的物种之间由于亲缘关系较接近，具有较为相似的生态位，可以分布在不同的区域。如果它们分布在同一区域，必然由于竞争而导致其生态位逐渐分离。由于生态位不同的物种避免了相互之间的竞争，因此大多数生态系统具有不同生态位的物种，这样就提供了多条能量流动和物质循环途径，更加有助于生态系统的稳定。

产业链中的生态位则是指其可被利用的自然因素（气候、资源、能源、地形等）和社会因素（生活条件、劳动条件、技术条件、社会关系等）的总和。产业链的生态位确定后就意味着建立了产业链与链、链与自然界、链与区域相互之间的地域生态位势、功能生态位势和空间生态位势和，形成了产业链的比较优势。这样的产业链有利于吸纳并留住可盈利的企业，并使这些企业在全球、国家或地区等不同层面扩大潜在的或已有的市场份额，避免由于产业链的定位雷同而造成的恶性竞争，最最终也将有利于系统的稳定。

同一个产业链中，不同的企业生态位是不同的。企业生态位同样是指其可被利用的自然和社会因素的总和。产业链中的企业通过档次上的错位、经营规模上的错位、大类上错位、业态上错位、空间和时间上错位，形成企业的竞争优势和比较优势，建立自己的生态位，提高企业的竞争能力。

四、产业链中企业的互利共生特性

共生是生物之间相依为命的一种互利关系，可分为对其中一个有利（偏利共生）或对双方都有利（互利共生）两种情况。偏利共生是指两个物种间，其中一种因联合生活而得益，但另一种也并未从中受害；互利共生是指两个物种之间，均从对方获益，如一方不存，另一方则不能生存，这种共生关系具有义务性和永久性。生物共生通常涉及长期的协同进化，该概念也可以用于生态产业链。产业共生是指不同企业间的合作，企业通过这种合作，共同提高生存能力和获利能力。

依据共生参与企业的所有权关系划分，可分为自主实体共生和复合实体共生。所谓自主实体共生，是指共生参与企业的法人资格皆独立，双方不具有所有权上的隶属关系。因此它们之间的合作关系完全是受利益机制驱动，而不是依靠上级公司的行政命令来约束，当利益得不到满足时它们之间的这种合作关系便可以结束了。当然，随着企业业务的扩展，为了满足其发展的要求和获得更大的利益，它们也可以寻找更多的企业加入这一"共生系统"中。复合实体共生是指所有参与共生的企业同属于一家大型公司，它们是该大型公司的某一生产车间或分公司，参与实体往往没有自主权来决定这种共生模式的和与散。这种合作完全由总公司的战略意图决定，或者是处于总公司资源优化和业务整合的需要，或者是迫于政府环保要求的压力而进行。自主实体共生和复合实体共生是目前产业生态系统共生联合体中两种最为普遍的形式[①]。

第三节　企业生态产业链组建提升

一、产业链的重构

产业链是由若干"内涵链"组成的一个多功能链式中间组织形式。在这些"内涵链"中，价值链式导向决定了整个产业链前进的方向。如果价值链能给核心企业和节点企业创造最大的价值，这个产业链就是合理的；如果价值链不能给产业链的核心企业和节点企业创造最大的价值，那么这个产业链就是不合理的。对不合理的产业链我们要对其进行解剖分析，将其与处于价值链相同或相近位置的竞争对手进行多方面比较，找出优势环节和劣势环节，然后剥离劣势环节，集中力量发展优势环节，这个过程我们就称之为产业链的重构。产业链重构是在产业价值链分析基础上进行的，重构的目的是为了实现产业链价值最大化[②]。

产业链重构是指按照产业价值链的分析，对产业链战略环节进行重新定位、更换和调整的过程，就是重新构建一种有别于其他竞争对手的新的生产交易流程，使产业链拥有独特的竞争优势。它把产业链中的各个相关环节进行重新排列或重新组合，不断地在全球范围内寻求资源配置的最佳模式，最终能给产业链带来价值的增值。

产业链重构是一个复杂的动态过程，涉及每个企业的内、外部因素等诸多因素。核心企业在分析现有产业价值链的基础上，根据自己的定位和链内链外因素的变化情况，动态地重构产业链。在经济全球化和信息高速发展变化的今天，产业链之间的竞争日益激烈，永远持续有效的

---

① 吴梦. 生态工业园中产业链优化及评价研究[D]. 兰州大学，2013.

② 李亚. 外贸产业价值链的重构模式探讨[J]. 经济经纬，2005（1）.

价值链已经不再存在，条件一旦发生变化，有效的价值链将不再有效，就必须再次重构价值链。所以，产业链重构是一个动态的、不断调整完善的过程。

1. 产业链重构的目标及策略

保持产业链的独特竞争优势，提高产业链的持续竞争优势，实现产业链价值最大化是产业链重构的目标。企业竞争优势是指企业经过长年积累而具备的在短时间内不容易被其他企业复制或模仿的、独特的"专长"和"特色"。没有竞争优势的产业链很难持续发展。具有竞争优势的企业通常采用成本领先、独树一帜、目标聚集这三大战略。产业链重构的核心策略就是顾客价值最大化，即为顾客提供最大、最多、最好的价值，为顾客提供有更好的使用功能、更多的实际用处、满足更大利益追求的产品。具体操作策略就是低成本策略和差异化策略。所谓低成本策略，就是通过各种有效途径，使产业链的总成本低于竞争对手的成本，以获得同行业平均水平以上的利润。所谓差异化策略，就是要与众不同、独一无二、独具特色。

2. 产业链重构的基本思路

思路决定出路，思路贵在创新。产业链重构的基本思路就是在产业价值链分析的基础上，以顾客价值最大化为中心，实行低成本、特色化经营。

（1）用和传统价值链分析相反的思路

传统的价值链分析是从企业的现有竞争优势或企业的现有资产分析开始，经过对投入、生产、销售过程进行分析，最后到达对客户的分析。这种分析方法实际上是以企业为中心的，否定了企业价值的获取最终将取决于顾客需求的这一事实，因而容易造成企业对业务范围的选择不当，最终使得企业的活动得不到市场的承认。逆向来思考，即从满足顾客的需求发点，分析顾客购买企业的产品或服务主要是为了获取什么功能，实现什么利益。在此基础上再来考虑生产组织方式和分销渠道的选择，并最终确定企业应配备哪些资产特征和核心专长，这样则可能会有重大突破。以戴尔公司为例，戴尔的核心价值就是为客户提供满意服务，它一不生产监视器，二不生产机箱，三不生产 CPU，而是将笔记本电脑的生产、组装、配售等价值活动全部外包，自身只做设计和营销服务这两个附加值高的环节，并且在营销环节采取独树一帜的直销策略。这种价值链结构的优势明显，无需巨大的有形资本，而且可以为企业节约大量的管理成本，同时还可以降低市场变化所带来的风险成本[①]。

（2）采用新的企业竞争战略

如海尔集团针对国内家电市场激烈竞争的实际情况，提出了基于电子商务平台的"商家设计，海尔制造"的营销模式，这一与市场零距离的营销模式不仅有效整合了营销渠道的市场优势和了解顾客的优势，而且扩大了产品的品种、样式，减少了与顾客的心理距离，这个策略非常新颖独特，一经推出，便获得了市场的广泛响应，取得了巨大的成功。

（3）重构行业价值曲线

差异化竞争策略要求我们的竞争策略要独树一帜、独一无二。因此，我们必须在价值链分析的基础上，时刻从顾客需求出发，重构价值链，以满足顾客的最大需求。潘旭明在研究价值链竞争优势时提供的 KTV 视听歌城的例子是这方面的典型案例。

几年前，上海钱柜 KTV 视听歌城在面对由于音响设施在家庭普及、公款消费减少而导致的客源急剧下降，歌厅普遍经营困难的情况时，通过跳出该行业的传统竞争要素，把思维拓展到补充产业领域，创造了新的价值曲线，从而赢得了竞争优势。当时，许多竞争者采取提高服务水准和进行豪华装修来招徕顾客的措施，却导致成本居高不下。而钱柜 KTV 视听歌城采用了价值创新的思路：首先去除了大厅这种形式，改变了一般歌厅分设大厅和单间的设置方式；其次，在每

---

① 马秀丽，孙友杰. 信息时代企业价值链重构分析[J]. 商业经济与管理，2004（2）.

个房间内，削减了对顾客效用不大的豪华装饰，而是在音响设备和歌曲数量方面则加大了投入，同时利用自动点歌系统，减少了服务人员的数量；再次，自制了一些简易食品和饮料，让顾客免费自助获取。这些饮料和食物本身成本不高，因此在总的支出几乎没有增加的情况下，顾客的效用却得到了极大的提高。同时，顾客在歌厅就餐还增加了娱乐的时间。最后，为了吸引远途的消费者，它还开辟出场地为顾客提供免费停车处。通过以上措施，钱柜 KTV 视听歌城创造了一条全新的价值曲线，给消费者带了效用的跳跃式增加，因此在整个行业萧条的大背景下，仍然生意兴隆[1]。

（4）删减价值链的中间环节

例如，由于信息技术的发展迅速及在企业中的广泛应用，信息传播的深度和广度已经发生了改变。因此可以利用信息技术取代原来的信息传播通道，减去价值链中的不必要环节，从而节省开支，降低成本。如图 4-6 所示，去掉信息传播中继站，取而代之的是 Internet 网络，因而降低了成本，创造了新的竞争优势[2]。

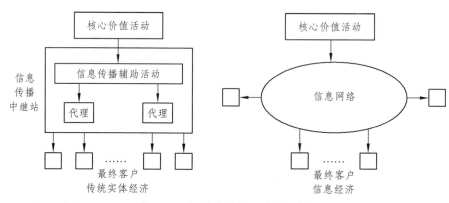

图 4-6 产业价值链环节的减少

① 潘旭明. 基于价值链重构的竞争优势分析[J]. 郑州航空工业管理学院学报，2004，22（2）.
② 殷德永，岳良运. 基于价值链的企业核心竞争力分析[J]. 中国资源综合利用，2011，29（6）.

二、产业链的打造

1．产业链打造的概念

产业链打造有四层含义[①]：第一层含义是产业链的构建，即在还没有这个产业链，但在某地区的某个企业试制成功了很有价值的新产品的情况下，围绕该产品构建一条全新的产业链；第二层含义是产业链重构，即在已有一条完整的产业链，但某些环节不合理，严重影响和制约产业链的发展，影响了产业链整体效益的提高的情况下，分析产业链价值，重新确定产业链的战略环节，并进行适当的增删，使之成为一条具有强大功能的产业链；第三层含义是修补完善现有产业链的薄弱环节，按产业链招商，接通产业链的孤环、断环，使产业链的功能效应能正常发挥；第四层含义是延迟产业链和拓宽产业链，将产业链相关环节向上游或下游延伸，将产业链节点向横向拓宽。

2．产业链打造的路径

（1）产业链的纵向延伸

产业链纵向延伸实际就是产业链的纵向扩张，即大家常说的延迟产业链，包括纵向控制和纵向一体化两种情况。

纵向控制就是核心企业对节点企业的行为或价格进行限制。核心企业在产业链组织过程中，不仅起到链主作用，还可以采取一定措施对节点企业加以限制，以保证自身利益。核心企业对上游供应商或下游销售商进行限制约束的行为我们称为产业链纵向控制。纵向控制也称纵向约束。纵向约束是核心企业对节点企业施加的若干限制行为。这种限制行为可分为权力限制和价格限制两大类。纵向约束的类别、形式及含义如表 4-1 所示[②]。

纵向一体化指企业向其上游产业或下游产业的扩张，包括前向一体化和后向一体化两种形式。

---

① 周新生. 产业链与产业链打造[J]. 广东社会科学，2006（4）：30-36.
② 郁义鸿. 产业链纵向控制与经济规制[M]. 上海：复旦大学出版社，2006.

表 4-1　纵向约束的对比分析

类别	形　式	含　　义
权利限制	独占交易	核心企业要求销售商不得不从事其他直接与核心企业竞争的业务，即要求销售商只能从核心企业购买全部产品
	独占区域	核心企业授权销售商在某一区域内独家销售其产品，并承诺不会允许其他任何销售商在该区域内分销核心企业产品
	共同代理	与独占交易相反，一个销售商同时分销多个核心企业产品
	拒绝交易	核心企业有选择性地与下游节点企业进行交易，而拒绝与其他节点企业交易
	搭售	核心企业要求销售商在销售某种产品的基础上再从核心企业这里购买以一种或更多的产品
	数量限定	核心企业强制规定销售商一个最低的销售数量
	服务要求	核心企业要求销售商在某一区域内承诺服务水平和服务质量等
	场位（通道）费	核心企业支使给零售商的一个费用，让零售商给他们的产品分配合适的货架空间
	抽成	核心企业从销售商那里按销售的数量所提取的一定比例费用，是核心企业给竞争对手的产品施加的一种额外税赋
	转售价格控制	销售商向客户销售的产品的价格不是由销售商制定的，而是由核心企业制定的。这种价格控制一般分为最高、最低零售价等多种形式
	非线性收费	最简单的非线性收费就是核心企业向销售商索取一个固定的特许费（加盟费）和一个可变的费用。可变费用一般按销售商数量的累计折扣计算

　　从技术角度考察，实施纵向一体化战略一般在下面两种情况下可考虑。第一，由于技术上的原因，几个生产阶段在一个企业内连续进行生产才会使成本降低，或纵向一体化后，使这个纵向链条上的各个生产环节能更好地实现质量控制，更好地协同各个生产环节的 R&D；第二，当技术为专用技术时，可考虑采用纵向一体化战略。因为专用性的技术在别处毫无用处或用处极小，在对方违约的情况下，投资方没有适宜的

制约工具。这种情况下采用纵向一体化方式可以在一定程度上解决专用性投资问题①。

从经济角度考察，纵向一体化可以为企业带来利益。第一，降低成本。若实行纵向一体化经营，企业各业务环节的关系实现了内化，他们的目的和利益高度一致，使企业在安排、协同交货时间以及应付紧急事件的成本将大大降低；同时，实行纵向一体化经营的企业，内部不需要组织任何销售力量和市场营销或采购部门，不需要支出广告费用开展促销，使得内部交易过程的讨价还价成本比市场交易成本低；此外，纵向一体化还可以避免因多出来源而造成的较高运输成本②。第二，确保供给的需求。若实行纵向一体化经营，由于上下游各个环节的密切稳定关系，上游企业首先肯定满足下游企业的需要，故企业在面临产品紧缺的时候，无需担心生产所需要的原材料或零配件不能得到充足的供应。第三，赚取垄断利润。纵向一体化有助于增强企业的垄断势力，从而增加垄断利润。同时，实行纵向一体化后还可为其他企业设置进入壁垒③。

当然，纵向一体化也有不少弊端。第一，从成本上看，纵向一体化在降低了交易成本的同时也增加了管理成本。当纵向一体化组建起来的企业其内部成本高于由市场机制组织同样交易所发生的市场交易成本时，纵向一体化就是不经济的，在这种情况下，就应拆分纵向一体化，并向市场回归。第二，增加了企业经营的风险。当面临整个经济不景气的大环境时，纵向一体化不仅会在终端市场遭遇销售不畅的困扰，而且还会在整个产业及整个纵向市场面临尴尬的局面，甚至置整个企业于死地。第三，不利于形成和强化核心竞争力。纵向一体化将企业有限的人力、物力、财力分散到众多的领域，这种拉得过长的战线使得企业难以集中资源和力量发展和强化核心竞争力和核心业务④。因此，企业实施纵向一体化必须经过全面分析和综合研究，切不可盲目求大求全。

---

① 孙斌艺. 跨国公司垂直约束理论研究[M]. 上海：上海人民出版社，2006.
② 刘珊. 纵向一体化战略的利弊研究[J]. 价值工程，2005，24（5）.
③ 王旭，赵蒙楠. 企业纵向一体化文献评述[J]. 北方经济，2013（5）.
④ 沈慈. 供应链管理与交易费用[J]. 中国证券期货，2013（8）.

（2）产业链的横向拓展

产业链的横向拓展即产业链的核心企业或节点企业在横向实行兼并、重组等方式来扩大经营规模或者组建产业链的若干子链，当这些子链发展到一定程度时，便形成了纵横交错的链网。这样，产业链发展成了产业树或产业集群，从而产生更大规模的集群效应。

（3）产业链结构的合理优化

产业链结构优化是指产业链的链节数合理配置问题和产业链的节点企业横向规模扩张问题。

对特定经济区域而言，从纵向看，产业链条并非越长越好，产业链条太长，可能会由于产业链过"细"而发生"断链"现象①。延长产业链的前提条件是产业链条首先要具备延展性；同时，分工过细，链条过长，导致交易成本也在增加，当交易成本大于管理成本时，多增加一个链条不能带来新的效益，而是只能增加产业链的成本。从横向看，产业链链条也并非越粗越好。产业链条过"粗"，就意味着产业链上的某个产业或企业的产品过于繁杂，即经营过度多元化。企业经营过度多元化，必然导致很多项目不是自身的强项。这样，精力、资源过于分散，而自身的资源优势和核心竞争力却是有限的，很容易导致企业经营出现严重危机。

（4）占领产业链高端环节

在产业链打造过程中有三个问题要特别注意：一是要适时的延迟产业链，避免产业链过短，因为产业链过短无法发挥协同效应，但也不宜过长，过长可能由于产业链强度不够而发生断裂；二是要在一定地域内促使产业链形成产业集群，发挥集群效应；三是要尽量占领产业链的高端环节，因为高端环节的附加价值高，当然，自身能力不具备时，也只能做产业链的低端环节。

跨国公司在全球布置产业链，也并非经营产业链的全部环节，而只是选择经营产业链中的几个高端环节，对附加值低的环节一律外

① 刘灿姣，董光磊.出版企业基于数字内容整合产业链对策研究[J].现代出版，2011（5）.

包。跨国公司的产业价值链可分解为研发设计、生产制造、市场营销、售后服务等几个部分。其产业价值链中，价值的创造不仅限于生产环节，更重要的是在研发设计、市场营销、售后服务等生产以外的各个环节。

（5）产业链招商

产业链招商是产业链打造的一个重要内容，是根据本地经济发展实际，对产业链中的薄弱环节进行引资配套；如果已有下游企业则工作重心就是寻找上游企业，如果已有上游企业则重点寻找相匹配的下游企业，这样就摆脱了过去的仅就项目进行招商的方式。

做好产业链招商就必须认真做好以下几项工作：

第一，高度认识产业链招商。产业链招商是通过产业链招商引资，在区域内形成产业链的完整链条，是招商引资的一种高级方式，也是进行区域产业结构调整、推动区域经济发展的重要方式。只有在一条、几条、几十条有竞争力的区域产业链或产业链重要片断已经形成的情况下，才能有效带动整个区域经济的发展。

第二、对产业链招商进行统筹规划和统一安排。在对本地区产业情况进行全面分析的基础上，针对本地区的优势产业、特色产业、主导产业，找出本地区产业链中的薄弱环节，再根据本地区的行业和产业发展方向，在通过科学论证、制订切实可行的产业发展规划的基础上，按产业链招商。

第三，理清产业链招商的基本思路。产业链招商一般有四种基本思路。一是"集群化发展，培育区域特色经济"，按照"龙头企业拉动、配套企业跟进、产业集群发展"的发展要求，着力引进大项目，带动上下游配套项目发展，拉长产业链，促进产业集群发展。二是按照"龙头项目—产业链—产业集群—产业基地"的发展思路，充分发挥龙头企业的技术和规模优势，将其生产经营领域向上下游的产业延伸，培养自己的产业链条和产业体系。三是在现有的开发区、工业园区的基础上进行"补链"招商。四是建设生态产业链，发展循环经济，建设循环经济产业链。

第四，优选产业链招商项目，突出产业重点。既要招商引资，又要招商选资，不能"捡到篮里都是菜"。要坚持"有所为，有所不为"，对不符合国家和地方产业政策、严重污染环境或者用地效率低的项目，要坚决亮"红灯"；对那些科技含量高、符合结构调整要求、产业关联度大的龙头性项目要列为重点招商引资项目。

第五，地方政府领导要高度重视，要从产业链的高度来指导招商工作，要把产业链招商的业绩作为干部考核工作的重要内容，要对招商人员进行产业链等相关知识培训，把产业链招商工作作为一种自觉行动。

三、产业链的整合

1．产业链整合的概念

产业链核心企业对其合作伙伴的决策控制称之为产业链整合。产业链整合包含合并和行为控制两种手段，有横向整合、纵向整合、综合整合三种方式。表 4-2 表示了横向整合、纵向整合两种整合方式与两种手段之间的关系。从表 4-2 可看出，综合整合有四种形式：① 横向一体化+纵向约束；② 横向一体化+纵向一体化；③ 横向约束+纵向约束；④ 横向约束+纵向一体化。

表 4-2　产业链整合的形式

	横向整合	纵向整合
合并	横向一体化	纵向一体化
行为控制	横向约束（如参股、控股等）	纵向约束

2．产业链整合的注意事项

在产业链整合实践中，究竟是采用哪种整合模式，要具体问题具体分析。但必须高度注意以下两点：

① 必须突出核心企业的龙头作用及辐射带动效应。在识别和发现产业链的核心价值环境的基础上，将核心企业资源集中于这个环节，培

育核心能力，构建集中的竞争优势，然后凭借这种关键环节的竞争优势获得对其他环节的带动效应和资源整合效应。

② 紧紧围绕产业价值链展开，切忌散胡椒面式、乱铺摊子的投资扩张。盲目的多元化经营只会分散资源，不仅不能发展好副业，还会拖累主业。因此，以自身优势为基石，突出自己的核心竞争力，在核心专长与核心产业支撑下的有限相关多元化经营战略，才是产业链整合的理性方式。多元化经营还应该以新的行业或产品能否使充分发挥并增强核心企业的优势作为标准，客观判断自身现有优势能否延伸到目标行业或产品中，只有在自身现有优势能延伸到目标行业或产品的情况下，才可以进行整合，否则需慎重考虑。

3．基于价值链视角的产业链并购整合模式①

（1）主导型多元化战略的并购整合——价值链延伸

这类并购整合实质上就是重新设计一个价值链，重新组合两家或多家企业价值链中的优势环节，删减多余的环节。

（2）相关多元化战略的并购整合策略——价值链扩散

当一个企业为了尽快开拓更多业务、获取更高的市场份额而实行并购整合时，一定要依托价值链相关联的要素展开。在这种情况下，尽管两个企业的价值链不相同，但存在如市场和顾客群体这样共有的核心。企业可以根据这些核心对以前相互独立的两个企业的要素进行合并、重组，如市场调研、分销渠道、研究开发、客户服务等，并尽可能利用双方的共性资源。在共有环节结合收购企业的优势与本企业优势，同时吸收非共有优势业务，最终实现价值链的扩散和转移。

（3）非相关多元化战略的并购整合策略——价值链互补

这种并购整合策略一般在核心企业根据自身发展战略的要求需要进入新的业务领域时采用。其目标一般并非在于价值链的提升，而是核心企业核心能力的延伸或新的业务规划。这种情况下，不必将原来两条

---

① 杜卓君，石小平，何英捷. 基于多角化战略的并购整合——一种价值链整合模式[J]. 经济体制改革，2005（1）.

相互独立的价值链纳入同一价值链,但必须将其作为同一整体的两个子系统进行考虑。因为核心企业对于新的领域不太熟悉,在并购之后可能无法完全参与到经营管理中, 所以这种收购必须慎重行事。

4.产业链重构、产业链打造、产业链整合之间的区别于联系

(1)三者之间的区别

产业链重构的最终目标是实现产业链价值最大化,它强调的是在产业链分析基础上的产业链重新构建, 即去掉冗余环节, 增补必要环节,按产业价值增值链重新构建产业链的工作流程。产业链打造的主体一般是区域政府和核心企业,并以区域政府为主,其目标是使产业链发展壮大, 在一定的范围内延伸变长、拓宽变粗,强调的是产业链的捶打、锻炼和磨合,产业链打造。产业链整合的主体一般是核心企业,它是将产业链核心企业做大做强,发挥龙头作用和辐射效应作为目标,强调的是产业链梳理、整理和产业链合并、并购。

(2)三者之间的联系

产业链整合包含产业链重构,产业链重构只是产业链整合的一种方式;产业链打造也包含产业链重构;产业链整合和产业链打造有些内容互相包含,只不过侧重点不同而已,产业链整合强调结果,产业链打造侧重于过程。

第五章 企业生态下的运营管理变革

企业生态体系中的企业运营管理的概念及内容与传统的生产管理已有很大不同，企业生态中企业管理的核心是运营管理。总体而言，随着现代企业规模的不断扩大，产品的生产过程和各种服务的提供过程日趋复杂，企业的运营管理自身与市场环境均在。

第一节 运营管理概述

一、运营管理的定义

运营管理指的是对企业经营过程的计划、组织、实施和控制，是同生产产品和创造服务密切相关的各项管理工作的总和。

换个角度来讲，对生产和提供公司主要的产品和服务的系统进行设计、运行、评价和改进也是运营管理。在以前，与工厂联系在一起的有形产品的生产被西方学者称为"Production"或"Manufacturing"。而提供服务的活动被称为"Operation"。现在的观点是将两者均称为"运营"。

目前，运营管理的一个重要手段便是信息技术。受信息技术所引起的一系列管理模式和管理方法上的变革，变为运营管理的重要研究内容。近30年来出现的计算机辅助设计（CAD）、计算机辅助制造（CAM）、计算机集成制造系统（CIMS）、物料需求计划（MRP）、制造资源计划（MRP-Ⅱ）以及企业资源计划（ERP）等，在企业生产运营中得到广泛的应用。

二、运营管理的对象

运营过程和运营系统为运营管理的对象。运营过程是运营的首要对象，这是一个投入、转换、产出的过程，也是一个劳动过程或价值增值的过程，如何规划、组织和控制这样的生产活动必须得到周全考虑。而上述变换过程得以实现的方法便是运营系统。

1.运营规划

（1）运营规划的基本要求

无论有多少种不同类型的生产和服务，以下的基本要求应在运营中努力使其满足：首先，生产和服务过程的各个环节应该是流动性作业，并且各个不同环节的生产和运营能力应是匹配和比较均衡的。其次，操作过程中涉及的相同环节、业务、设施、设备、人员应尽可能地成线、成组，并尽可能就近搭配互相连接的线、组和团之间，中间不必要的连接环节便减少。再者，均衡各个环节之间的零配件和产品及半成品储存。当过多的储存时，生产成本会提高，造成不必要的浪费；当储存不足时，生产和服务过程的正常进行则会被影响。最后，努力促成运营业务的机械化和自动化。在考虑企业运营的流动性、专业化、标准化、程序化的要求和快捷、高效、准时与精准的特征后，企业内部运营在资金、成本与人员素质允许的情况下，应努力使机械化和自动化作业得以实现，以减少企业运营流程受人力操作隐含的不确定因素的影响。

（2）运营规划的基本内容

以下内容为企业运营规划所涉及的主要内容：第一，初步设计产品或服务。根据企业战略管理的要求，企业必须在特定的经营范围内提供与市场和企业经营条件相符合的产品或服务后才能开展详细的运营活动。来自市场和社会供应链系统的需求是企业的产品和服务项目市场的两个主要来源。第二，实现产品与服务。初步工艺设计是企业产品或服务的实现的起点。对设计结果的评估是在初步工艺设计的基础上进行的，初步设计开发的进行性可以得到进一步明确。第三，生产和服务设施的选址。靠近交通线的选址更适合合理的产品或服务设施的选择，能够提供比较便利的通信、能源、水源、后勤供应，企业的生产和经营成本能够得到大大的降低。良好的企业选址既有利于企业生产过程的运营，也能吸引人才，起到了良好的方便企业生活、产生的作用。第四，设计生产运作系统。企业运营的成本与企业运作系统的设计密切相关。第五，工作设计与测量的细化。企业的生产和服务需要员工以充沛的体力和精力完成生产经营活动，工作内容具有一定的丰富性、新颖性、趣味性和新鲜感对员工十分重要。从具体工作的认识和参与程度来说，企业从业人员的知识水平、经验和素质不同，会产生差别很大的效果。所以，充分考虑企业成长和员工成长两个过程是工作设计的过程中必要的内容。

2．运营组织

保持运营过程的相对稳定是企业运营组织的目标。除特殊情况外，应保持经过精心设计的运营过程的相对稳定。用科学管理的思想、方法和手段就是运营管理的组织，经过合理配置、周密计划、自制与控制，使生产要素处于良好结合和有效运行的状态，以实现优质、高效、低耗、均衡、安全和文明的生产目标所进行的管理。编制作业计划、工艺管理、现场设备管理、材料工具管理、劳动定额管理是企业运营组织的基础。根据运营系统的设计、规划以及企业对实现生产或服务作业的各种资源生产现场的人、机、料等生产要素进行组织和调配是运营组织的任务。由于许多生产作业流程均与引进技术同时进行，必要的技术支持、现场指导和培训是运营组织必要的技术支持。

3．运营控制

对生产能力、生产进度、生产质量、安全和成本等的控制是企业运营控制的主要内容。保证企业的运营过程按计划实现是运营控制的目的。从控制点建立开始，控制基于控制点的生产能力、进度、质量、安全和成本等项目是企业运营控制的基本内容。

运营作业计划是企业的运营控制的依据，对运营控制起着指导作用。作业计划按生产或服务的实际情况开展可以使运营控制按计划进行，并通过详细的时间表和数据表示出来。以时间表和数据为基础，通过设定各作业点、线、组的业务操作数量和质量的标准可以将实际操作的数据与计划同标准进行比较，进而评价实操的绩效。

运营控制的基本程序：

① 设置运营控制单元的范围。运营组织可以决定运营控制的范围，运营控制的可行性和操作性在运营组织的过程中应得到充分考虑，并以工艺、能力和运营控制可识别标准为运营组织的重要依据。所以，运营控制可能是各作业点、线、组的业务工作表现的评定和控制，也可以为具体的人、部门或业务。

② 识别控制单元的基本特征。不同的企业、部门、作业单元中，能够反映工作绩效的特征是相异的。明确的特征能够反映每一个控制单元的工作绩效。部分单元的工作绩效需要用多种关键的、可测的特征才能反映。越少的关键特征在实际运营控制中越有利于控制。

③ 制定控制标准。数量化与可计量是运营控制标准的基本特征。如成本标准一类能确定的唯一标准应得到确定，不能确定的则设定标准区间。在实现机械化和自动化作业的条件下，许多标准都表现为唯一标准。

④ 收集运营数据。收集运营数据可以获得各个控制单元的实际运营状况信息。所收集的实际数据是适应控制标准相的、反映控制单元绩效的关键特征数据。人工或机器均可以完成收集数据的工作.企业的数据收集工作需要由专人来完成。在信息化时代，计算机可以收集许多数据，并传给控制部门评定运营绩效。

⑤ 衡量运营绩效。实际工作与标准之间存在着信息偏差，找出这种偏差并对实际工作的优劣进行评价就是衡量绩效。

⑥ 诊断与更正。衡量偏差类型和数量、找出偏差原因是诊断的主要工作内容。经诊断与采取有效措施之后，可以更正实际工作结果与标准之间的差异。实际上，只有存在较大偏差，且对目标产生影响时才需要进行更正。不是任何偏差都需要采取更正行动的，也不是任何人都能

采取更正行动。

三、运营管理的趋势

从 20 世纪 90 年代开始,信息技术得到飞速发展,经济实现全球化,企业所面临的环境和生产经营方式发生了空前的变化,产品的技术密集、知识密集程度在不断提高,生产需求的多样化、个性化进一步发展,全球生产、全球采购、产品全球流动的趋势进一步加强。信息化下形成的全新的、有力的运营管理途经使的企业的运营管理进入一个新的发展阶段.并随之表现出呈现出新的特点和趋势。

（1）运营管理涵盖的范围越来越大

第一,传统制造业的生产过程和系统控制被现代运营突破,非制造业的运营过程和运营系统的设计得以扩大。第二,现代运营管理包括运营规划、组织以及控制等多个层次的内容,不再局限于生产过程的计划、组织与控制,一个完整的价值链包含运营战略、产品开发与设计、采购供应、生产制造、产品配送、售后服务。

（2）信息技术成为运营系统控制和运营管理的重要手段

随着信息化的到来,运营管理的主要研究内容包含了一系列管理模式和方法的变革。企业生产受到计算机极大的影响,企业的运作方法因先进制造技术（AMT）的应用而得到了真正的革命。信息技术在运营管理中的应用涉及产品设计、产品特性、加工技术、信息处理和通信等。

（3）在行动中体现"以人为本"

企业必须以具体的行动来实现"以人为本"作为企业的理念,其目标是充分发挥人创新思维的能动作用以获得非凡的成果.拥有能动创新思维和创新所需的空间是具有能动作用的人期望,这方面的必需资源应由企业应为他们提供,理解并帮助他们,促使他们解决行动过程中遇到的各种。同时,环境应得到改善,企业应为员工提供个人工作及创造的条件,营造使人的思维能够主动与客观条件相作用的氛围,使个人产生经营自己的强烈感觉。可以说,个人在经营自己时产生的创新成果的集合实际上就是企业运营管理过程中得到的创新成果。

（4）"柔性"成为企业生存与发展的决定因素

在市场经济体制下，最能适时、适量地提供顾客所需的合格产品和满意服务的，就越容易在激烈的市场竞争中居于主动地位。企业的主要竞争策略便是增强对产品需求量、产品本身及交货时间变化的适应度——增强企业的"柔性"。企业的柔性包括生成系统的柔性和组织管理系统两个方面，任何一方面缺乏柔性都会导致整体柔性降低。因此，在制造业领域便产生"成组生产单元"（Layouts Based on Group Technology）、"并行工程"（Concurrent Engineering，CE）、"时间压缩技术"（Time Compression Technology，TCT）、"柔性制造系统"（FMS）、"敏捷制造"（Agile Manufacturing，AM）以及企业的组织管理方面的"团队"建设和项目组织。

（5）注重流程再造（BPR）和精益生产（Lean Production）

对现有流程进行深入分析，并寻找其关键所在，进而设计出创新的企业流程是流程再造的核心。流程再造能使企业现有流程得到巨大改善，从而提高企业的经营业绩。

精益生产的含义为对占用较少的资源、实现高利用率的生产模式。包括人员、土地、资金、厂房、设备、物料和时间等资源。使用比同类大量生产系统还少的资源但依旧能生产出同样多的产品便是精益生产系统的关键。这一生产方始于20世纪90年代，不断改进并消除对资源的浪费，沟通和协调工作是其基本原理。实现精益生产的指导思想是不断改进，目标是消除浪费，保证是沟通和协调工作。利用高技术的工人和富于柔性的设备的精益生产系统，集大量生产（高产量、低成本）和手工艺生产（品种多和柔性）的优点于一身。大量生产的产品质量不及精益生产的产品质量。因此，越来越多的企业推崇精益生产。与此同时，在这一生产方式下，组织结构扁平化，管理层次大量减少。

（6）领导层的创新管理

创新活动应该由企业领导运用创新思维完成，但运营中某个问题或点或面不能由企业领导层的创新方向来单独代表，而应该是企业整体管理水平的创新，尤其是保证企业长期具有创新和改善的良好状态的手段，企业运营管理的核心便是保证企业长期具有平稳、快速和持续发展的状态。

（7）"全球运营"成为现代企业的一个重要课题

伴随经济全球化的加剧，现代企业的一个重要研究内容便是"全球运营"。企业的制造活动将从集中式转变为分布式，大企业面对的工厂选址问题将不再是一个单一的工厂选址问题，而是一个集零部件厂、装配厂以及市场构成为一体的制造网络选址问题。由于企业全球范围的工厂选址和资源优化配置越来越多，运营管理中逐渐凸显一大热点——全球运营管理。

第二节　企业生态下企业运营机制

在一个机遇市场中遇到的各种核心力的集合和合伙企业合作经营的过程是企业生态下的企业运营。合伙企业间的紧密合作是企业运营的依据。合伙的含义指的是两个或两个以上的主体，从各自利益出发对资源进行协调与互利的，从而一起工作，共同完成相同目标的工作。企业通过合伙可以获得单一企业所不具有的新能力，从而能够抓住稍纵即逝的市场机遇。

一、企业生态下企业运营的理论基础

在企业生态系统中，企业运营的理论基础主要有：①企业核心能力理论，从能力分工角度来探讨企业的合作运营；②交易费用理论，从契约角度来解释合作运营关系；③博弈论，从博弈论角度来分析企业运营。

1．核心能力理论

核心能力又被称为核心竞争力，由美国著名管理学家普拉哈拉德（C.K.Prahalad）和甘瑞·哈默（G.Hamel）于 1990 年提出。他们在所著的《企业核心竞争力》（*the Core Competence of the Corporation*）一文中将核心竞争力定义为"使得商业个体能够迅速适应变化环境的技术和生产技能"，是"组织中的累积性学识，特别是运用企业资源的独特能力"。核心竞争力与核心产品、最终产品之间的关系被普拉哈拉德和哈默形象地比喻为树根、树干和花果之间的关系。他们指出，应该通过集中资源发展自己的核心竞争能力，从而追求企业的长期发展，并结合其核心竞争力生产出与众不同的核心产品。被企业生产出来的最终产品具有优势的市场份额，但不能代表企业拥有核心竞争力。核心竞争力的标志是企业在生产过程中所得的核心产品的市场份额。核心能力具有"偷不去、买不来、拆不开、带不走和溜不掉"的特点。由于知易行难，企业难以模仿包括许多不可逆转的专用投资或渠道优势在内的核心竞争力。这是长期积累的产物，非一时一日之功。现阶段关于核心竞争力使用最广泛的说法来自迈克尔·A.希特和 R.杜安·爱尔兰：核心竞争力的含义是能为企业带来相对的竞争优势的资源和能力。在核心能力理论中，并非企业所有的资源、知识和能力都将成为持续的竞争优势。区分核心力和非核心力的标准主要有五方面：第一是价值性。对于用户看重的价值而言，核心竞争能力必须起着重要作用。第二是异质性。只有公司稀缺的、所独有的，不被对手所知或拥有的能力才能成为核心能力。第三是不可模仿性。主要是说不易被其他竞争对手所学习或者模仿的特质。第四是难以替代性。没有战略性等价物。第五是延展性。整体而言，全公司所有业务的基础便是核心竞争能力，既能产生一系列的其他产品和服务，又能在创新和多元化战略中实现范围经济。

　　从核心能力协同运作的角度来看，在资源共享的生态环境下，企业生态系统中的企业运营能实现资源的优化配置，在合作的过程中，各合作方能够拿出自己的相对优势资源和能力，共同组成具有大容量的"木桶"。通过企业间核心力或优势的最佳动态组合，不仅能迅速抓住市场，提供个性化的产品和服务，快速响应复杂多变的市场，还能通过集成各成员企业的核心力或优势能力发挥协同效应，在最大限度地发挥自身资源优势的同时，促进了企业功能专精，并为企业培养新的核心能力或优势能力打下基础。由此可以看出，合作成员能够借助彼此的核心能力或核心竞争能力是企业生态系统中的企业运营的价值，该价值促进功能专精的良性循环，提高满足顾客的能力。

2．交易费用理论

对整个现代产权理论大厦而言，交易费用理论是基础。著名经济学家罗纳德·科斯（Ronald Cosas）曾于1937年在《企业的性质》中首次提出交易费用理论。他认为，市场和企业是两种可以相互替代的资源配置机制，市场交易费用因为存在有限理性、机会主义、不确定性与小数目条件而变得高昂，企业为节省交易费用便作为代替市场的新型交易形式而产生。企业为了节省交易费用这一目的而采取了不同的组织方式，交易费用反过来决定了企业的存在。企业在寻找交易对象、订立合同、执行交易、洽谈交易以及监督交易等过程中之中的费用便是交易费用，主要由搜索成本、谈判成本、签约成本与监督成本构成。企业可以通过收购、兼并、重组等资本运营途径将市场内部化，由市场的不确定所带来的风险将被消除，继而降低交易费用。科斯的这一思想为产权理论奠定了坚实的基础。但科斯的思想在经过长时间忽视之后才引起经济学家的广泛重视。

在后来的时间里，该理论被美国经济学家威廉姆森等人作出了发展与完善。他指出：市场与企业之间还存在着促进企业组织间合作关系的中间组织。因此，虚拟企业合作运营关系是作为一种介于市场交易和层级组织之间的经济形式。

市场交易的灵活性较强，能够对资源进行优化配，但是当其面临信息不对称和不确定时，市场交易的成本增加；虽然层级组织具有良好的分配效率，并且可以极大地降低交易过程中的信息成本和道德风险，但是面对迅速变化的市场后，层级组织因其固有的"惯性""而显得机器迟钝。另外，当层级组织需要多个领域融合的系统性创新时，又面临资源不足或规模过大所引发的高管理成本问题。介于层级组织纵向一体化与市场之间的企业生态是一种经济组织模式，构成企业生态的合作企业通过共同投入资源，形成一种相互抵押的激励机制，迫使各合作企业按照事先商定的协议规范自己的行为，从而降低交易成本。当交易费用约束形成后便产生了企业生态下的合约选择结果。

3．博弈论

博弈论指的是个人或组织，在一定的环境条件和一定的规则约束下，根据掌握的信息，选择各自的行为或策略并加以实施，最后各自取得相应结果或收益的过程。

　　博弈论在经济学上是个非常重要的理论概念。按 2005 年诺贝尔经济学奖得主罗伯特·奥曼（Robert Aumann）教授的观点，博弈论是研究互动决策的理论。由于各个行动方的决策相互影响，每个决策者在制定决策时必须将他人的决策和别人对于自己的考虑纳入自身的考虑之中，这便是互动决策。经过如此迭代考虑后所选择的决策是最有利于自己的战略。

　　从博弈论角度来看，企业生态系统中企业运营实质上是一种合作博弈的过程。假设 A、B 两个企业之间的技术资源存在着极大的依赖性，合作与竞争的情况下，企业 A 与企业 B 的收益设想见表 5-1。假如企业 A 与企业 B 真诚合作，组成"双赢"的企业联盟，那么两个企业的收益均为 a 个单位；假如企业 A 采取与企业 B 合作的行为，出于短期利益的考虑，企业 B 采取不合作的行为，那么企业 A 的收益只能为 b 个单位，企业 B 可获得 c 个单位。依次类推，假如企业 B 采取合作，但企业 A 不合作，则企业 A 可获得 c 个单位的收益，而企业 B 仅得 b 个单位的收益；假如企业 A 与企业 B 均不采取合作的方式，那么两个企业都只能获得 d 个单位的收益。假设中，c＞a＞d＞b。虽然一方一时采取不合作的策略可以为自己带来最大利益，但这会促使另一方很快也采取不合作策略，甚至可能产生报复行为，使双方都受损。当双方企业均看到恶性竞争所带来的不良后果时，双方才愿意通过组建企业联盟，从而以合作的方式使彼此都获得较多的利益。

表 5-1　企业 A 与企业 B 在合作与竞争的情况下的收益设想

企业	企业 B		
	策略	合作	不合作
企业 A	合作	（a，a）	（b，c）
	不合作	（c，b）	（d，d）

　　通过上述内容可知，因为众多企业看到企业生态中合作博弈可以为彼此带来较多收益，从而形成了企业生态中的企业运营。在面对激

烈的竞争市场时，企业单依靠自身的资源进行自我调整的速度很难赶上市场变化的速度。只有通过企业间的合作，企业才能抓住瞬息万变的市场机遇，从而在最短的时间内研发出顾客需要的商品，进而发展壮大自身实力，实现企业经营的目标。

二、企业生态下企业运营的经济性分析

（1）速度经济

企业生态系统中,企业运营机制在技术方面是以计算机信息网络为支撑的信息化运作平台,在信息集合与处理、及时沟通方面实现了高效、快速的无障碍沟通。这种企业合作关系的确立过程,在制度方面摆脱了旧有的企业资源所有权的约束,企业之间得以在资源使用上实现高度的共享,从而确保企业通过生态联盟的方式获得能力提升。上述两方面因素促使合作企业在企业生态系统中能够抓住市场机会,并迅速反应,形成了独特的速度经济。

（2）规模经济

企业生态的企业合作运营赋予了规模经济新的时代含义。企业在不扩大内部组织机构和职能部门的条件下,企业生态企业合作运营,确保了企业组织能够利用的资源范围得到了拓展。企业生态企业合作运营具有一种无形的对资源关系的杠杆作用,相互独立的企业组织在企业生态合作运营的框架下,贡献以各自核心能力为基础的优势资源,组建合作关系网络组织后,以网络化运行为边界,撬动界内任何一个超出内部成员自身资源所有权范围的全部组织资源,形成了具有全新经济学意义的规模经济优势。

（3）集成经济

在互惠双赢、共同发展的共识下,企业生态中的每个企业将自己的核心优势贡献出来,相互利用对方的互补性资源以弥补自身资源、能力的不足。企业生态中所进行的每个环节、各项工作都能达到最优,并通过整合、有良好的配合使原来的工作更加完善,体现合作的价值,形成 $1+1>2$ 的格局,达成集成经济性。

（4）专长经济

企业在对抗式竞争、实体经营模式下为获得生存不得不全面发展,

从研发、生产到销售、拓展市场等各项价值链功能齐全，不同的企业用大量的投资，重复做同样的事。由于社会资源浪费，企业往往顾此失彼，或缺乏真正的经营核心能力。企业因合作而可以比过去更大胆地缔造核心能力，专注于提高专门技艺。具有专长的企业不仅使自身得到各合作伙伴的重视，还能受益于合作各方。专业化分工合作的高级形态是企业生态运营，基于市场交易性的合作，这种组织间协调性质的合作是更高层次的合作，更能突出价值链活动分工效率的专长经济。

（5）组织经济

对于企业而言，单纯依靠一种一成不变的市场和产品领先战略而长时间的保持市场竞争优势是不现实的。只有高效的创新性合作途径才有可能促进适应市场需求的利润增长点形成。尤其是企业在跟随或者超越技术创新的过程中，创新性合作的运营行为与企业优势资源和能力的结合才是企业最需要的，以形成富有创新性的核心能力。虚拟企业运营在这个过程中以独特的虚拟组织手段，灵活地随着环境的变化调整合作对象和合作目标。实现以较低的投入成本完成企业的创新发展要求。正因为此，在虚拟运营过程中，企业以创新的方式寻求持续竞争优势的组织行为，属于一种基于人类文化特质的组织经济。

三、企业生态运营策略

多个方面因素会影响企业生态的运营，通常来说，其良性的运作必须遵循下列运营策略。

（1）拥有核心竞争优势

参与企业生态的企业自身必须拥有核心竞争优势。无论企业选择什么形式的企业生态，其前提都是自身必须具有竞争优势，且拥有关键性的资源（诸如专利权、行销通路或研究开发能力等），以自身的核心优势为依托，通过虚拟化的整合途径取得外界资源和力量的配合，以达到优势互补的目的。当企业具有独到的研发设计和市场销售能力后，就能以客户为中心，密切联系市场，敏捷捕捉市场变化，创出自己的知名品牌，并迅速内应客户需求。假如企业没有自身的竞争优势，则企业不仅容易受制于人，生态合作难以奏效，也难以长期稳定地运营下去。

（2）慎重选择合作伙伴

企业在实行企业生态经营时，只有慎重选择适合自己的合作伙伴，企业才能实现内部资源合理有效的配置。一般情况下，企业生态中伙伴间的经营能力与资源表现不均衡，知识流向具有单一性。驶离较强或拥有强大的资源整合能力的核心企业是整个企业生态的中心，处于主导地位，相对于其他经常处于动态变化中的伙伴，核心企业在企业网络中相对稳定。在企业生态的组合过程中，合作伙伴的优化选择至关重要。合作伙伴的选择通常有两种标准：①任务相关型合作伙伴。考察合作伙伴是否有与合作任务相关的人力、财力、物力、功能和经验；②伙伴相关型合作伙伴。考察合作伙伴是否具有良好的关系基础。由于任务相关型比伙伴相关型相更具有虚拟企业合作所需的资源和能力。因此，任务相关型合作伙伴比伙伴相关型合作伙伴更容易形成优势互补，获得竞争优势。

（3）坚持互惠互利，共存共荣

参与企业生态合作的成员企业必须努力减少摩擦，积极培育融洽平等的伙伴关系，在竞争中坚持互利互惠的有益合作，共存共荣。企业生态各成员来自于不同的组织，彼此完全独立，各自具有不同的计划、目标和要求，以及不同的管理风格和企业文化氛围，在生态合作中必然会产生一定的防御心理与行为。因此，为了保障企业生态的有效运行，必须采取一系列的管理沟通策略。企业生态各方享有自己赢得的利润的前提是，各自严格遵守自己对于组织的承诺，履行自己的义务与责任。由于各方的分工与利益划分不同，为避免经济纠纷等情形的出现，各企业间需要依靠强有力的合同来予以相互制约，以保证项目的进展和完成。

第三节　企业生态下企业产品设计与开发

企业生态十分重视充分利用社会上已有的设计、制造资源，通过组织动态联盟达到对市场变化快速响应，把握市场机遇的目的。它避免了传统企业所有的封闭性、局限性和设计与制造能力的不完备性，减少重复投入资源的同时缩短生产准备周期，产品从设计、制造到销售全过程的柔性和敏捷性有所提高，企业的竞争能力也得到增强。

一、企业生态产品设计

1. 企业生态产品设计过程的特点

企业生态中的核心活动内容是产品（含工艺）设计，不仅产品的成本、质量和上市时间由它决定，企业生态规模大小、成员组成和运行模式的主要因素也受其影响。产品设计是组织、成立企业生态的重要基础和前提。由于活动内容涉及多家企业的资源共享和异地合作等问题，企业生态产品设计过程更加复杂。并表现出以下新的特点：

① 企业生态产品设计过程的核心是有效利用合作企业已有的设计、制造资源。如果合作企业已有的设计、制造资源在产品设计过程中得到最大限度的利用，零件设计、绘图、工艺设计、模具设计与制造等生产准备性工作可以大量减少，生产准备周期将得到缩短。新零件种类的减少既使工艺装备的多样性得到控制，又能降低产品成本。与此同时，采用经过生产实践考验的零件产品，新产品的设计方案的形成既快速又可靠，敏捷性也得到提高。

② 企业生态产品设计的主要模式是异地联合设计。受企业产品总体设计、零件（含工艺）详细设计和生产制造分工影响，主要的设计方式是跨地域的联合设计。

③ 合作企业必须在设计产品的过程中同时考虑优化选择。合作企业的组成由产品设计方案决定，产品最终方案的质量、成本和时间受整体设计、制造能力影响。两者须同时考虑，从而获得最优的产品设计方案和最佳的企业组合。

2. 企业生态产品设计关键技术

（1）面向合作企业设计、制造能力的产品设计方法

企业在产品设计过程，尤其是早起，能够保证有效利用合作企业的设计、制造资源是企业生态产品设计技术的关键。因此，耿秀丽提出的基于 GT 的企业生态产品设计系统总体框架，见图 5-1。

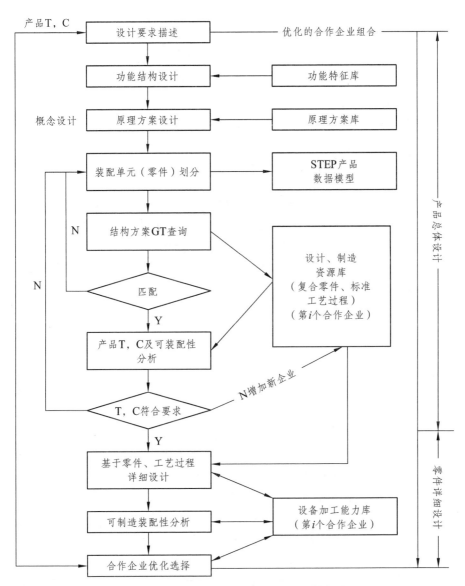

图 5-1　企业生态产品设计系统总体框架

资料来源：耿秀丽. 顾客价值驱动的产品服务系统方案设计建模与决策技术研究[D]. 上海交通大学，2012.

在该框架内，设计过程分为三个阶段：

① 概念设计阶段。内容含用户设计要求描述、产品功能概念设计和建模。以及最终的包含产品功能表面的原理方案。

② 初步设计阶段。确定产品包括结构布局、零件主要形状和装配关系的总体结构.这一由原理方案向形状结构转变的关键阶段决定了产品的零件数量、结构形状、材料以及重要的精度要求。重要的内容还包括对产品的可制造性、可装配性以及合作企业设计、制造资源的利用。这一阶段由产品装配单元（零件）划分、结构方案 GT 查询和产品可制造装配性分析三大块组成。基于原理方案基础，根据便于制造和装配的原则，分界和重组产品功能表面，将产品划分为装配单元（零件），并确定单元间的装配关系，不同的划分形成不同的结构方案。通过结构方案 GT 查询,完成产品结构方案与合作企业设计、制造能力的匹配查询。通过完成产品结构方案 GT 编码，再通过反映合作企业设计、制造综合能力的零件族复合零件、标准工艺过程进行匹配查询。若匹配则说明该设计方案与合作企业的设计、制造能力相一致,合作企业的零件产品(含设计图纸、工艺文件等）可以直接利用，并作为详细设计的基础；若不匹配，则需重新设计产品结构方案或扩充新的合作企业。通过产品制造装配性进行分析可对产品结构方案所确定的零件数量、种类、标准化程度等可装配性指标，产品制造时间、成本和材料的可加工性，以及其他可制造性指标进行分析和估算。假如产品的时间和成本符合用户要求，可进行进一步详细设计。否则，设计方案需更改或增添新的合作企业。

③ 详细设计阶段。在复合零件、标准工艺过程的基础上，进行零件详细设计、工艺详细设计和可制造装配性详细分析。

（2）产品可制造装配性综合评价

产品的可制造性和可装配性对产品的最终质量和成本有着同样重要的作用。但二者的影响常常此消彼长，并不完全一致。若果要达到最优的全局设计，需统筹考虑。

① 可制造装配性评价指标体系确定。从多个方面着手，对产品的可制造性、可装配性进行综合评价。评价指标包括两大类：经济性指标（如制造时间、运输时间、装配时间、制造成本、运输成本、装配成本

等）和技术性指标（如材料、形状结构、公差设计的可加工性，零件数量、种类、定位配合关系等可装配性）。两类指标还可分解成不同层次的具体分指标，共同构成整个指标体系。

② 指标值的确定。确定方式有定量计算和定性分析两种。诸如制造成本类能够定量计算的指标，可建立数学模型。不能定量计算的指标则采用定性分析。确定方法包括应用几何推理技术来确定产品的结构工艺性（如盲孔底部形状、特征加工进退刀空间、定位基准表面的面积大小和精度等）、结构装配性（如装配方向的一致性，配合、定位的方向性等），采用分析比较法确定标准零件、刀具和几何结构采用的比率。

③ 指标的综合与评价方法。分层加权将是主要的综合方法。指标评价的原则随着产品设计不同阶段的信息量水平不同有所不同。在初步设计阶段，评价指标的数目不宜太多，应抓住重点，以类比方法（如 GT 匹配查询）确定指标值的主要方法，采用少量参数的经验估算法。着重考虑的重点因素是评价的原则。在详细设计阶段，应尽可能完善评价指标体系，充分反映各方面因素，建立正确的指标树。对于定量指标，尽可能应用精确的数学模型；对于定性指标，应用几何推理方法。评价原则为全面考虑各个因素。

（3）企业信息模型

企业信息模型综合描述了包括经营管理模型和企业能力模型的企业经营管理现状以及设计制造能力水平。

① 经营管理模型。综合描述企业经济效益及稳定性、企业管理水平、质量保证情况（如是否通 ISO—9000 国际标准）、生产准备周期和准时交货情况、交通通信条件以及企业信誉等信息。主要用于合作企业做抉择时的优化。

② 企业能力模型。包括设计制造综合能力描述和设备加工能力描述。采用零件族复合零件、标准工艺过程来描述设计制造综合能力。这样不仅可以通过零件族覆盖整个企业的各类零件产品，而且可以将每一族零件的设计图纸、工艺过程和装备等资料有序地管理起来，便于产品、工艺设计时检索。企业生产设备的数量、种类由设备加工能力描述。每

台设备的加工范围、精度等级、切削用量等，支持零件工艺设计和可制造性分析。

二、企业生态产品开发

采用企业生态进行产品开发,通过集合各个合作企业的核心能力和资源来弥补单个企业生产经营的不足,产品种类和功能得到丰富,更大程度上满足顾客的定制需求。但是,由于企业生态是一种临时性、跨界性,其合作伙伴之间可能是跨行业、跨省市甚至是跨国家的,这给企业生态的运行带来了诸多问题。另外,基于企业生态的产品开发过程中,产品开发本身存在的问题决定该过程中存在着一些有待解决的关键问题。

1. 企业生态产品开发的关键问题

(1) 产品开发的成本和效率问题

在大规模定制生产方式下,企业可以通过采取多种方式让顾客参与产品的设计使产品更加符合顾客的个性化需求。同时,生产出来的产品由于完全根据顾客的需求定制,除在途运输的成品外,生产的都是可销售的产品,几乎不产生成品库存费用。由于顾客需求的差异的影响,产品设计和制造方案必定存在差异。但如果为每一顾客都制定独立的产品设计和制造方案,在生产的成本增加的同时,会降低效率。另外,企业生态产品开发是跨企业的异地产品设计和制造,相比于普通企业产品的开发,它对企业间物流、资金流和信息流交流的要求更大,对企业间物流、资金流和信息流处理的成本和效率要求更高。因此,产品开发的成本和效率是企业生态亟待解决的问题。

(2) 开发过程的内部组织管理问题

传统的产品开发是在单一企业内进行的生产决策,决策的方案以及相应的计划是具有指令性。但各个合作企业在虚拟企业环境下都是相互独立的,不能直接控制。因此,指令性的计划与控制是行不通的。另外,企业生态的合作伙伴往往来自不同地域，相互间具有临时的、动态的关系。企业在合作时是利益相关的战略伙伴；当企业生态解散后相互之间又是竞争对手，甚至同一企业既在这一企业生态生产某种产品的同时，又和其他企业生态生产另外相互竞争的产品。因此，对企业生态内部组织实施产品开发的研究是企业必须解决的问题。

（3）资源信息共享问题

在企业生态进行大规模定制生产时，涉及多家企业。每一个企业都存在自己的供需链和信息系统，在合作生产定制产品的同时进行其他经营活动。因此，不同企业对需求产生不同的理解、处理方式都会造成信息传递的扭曲，即放大需求现象。当这种已经放大的需求信息被其他企业再进行处理后，原始信息将更加偏离实际。这种逐步放大的需求信息最终导致了各合作伙伴之间生产计划的执行不能同步进行，即信息传递的长鞭效应。此外，由于不同的企业往往出于自身方便性的考虑而对企业的资源信息进行不同描述，这样合作生产的复杂性会增加，延迟生产。对规范合作企业的资源信息的研究是企业生态进行产品开发所必须面临的问题。

2．企业生态产品开发的基础

企业生态是具有不同核心能力的企业组成的动态的联盟组织。企业生态中，伙伴企业各自的敏捷性和企业间产品设计、制造协作的敏捷性在很大程度上决定了产品开发的总体敏捷性。各成员企业的信息化、并行化和敏捷化工程便成为企业生态产品敏捷开发的基础。

（1）企业信息化工程

企业信息化工程作为企业生态进行敏捷产品开发的基础之一，其目的是将传统的命令控制型企业转变成基于网络的信息型组织。通过采用先进的信息技术和网络技术，信息型组织使得企业打破与外部环境的种种阻隔，共享信息资源。信息型组织有着自己明确的目标，并使之转化为每一成员的具体行动。在信息型组织中，每一个组织成员都明确自己的职责，围绕组织目标工作并不断将结果与目标做出比较反馈，达到自我约束。信息型组织的企业通过现代信息网，比较容易地使内部系统中的某些要素与其他企业系统中的某些要素结合起来，形成新的机能与生产力。企业可通过对原有等级组织结构的改造和对企业信息交流再造简历基于互联网的分布式数据库和管理信息系统，从而达成上述目标。

（2）企业并行化工程

在产品开发过程中，企业并行化工程的核心是产品设计与相关支持过程的可同时、可持续与可重组，支持工具的可重用和工作方式的可协同。通过实施并行工程可实现企业并行化工程。并行工程包括产品开发队伍重构、过程重构、数字化产品定义和协同工作环境四个方面的内容：产品开发队伍重构就是将传统的部门制或专业组变成以产品为主线的多功能产品开发团队，产品开发团队被赋予相应的责权利，对所开发的产品对象负责；过程重构就是把传统的串行产品开发流程转变成集成的、并行的产品开发过程，并行过程不仅是活动的并发，更主要的是下游过程在产品开发早期参与设计过程；数字化产品定义包括数字他产品建模、产品生命周期数据管理、数字化工具定义和信息集成等；协同工作环境是指用于支持产品开发队伍协同工作的网络与计算机平台。从并行工程的核心内容考虑，企业并行化工程包括四个关键要素：组织结构变革、新的顾客需求策略、必要的支撑环境、产品开发过程改进。

（3）企业敏捷化工程

建立适应快速变化市场的敏捷企业是企业敏捷化工程的目标。当今企业面临的是一个不断变化、不可预测的竞争环境。产品的生命周期随着高新技术的出现和越来越快的更新而日益缩短。企业在面对这样的新的竞争环境时，要敏捷地抓住市场机遇，迅速开发出顾客所需要的产品。新的竞争环境要求企业有很强的适应能力，可以根据市场变化迅速完成必要的自我调整。同时，企业还应有较强的技术开发能力，被动地适应市场的变化时还能不断提高技术、开发新产品去寻找新的市场机遇。但是，随着产品的技术含量越来越高，更新的速度越来越快，以一个企业的力量想要以最快的速度推出顾客满意的产品是困难的。在这种情况下，不同地区的不同企业若能优势集中起来，合作开发生产市场所需的新产品，则可以事半功倍。这就是以敏捷型企业为基础的企业生态。狭义地讲，敏捷企业就是将柔性的先进制造技术，熟练的生产技能、有知识的劳动力，以及促进企业内部和企业之间的灵活管理三者集成在一起，对千变万化的机会做出快速、有效的响应。敏捷企业强调人、组织和技术的有机结合。通过这三者的紧密结合，敏捷企业才可能产生最佳的整体效益。

第四节　企业生态下企业生产和制造

随着企业生态的不断发展，协同市场和制造逐渐成为企业的一种发展趋势。简单地说，为了能够快速地对市场需求做出反应，通过计算机技术和制造打破传统的空间概念，并组织扁平化管理、竞争与合作结合的动态联盟，围绕各自的核心竞争力开展生产活动的生产模式便是企业生态生产和制造。从这种意义上来说，其他生态生产和制造也是企业生态的一种基本表现形式。

一、企业生态生产和制造的基础

（1）企业生产和制造的技术基础

企业能够达成以技术领域的不断进步是虚拟生产和制造模式的前提。自上世纪 70 年代以来，计算机技术和通信技术在以微电子技术为基础后，取得了长远发展，并逐渐向经济和社会的各个领域渗透，进而引起世界范围内的新技术创新浪潮，最后产生了如计算机辅助设计（CAD）、计算机辅助制造（CAM）等较先进的设计和制造手段。随后，企业的经营计划、产品开发、产品制造和营销等一系列活动受产生的计算机集成制造系统（CIMS）的影响，逐渐构成一个完整的系统，而并行工程技术可以使开发人员同时考虑这一系统中的各个组成部分。通过结合使用以上两者，形成计算机支持的、面向制造的协同工作技术，企业生态生产和制造成为可能。

（2）企业生态生产和制造的管理基础

管理方式的转变是标志生产模式转变的另一个决定因素.企业发管理方式受高度信息化的彻底改变。企业组织结构经过日益扁平化后，其结构正由金字塔式逐渐向更加自由和民主的网状结构转变，等级观念变得越来越模糊。逐渐成为关键步骤的是为一线员工"让权"和给予"充分的掌握程序的知识"。20世纪90年代初，美国大部分公司的中间管理层已经迅速地被削减为不到2/3。那时便已经预测到，10年以后，大型企业的管理层次将比如今的减少一半以上，管理人员将不会超过如今的1/3。快速重组的单元更被企业管理所强调。能够自治并享有充分的自主权的团队工作，将使企业的管理更加灵活。

（3）企业生态生产和制造的实践基础

技术和管理保障了生产和制造过程的顺利进行，如同马车的两个车轮。已经开始尝试或打算尝试这一生产模式的企业不断增多。考虑将生产建立在订购的基础上，戴尔电脑公司从1998年开始大量的向客户在互联网上出售客户指定规格的个人电脑，戴尔自身只负责设计和检验，外包全部的零件生产和产品包装，通过网络建立畅通的客户信息联系渠道。这种生态的电脑生产模式在后来创造了惊人的销量。

二、企业生态生产和制造的作用

虚拟生产和制造模式突破了企业有形的组织界限,企业通过采取网络化的动态联盟等形式来整合全社会的制造资源,将各个企业的核心资源集中。最后，企业可以获得外部的生产、设计、营销等各种功能。这种模式实际上是借用、整合了外部资源，提高企业竞争力的资源配置。企业生态表现为暂时性组织，随着市场机会出现而产生，当企业目标达成，联盟立即解散。

虽然企业借外部资源进行整合运作，但是不一定拥有相应的实体组织。这一过程注重的是对资源的利用而非控制，各个相关企业依旧是独立的法人组织，这使企业的组织结构具有更高的开放性和灵活性。随着多样性、复杂性及个性化的用户需求发展，"大而全""小而全"的生产模式很难再被企业运用。企业必须将自己的优势资源和核心能力集中，并与其他企业合作，实现优势互补，资源共享，在竞争中取得共同胜利。正因为此，自上世纪 90 年代以来，企业生态生产模式得到广泛运用。诸如福特、IBM、惠普等一些西方跨国公司和青岛啤酒、海尔等国内大型企业均先后采用生态方式，以低成本获取外部资源的使用，并取得了成果。生态企业生产和制造的作用具体体现在以下几个方面：

① 在生产经营过程中，企业对资金、技术和设备等资源进行跨企业结合的行为称为企业生态生产模式。这可以促进经营机制的转换。在市场经济环境下，企业生态生产模式是企业追求发展、提高市场竞争力、上规模上档次的必然要求，也是企业改革、改组和转换经营机制的有效、快速的方法和手段。企业生态生产模式将在中国市场化进程的推进中被越来越广泛地采用。这也是市场经济发展规律的客观要求。

② 通过企业生态生产模式，企业可以避免重复建设，实现资源共享。中小企业始终面临着资源的有限性与市场需求的无限性的矛盾。随着不断地创新技术与扩大企业规模，企业生态生产模式正好解决中小企业仅靠自身的资源难以发展的问题。企业生态生产是一种动态的、网络型的经济组织，在生产经营活动中积极利用外部资源，将多家企业的核心资源集中起来，是生态生产的宗旨。

③ 企业生态生产模式可以促进优势互补，降低经营风险。通过企业生态生产模式可以将中小企业由于条件不同所具有的不同优势集中起来，继而达到企业间的优势互补。由于各个企业承担的都是自己的优势项目，这样的模式既能降低企业的经营风险，又能通过企业间的相互合作增强企业竞争能力，更有益于抓住市场机遇。

④ 企业生态生产模式可以强化企业间分工协作，减少交易费用。现代产品结构随着科技的进步而越来越复杂，零部件的专业化生产已经成为一种必然趋势。只有依靠一批企业的相互合作才能生产出大批量的零部件。因此，"大鱼吃小鱼"的大中型企业与小企业间的关系

将逐渐演变成一种"共生关系"。如果企业间相互信任的分工协作关系被强化，必将大大降低信息、谈判、监督等交易费用。

⑤ 企业生态生产模式可以满足用户个性化和企业独立性的要求。用户对产品个性化的要求随着时代的发展越来越高。单个企业不可能满足用户所有的个性化要求。为了达到满足用户个性化需要的目标，各中小企业通需要过企业生态生产模式，联合各方面的力量，发挥整体优势。由于企业生态生产模式只注重对外部资源的利用而不是控制，因此，企业采用企业生态生产模式后，相对于资本运营来说，仍是独立法人组织，其独立性不会受到任何影响。

⑥ 企业生态生产模式可以缩短交货周期，快速适应市场变化。市场竞争的因素随着时间的变化而不断变化。成本和质量是过去企业竞争的主要因素。时间在现在的竞争成为主要因素，客户要求交货的时间越来越短。通过多家企业相互组合各自的优势条件，企业生态生产模式可以加快生产周期，迅速地适应市场不断变化的要求。

第六章　企业生态下的竞合方式新思维

第一节　竞争与合作简述

经济学意义上的竞争是指经济主体在市场上为实现自身的经济利益和既定目标而不断进行的角逐过程;合作是指经济主体之间为实现共同的目标而建立起某种形式的伙伴关系的过程。合作和竞争都是人类社会的古老传统,它们的起源可以追溯到狩猎和采集社会。在农业社会、工业社会、信息社会和知识社会中,合作和竞争都是经济活动中的常见形式,差异在于竞争和合作的偏重点不同。狩猎和采集社会中比较偏重于合作,而农业社会、工业社会比较偏重于竞争,信息社会和知识社会竞争与合作并重,并且竞争与合作开始出现相互交融的现象,也就是从"对抗的竞争"向"合作的竞争"演进。特别是 20 世纪 80 年代以来,随着经济发展环境的变化,尤其是经济全球化浪潮的兴起,改变了企业竞争的环境与方式,企业竞争战略也发生变化,越来越多的企业开始采取竞争与合作的战略(也称为合作竞争战略、竞合战略),以求实现"双赢"或"多赢"。与竞争时代不同的是,主张竞争合作的战略避开了竞争对抗方式对社会资源破坏与浪费的缺陷,主张企业通过联盟达到共同拥有市场、共同使用资源的目标,有效地将企业资源、能力、组织结构、企业文化、企业知识整合在一起,企业进行战略资源整合,是竞争中合作的重要内容。

自经济学诞生以来,经济学家就将竞争与合作问题作为研究的主题。亚当·斯密(1776)指出了"自由竞争"能够优化资源配置,马歇尔（1890）发现"自由合作"能够实现规模经济效益，但"达尔文式的竞争"仍然是市场经济的主旋律。随后竞争理论经历了古典竞争理论时期、均衡竞争理论时期、动态竞争理论时期等几个阶段[①]。20世纪80年代开始，一些学者开始从合作的角度研究竞争，并把这种通过企业间有意义的相互合作去求得单纯竞争所得不到的经营效果的行为，即基于"双赢"或"多赢"基础上的经营方式称为合作和竞争战略（Brandenburger& Nalebuff，1995）。Barry和Adam（1996）首次提出"合作竞争"（co-opetition）的概念，并用博弈论描述了竞争与合作同时存在的现象。随后，Bengtsso和Kock（1996）研究了企业网络中的合作竞争；Loebbeche，Fenema和Powell（1997）研究了基于合作竞争的知识转移理论；Hausken和Stavange（2000）探讨了团队间的合作竞争。合作竞争理论认为，企业不仅可以从竞争中获取竞争优势，而且可以从合作中获取竞争优势，合作竞争是企业获取经营优势的一种战略选择。进入21世纪以后，合作竞争似乎成为新时代组织走向成功的关键。正如管理学家罗伯特·洛根和路易斯·斯托克斯所说的，"无论是组织还是个人都必须通过竞争去合作，同时也必须通过合作去竞争"[②]。这就是说，无论在组织层面，还是在个人层面，要想成为有价值的合作伙伴，必须具有竞争力，组织和个人必须具有竞争力才能合作，同时也必须通过合作保持竞争力；合作成为关键性的企业战略，是企业获取伙伴优势资源、实现杠杆增长的有效途径，合作能够创造知识和财富。所以说组织和个人可以通过合作实现更有效率的竞争。

竞争和合作关系是企业生态中企业与企业之间的基本关系。既然"生态化是指在信息技术革命背景下产业发展过程中逐步呈现出来的用于解决复杂系统的新方法"（Baldwin&Clark，1997），那么"生态化"这种新方法本身就内含了合作和竞争的因素。企业生态是基于成员企业核心能力或资源的异质性而形成的，共享优势资源的过程就是企业合作的过程。

---

① 汪涛. 竞争的演进[M]. 武汉：武汉大学出版社，2002.
② （美）洛根，（美）斯托克司，陈小全. 合作竞争——如何在知识经济环境中催生利润[M]. 北京：华夏出版社，2005.

在企业生态内部，合作竞争是同一关系的两个方面，合作是手段，竞争是目的，成员企业通过合作获得最大利益并保持和扩大自己竞争优势。企业生态中的竞争是合作型的竞争，竞争的目的是增强生态竞争优势，从整体优势种赢得个体竞争力。"合作性竞争是超越了过去竞争与合作的规则，并且结合两者的优势，意味着在创造更大市场时的合作，在瓜分市场时的竞争"（Branden burger& Nalebuff，1995）。企业生态中的合作是竞争性的合作，成员企业只有具备生态组织所需的战略资源，才能参与合作，共享其他企业的优势资源、共同创造市场。洛根和斯托克斯（2005）认为，从价值的角度看，组织之间的合作创造价值，将蛋糕做大；而价值分配价值，用最有效率的方式分割蛋糕。在企业生态中，合作和竞争同时创造价值。竞争提升企业创造价值的能力，合作使成员企业的能力转化为生态的竞争优势，从而更多、更好地创造和实现顾客价值。

第二节　企业生态中的竞争

　　企业生态的形成不会抑制竞争，这是因为：① 从企业生态的构成要素看，存在着"舵手"企业和"水手"企业地位的竞争；② 企业生态引入内部市场，成员企业之间在某些环节的设计和生产上存在着竞争；③ 企业生态中，竞争是保持活力的必要手段，是促进发展的重要力量，企业生态竞争优势的获得需要成员企业为降低生产成本而开展竞争；④ 企业生态中的竞争与市场竞争不同，企业生态的竞争不是"你死我活"的对抗式竞争，而是一种合作式的竞争，这种竞争不会损害网络整体利益。在企业生态内部，权力的获得依靠丰富的经验、创造性地解决问题的能力、有效的决策能力、将不同团队整合的能力以及激励组织成员一起完成共同远景和目标的能力[①]。而这些能力需要通过竞争来

---

① Baldwin C Y, Clark K B. Managing in an age of modularity[J]. Harvard Business Review, 1997, 75（5）.

形成和获得，也需要通过竞争体现出来。企业生态成员企业之间既存在面对面的"显性竞争"，如生态组织内部核心企业地位的竞争、界面标准的竞争等；也存在背对背的"隐形竞争"，如某些生产环节单元的竞争等。概括起来可以把企业内部成员企业之间围绕"是设计师，还是单元制造者"的选择展开的竞争分为三种类型，即单元设计之间、标准竞争和单元生产的竞争。

一、单元设计竞争

具有单元功能定义、完整的设计规则、精确统一目标和以较低单位成本测试不同版本单元方法的单元化结构，更有利于进行设计竞争[①]。企业生态是具有异质性资源或能力的企业按照单元分工原理组成的复杂的生产系统。在这个复杂生产系统内部的设计过程非常复杂，因而整个设计过程将按计划被分解成一系列准独立的子系统。因为企业的能力和资源具有异质性，所以每个单元的设计必须遵照某些共同的明确规则，才能保证这些单元能够构成一个和谐、完整的系统，生产出能够满足顾客需求的产品。但是，由谁制定这些"明确规则"呢？除了明确规则外，单元内部设计如何进行？这就是企业生态中单元设计的竞争，它包括设计规则（显性规则）的竞争和隐单元（隐形规则）竞争两大类。

1. 单元设计规则的竞争

只有将制品设计单元化，才会使具有异质性资源或能力的企业参与单元化生产，形成企业生态。制品设计单元化关键是在系统层面存在一个明确的设计规则，以指导系统的运行和隐单元的设计与生产。由于系统层面的设计规则是明确的设计规则（显规则），制定这一规则的企业在生态网络内部具有运营主导权，因而各企业将围绕显性规则的制定进行竞争。设计规则的竞争往往是在某一产品的设计初始单元化时最为激

---

① Baldwin C Y, Clark K B. Design Rules: The Power of Modularity, Vol. 1[J]. 2000.

烈，此时设计者对相互依赖关系的认识通常是不完全的，因此最初的一套设计规则是不完备的。各成员企业凭借自身的核心竞争优势参与可见设计规则的竞争，争夺系统设计师和系统框架师[①]的地位，以获得设计规则的控制权。显性设计规则的竞争是透明公开的，这有利于最能满足顾客需要、最适应产品单元化生产的设计规则脱颖而出。随着设计者对系统特点和单元认识的深入，设计规则也变得日益完备，系统固有的更多相互依赖关系在设计规则中得到阐述，系统集成预测变得更常规化，设计规则也将变得标准化、简明，以至于用户自己都可以做系统集成与测试工作。此时，系统内部设计师（系统架构师）的地位相对比较稳固，成员企业关于设计规则的竞争也将转向隐单元的竞争。

随着参与显性设计规则制定的企业（团队）数量增加，新思路、新规则、新程序将不断涌现，这就有利于那些具有整合能力的企业在竞争过程中对自身的设计规则进行不断完善、不断改进，直至产生更加科学合理的设计规则，从而在竞争中胜出，成为企业生态的显性设计规则。因而，设计规则的竞争的结果是最科学合理的规则成为系统层次的显性规则，这有利于整个企业生态网络竞争优势的形成。设计规则是可见信息，是企业生态中的显性知识，可供所有成员企业共享。显性设计规则既为单元生产提供共同的平台以及界面协议和标准，又能够降低生态组织内部的交易成本。更为重要的是，显性设计规则使得单元化生产成为可能，而反过来单元化增加了设计的选择权（Baldwin&Clark，2000），改变了设计选择权的数量、价值和位置，从而大大加快了整个系统的变化速度。

有时候生态系统的显性设计规则是由核心企业事先制定的，其他成员企业按照显性规则参与单元生产组成企业生态网络。但是，即使是这种存在特大型核心企业的企业生态，其单元化产品的设计规则也不是一成不变的，而是通过评估生态网络组织持续发展的可能性，来寻找并形

---

① 系统架构师是那些知晓实现设计和任务结构的不同方法，能够评估这些可替代方法并可以恰当权衡由循环和内部冲突造成的额外成本与解决相互依赖关系新方法带来的潜在收益的设计者。

成更加灵活的设计规则，正如 Baldwin 和 Clark（2005）所指出的"单元化设计可以演进"。生态设计规则在保持相对稳定性的基础上进行适当的调整升级，能够保持企业生态的创新活力。因此，在企业生态网络内部还存在着设计规则升级的竞争。核心企业的地位并不是可不撼动、永不更改的。如果在新一轮的竞争中，一个新的企业设计出了更加经济合理的重组单元产品的创新方法并加以实施，它就可以挑战领导企业的支配地位。也就是说，在单元设计竞争中，企业生态网络内部仍然存在着大量的创新机会，只要准确把握新单元产品的发展方向，着眼于提高整个网络组织的竞争优势，单元供应商也能够通过创新发展成为单元集成商。

20 世纪 70 年代中期以来，计算机产业中的设计竞争就已经很常见。例如英特尔公司在 16 位微型处理器 8086 和 8808 的竞争中，就曾提出要取得 2000 个设计的胜利。在当时，英特尔主要的业务是为计算机、计算器以及消费类电子产品在内的大型系统设计和制造芯片。它的大多数利润来自于"设计的胜利"。

2．隐单元的竞争

这是一种"背对背式"的竞争，单元之间的联系规则，乃至 Baldwin 和 Clark 所说的"看得见的设计规则"一旦确定，每个单元的设计和改进都独立于其他单元的设计和改进（青木昌彦，2003）。在稳定的联系规则下，各单元设计所必需的信息处理过程可以相互保密，使得各单元内部多个主体同时开展设计竞争成为可能。可每一个单元能够同时以多种方式而不是单一任务的方式进行设计，然后从中选择最好的设计构成最终产品系统。那些可见部分（即"看得见的设计规则"）之外的设计参数构成了设计中的隐藏信息，也就是隐单元。隐藏的设计参数仅影响系统中它本身所处的那一部分，因此，它们可以变化，且不会影响系统中关系较远的其他部分，它们欢迎小改小补，因为这样可以改善单元运行。每个隐单元的设计者在做出选择（包括选择新的设计）时无需咨询其他单元设计者和系统架构师，这样各种各样的新型企业和现存企业之间会在每个单元的改进上展开竞争。在隐单元的竞争过程中，联系规则或连接每个单元的标准化进程都会进化发展、改进创新。Baldwin 和 Clark（2000）认为，隐单元与可见信息之间的关系可以通过设计的层级结构表现出来。他们将层级化设计分为三个层次：最顶层是适用于所有子部分的一般设计规则；第二层是对系统的某些部分来说可见的设计规则；最底层是单元内部的设计规则，这些规则对系统其他部分来说是不可见的，称为系统的"隐单元"（见图 6-1）。这些隐单元不包含可见信息，因此它们的设计参数对系统的其他部分来说是不可见的。并且，设计隐单元的机会要远远超过设计结构化单元或一个新系统的体系结构的机会[①]。隐形规则的竞争能在同等性能（显性规则）条件下降低单元设计成本（包括结构、试验、测试三种成本），或在同等成本条件下改进单元性能，创造更多的单元价值。

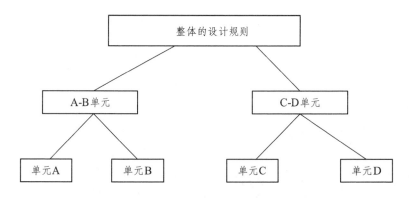

图 6-1　单元化企业生态中的设计层级结构[②]

注：隐单元 A、B、C、D 在选择中处于第一层也是最底层级；结构子系统处于第二层级（中间层）；整个系统是选择的第三层，也是最高层级。

---

① ② Baldwin C Y, Clark K B. Design Rules: The Power of Modularity, Vol. 1[J]. 2000.

　　随着成员企业的增加，单元设计的选择权也将相应增加，并且出现分散化趋势。在单元化系统内部的这种重复研发和设计可能带来一定的费用浪费，但是重复的研发和设计努力能够增加选择价值，产生"淘汰赛"的刺激效果，促进系统创新，增强系统活力。正因为如此，日本学者国领（1995）把这种存在重复研发和设计现象的单元系统成为"允许浪费的系统"。在这样的系统内，对单元的期望值越高，对单元研发的不确定性越高，就越允许开展更多的实验。只要各种设计之间保持相互独立，即参与隐单元设计的主体能够做到"背对背"，相互保密，隐单元设计的竞争能够增加选择价值。

　　在将设计单元化后，隐单元设计者可以使用新的设计替代旧的设计，并且只要遵循系统的设计规则，他们就不用改变整个系统，按照新的设计规则生产的单元仍然可以成为单位化产品的构成部件。在稳定的联系规则下，各单元设计所必需的信息处理过程可以相互保密，这使得在各单元内部多个主体同时开展设计竞争，增加单元系统的选择价值。在企业生态中，大多数成员企业都从事隐单元的制作和生产。隐单元生产者之间存在着竞争，首先是多家企业为同一个隐单元提供不同的设计而价值，然后是围绕隐单元的生产而展开的竞争。设计的差异导致了单元性能的差异和生产成本的差异。在符合统一的系统设计规则的前提下，企业生态网络将选择性能好、质量高、成本低的单元，实现"强强联合"。最终的单元化产品将是最能够满足顾客个性化需求、最多的存在顾客价值的"单元组合"。

　　单元操作是单元设计中的基本活动，也是单元设计竞争中的基本工具。它们可以为生态结构创造出所有可能的演进路径，并通过明确的路径将现存结构改变成新结构。因此，合理进行单元操作可能使自己在单元设计中脱颖而出，形成新的设计规则并使之成为系统的设计规则。在生态化结构中引起设计变化的共有六种单元操作方式，即分割（splitting）、替代（substituting）、扩展（augmenting）、排除（excluding）、归纳（inverting）和移植（porting）。单元分割就是将那些具有相互依赖关系的特定参数的单层设计转变为具有一组核心独立单元的层级化设计。简而言之，将是将设计（任务）分割成单元。通过分割，那些具有相互依赖关系参数的单层设计就将转变成具有一组核心独立单元的层级化设计。每个单元会形成一个具有自身特点的独立设计。按照同样的原理，曾经被分割的单元可能还会被再次分割，形成新的内部设计结构。如果新的内部设计结构能够在系统层面独立出来，单元化结构将会出现三层设计结构；如果不能独立出来，就将成为隐单元的设计规则。单元替代，就是用一种单元化设计替代另一种单元化设计，它是单元设计竞争的基本形式。在单元替代过程中较好的设计会在竞争中胜出，实现单元间的有效机制，提升整个生态化系统的性能和价值。单元替代与单元分工是相辅相成的。只有当分割使单元层面的替代成为可能时，可替代的单元化设计间的竞争才会出现。分割可以显著地改变设计中的替代机会，降低替代的成本①。为了实现单元间的有效竞争，隐单元的设计者需要知道他们设计的单元的具体功能，以及如何与其他单元有效"衔接"，如何才能更好地发挥作用实现系统功能的改进。单元排除，就是在系统中减少单元；单元扩展，就是在系统中增加单元，单元排除与单元扩展往往是成对出现，并且是相互补充的。

　　单元操作的设计演进理论表明，单元化创造了有价值的设计选择，一种单元操作可能产生一类有价值的、可替代的设计选择。单元操作是单元设计竞争的手段，同时也加剧了单元设计的竞争。竞争增加选择，从而创造价值——单元操作的价值，能够促进单元设计的研发投资的增加，推进单元系统的创新、形成新的竞争优势。单元化之后，一个新设计的各组成部分的价值就可以相互分离。各个单元成功或失败、生存或消亡全靠自己，它的价值不会押在系统的其他单元上。这样每个单元成为整个系统内的一个独立选择单位和潜在的价值创造点。因而单元设计的竞争既增加了单元价值，也增加了单元选择空间，为企业生态网络创造更多的顾客价值提供了条件。总而言之，单元设计规则的竞争有利于

---

　　① 相对于单元化结构而言，相互依赖性设计结构中，唯一可能的替代是整个设计的替代。

企业生态网络竞争优势的形成。

二、标准的竞争

标准是衡量、评判事物优劣的尺度，是个体行为的规范，是保证个体合作、组织协调的一种特殊制度（Antonelli，1997）。标准可以分为两类：一类标准能够通过减少多样性来拓展市场，从而可以产生规模经济；另一类标准可以降低交易成本，提高市场和制造效率（Charlers Kindleberger，1983）。因此，标准化减少了产品差异，降低了交易成本和进入壁垒，扩大了市场范围，加剧了竞争。标准的形成机制包括：行业内所有厂商独立选择、市场竞争，自愿组成的行业标准化委员会正式协调，政府颁布强制性标准三种（Farrel&Saloner，1992）。由于标准化及其产生的网络效应，企业之间的标准竞争将产生"赢家通吃"的结构，而谁会成为赢家则是难以确定的，因此，企业之间就将采取一种不同于以往的竞争战略模式，选择合作竞争的战略行为，其典型的做法就是采取企业生态网络组织形式。企业生态内部的标准是企业内部和企业之间的重要协同机制，可以看成是成员企业以彼此默契或明文协议的方式遵守的一种技术性规定。企业生态内部的标准一旦确定，在生态组织内部就具有公共物品的性质，为成员企业共同使用。企业生态网络中的标准竞争是指两种或两种以上个体标准对生态内部相关标准地位的争夺（katz&Shapiro，1985），包括技术标准竞争、接口标准竞争、网络标准竞争。

技术标准是一种产品或服务相关并得到大多数生产商和用户承认的技术规范，技术标准竞争是高层次的技术竞争[①]。如果成员企业将自身的核心技术设置为网络的技术标准，那么该企业就将处于主导地位，增强获取网络租金的谈判能力。企业生态网络内部的技术标准

---

① Ictsd B. Addressing the Interface between Patents and Technical Standards in International Trade Discussions[J]. International Centre for Trade & Sustainable Development，2009.

竞争对于网络创新和技术革新具有重要的推动作用。一方面，技术革新常常引起标准问题，标准竞争、标准更新成为技术革命的结果；另一方面，技术标准竞争有利于先进技术的脱颖而出，保持生态组织的技术领先地位，加快技术在生态组织内部的扩散和共享，从而增强整个网络组织的竞争优势。

接口标准对产品或系统在连接处达到相容性所指定的标准。不恰当的连接方式往往造成系统的不协调、不方便使用等问题，特别是复杂系统的接口问题更要以标准的形式确定，保证其安全、可靠以及其他质量要求。接口标准的竞争对于企业生态网络更为重要，也更为激烈。这是因为，接口标准直接关系到产品的组成部分之间的兼容性，也决定了企业生态网络所提供的产品可"组装"程度，以及消费者是否能获得单元化产品的解决方案，并通过自由接口标准来"压制"竞争对手，或提高竞争对手的成本。接口标准的竞争能够使各个生态化部件之间实现更为合理、经济的连接，同时也使接口标准在竞争中成为网络内部的"准公共品"（公开的标准），从而节省交易成本，降低生产（研发）成本，提高生态化产品满足个性需求的能力。

网络标准也叫兼容标准，用来解决系统商品中各个部件之间的互联互通问题（兼容性问题）。如果消费者可以按照自己的偏好组合商品，则不同厂商生产的部件就是兼容的，即部件实现了标准化。消费者不仅可以消费商品，而且按照自己的偏好和需求无成本地"组装"商品。一般而言，产品单元的兼容扩大了消费者的选择空间，使消费者更容易购买到理想的部件组装产品，在价格不变的情况下提高了消费者购买意愿，提高了生态组织的获利能力。企业生态网络内部网络标准的形成过程是一个优胜劣汰的竞争过程。成员企业通过研发提供自己的硬件和软件标准参与网络标准的竞争，具有成本优势、能够更好地实现兼容的标准将在竞争中被网络系统所采用，成为网络标准。

企业生态网络内部的标准竞争可以分散风险、扩大实力、增加竞争资源，从而强化生态竞争优势。标准对内可以促进产业分工和贸易的发展，对外意味着技术壁垒和产业堡垒。标准降低了市场交易的人格化程度，降低了道德风险和机会主义行为的可能性。企业生态网络内部标准竞争的特殊性在于标准竞争的本质虽然仍是利益竞争，但标准胜利者和失败者之间不是"你死我活"的关系，而是共享先进标准带来的网络组织剩余（组织租金）。企业生态网络内部标准是一种理念或规则，这种理念或规则有助于其他理念或模式在组织间或组织内传播。经过"优胜劣汰"的激烈竞争而形成的标准具有较强的活力，能够适应技术创新和组织变革，并且能够为生态组织内部成员企业所共享。

三、单元生产的竞争

　　一个单元任务结构有三个明显的阶段：（1）设计规则阶段；（2）平行工作阶段；（3）系统集成和测试阶段。分工化带来的选择权和成本增加将使生产团队和设计团队成倍增加，而这些团队将从事制品系统的制造。因此，在企业生态网络中不仅存在着单元设计的竞争，也存在着单元生产的竞争。单元生产的竞争往往是单元设计竞争的延续，按照设计规则进行单元开发和生产的竞争也是一种具有"淘汰赛"性质的竞争，具有很强的刺激效果，能够促进单元生产商提高单元质量、降低单元成本、改进单元性能。所以说，数量庞大的创新团队对充分开发设计固有的选择权价值和实现这些选择权价值来说是必需的。对于单元供应商而言，单元生产的竞争直接关系到其在生态系统中的地位是否稳固，因而他们必须充分利用隐单元设计竞争中获得的优势，并将这些优势体现在单元生产中。对于分工企业而言，分工化生产的竞争保留了单元的选择空间，能够在单元层面上对设计进行组合和搭配，从而降低单元专用性可能带来的风险。20 世纪 70 年代以来，计算机产业最引人瞩目的是各个企业高度动态化的进入、竞争和推出的模式，其间伴随着产品以及产品概念的迅速转换。不断演进的基本分工化设计所蕴含的价值促进了这些竞争性的动态过程，最后在竞争中形成了包含一个由多极点企业生态网络里的多家企业组成的产业。不同的软件和硬件生产商在统一设计规则和接口标准的指导下进行分工生产，并为实现单元的价值而展开竞争，为计算机产业的演进和计算机性能的不断更新换代提供了可能。企业生态网络是一种单元生产的族群，众多企业和市场（商品、劳动和资本）将在分工化产品的生产中发挥作用。某一个单元几乎没有价值，只有作为大生态系统的组成部分才具有价值。例如，与计算机相关的制品（如磁盘驱动器、网页、制表程序等单元）只有存在与之相关的基础设施中才是有价值的，否则它们将没有任何价值。

正因为在同一种功能单元存在着多家生产企业，在企业生态网络中存在内部市场和引导内部市场运行的竞争机制，成员企业成为企业价值网络中的单元化经营单位。分工化经营单位是一个单项核心能力突出的集束式组织，虽然它们采用的是将核心资源集中于生态网络的某一环节的专门化战略，但是那些生产具有相似业务结构的经营单位之间存在着明显的竞争。从本质上说，分工化不仅可以使决策分散化。在分工化设计过程的平行阶段，各业务模块之间没有相互依赖关系，每一个业务模块内的工作都能独立于其他所有模块，因而平行工作阶段的不同业务模块可以由独立的公司或一家公司内的不同部门来执行。如果设计结构是分工化的，那么单元生产商只需要知道系统的设计规则，并与一个系统集成商联系；系统集成商只需要按照系统设计规则在"自己的层面上"测试单元产品，决定选用哪一家单元生产商的商品。影响单元生产竞争的因素除了单元生产商与单元集成商之间的"上游和下游"的关系结构外，还有生产成本、产品质量、生产规模、资产的专用性、资产的耐久性、双边讨价还价的成本、重复交易等。其中，单元商品的生产成本对于单元生产商的竞争地位的影响更为重要。

第三节 企业生态中的合作

在知识经济条件下，竞争与合作不再是相互独立的。竞争中渗透着合作，合作中暗含着竞争。知识经济最显著的特性是"知识"成为财富的最主要来源，通过合作实现知识共创与共享，已经成为组织走向成功的关键。随着客户需求环境的变化，竞争对手之间已不再是单纯的竞争关系，合作趋势越来越明显。合作具有生存价值，企业生态网络中的成员企业只有通力合作，建立起有利于商品、服务和信息在彼此之间以及外部环境之间流动的平台，才能够整合生态组织内各成员企业的核心资源和能力，产生生态经济效应，形成竞争优势。

　　企业生态网络中成员企业合作的基础包括贡献、亲密与共同愿景（瑞克曼，1998）。贡献是指合作中企业能够创造出的具体有效的成果，表现为附加价值、获利能力等，它是合作关系存在的"理由"。贡献是位于组织界限上、巨大的生产力宝库。它能为组织带来具有竞争力的坚实利益，使成员企业从合作关系中获得价值优势。贡献主要来源于三个方面：一是减少重复与浪费。当两个企业各自运作同样功能的部门或信息沟通不畅时，均会产生重复，进而增加成本。"伙伴关系可以缝合这些裂口，减少浪费，从而创造显著的节省效益"。二是借助彼此的核心能力。合作双方可以彼此运用对方的专业和核心能力，并从中获益。有时，这种核心能力不限于正式的组织层面，员工个人层面也是借助的来源之一。三是创造新机会。这是最令人兴奋的贡献来源，通过合作可创造出无法独立完成的新契机①。

　　亲密是指成功的合作关系超越了交易关系而达到了相当程度的紧密度，它使成员企业专注于共同利益，加快知识流动，加强信息共享，合力构建生态竞争优势。要建立起生态组织内部的这种"亲密"，应坚持以下三个原则：一是互信。互信确立居于成功竞争合作关系的核心。这里的互信不仅是诚实坦白自己，就企业生态网络内部的成员企业而言它应从生态网络上的其他节点企业的利益与立场考虑问题。二是信息共享。对顾客需求、企业方向、策略、偏好及市场趋向等方面信息的了解，是竞争优势的来源，合作企业间必须做到共享。三是建立有力的伙伴团队。伙伴关系需要团队资源的灌注，借助团队的力量建立起亲密关系。

---

① 拉克姆. 合作竞争大未来[M]. 北京：经济管理出版社，1998.

　　共同愿景是指企业生态内部成员企业对合作关系所要达到的目标与如何达到目标的方法有共同的意愿和理念，是合作关系的起点和基础。企业生态网络内部良好的合作关系能够共享资源（技术、知识、技巧）、规避风险、建立信任机制，降低机会主义行为，实现互补和共赢，进而产生协同效应，形成竞争优势。这也是企业构建生态网络的动机之一。为构建良好的合作关系，在选择合作伙伴时，应考虑以下因素：是否存在创造贡献的潜能，即伙伴关系是否可为伙伴双方创造传统买卖关系所无法创造的价值；是否拥有共同的价值观，即合作双方在驱动整个企业的基础价值观上是否具有共通性；是否存在有利于伙伴关系的环境，这由合作者对伙伴关系所持的态度、合作者对于未来长远的计划与看法和可能发生交易的频率来决定；伙伴关系的机会是否与企业本身的未来相谋合，这可从产业焦点、产品方向以及市场地位等方面考察。

　　合作关系的关键要素包括认知、情感和动机三个层面。认知因素包含分析、沟通、学习的技能以及形成目标、实行多元化战略、确立目标并完成行动计划的能力等具体技能；情感因素包括人际因素以及社会因素，如信任、正直、远见、灵活性、责任感以及分享能力等；动机因素主要是指心理因素，如动力、自我实现、自我驱动及分享的意愿等①。

　　合作是企业参与竞争的一种战略选择，是竞争方式和竞争手段的深化和发展。它创造了市场中"有意识力量的新形式"②。洛根和斯托克斯（2005）指出，合作型组织的构建需要七大合作型构建模块，即远景、领导才能、信任、目标、战略、战术目标、行动和完成计划③。由七大构建模块构成的合作型组织具有一些有利于促进合作的特性，这些特性包括：在组织内的各个层面、各领域都存在着相对自由的信息交流和沟通，每个成员企业（包括成员企业内部员工）都拥有自由的信息渠道和运用信息的强烈愿望，员工获取知识能够得到足够的资源支持和鼓励；知识在生态内部能够相对自由地流动，供成员企业共享；生态组织内部

---

　　①　③（美）洛根，（美）斯托克司，陈小全. 合作竞争——如何在知识经济环境中催生利润[M]. 北京：华夏出版社，2005.

　　②　杨农. 战略合作经济学[M]. 北京：中国财政经济出版社，2004.

成员企业具有共同的目标和广为认同的价值观,不同部门和工作组都能够朝着共同目标努力;生态组织内部存在着团队精神和相互信任,大家都愿意了解彼此、共同面对挑战;不同组织、部门和员工都能自由表达自己的思想、观点、经历和知识,并得到应有的尊重;崇尚创新,推崇多样性。

合作带来竞争优势,具有合作思维的组织最终将具有更高的凝聚力、协调性和团结氛围,因而也具有更高的生产力,能够获取更多的利润。因此可以说,在企业生态网络中,合作与竞争是同一事物的两个方面,内部合作有利于外部竞争,内部竞争有利于长远合作。合作是建立在异质性的基础上的,通过竞争形成自身优势是企业参与合作的基础,没有自身优势资源和能力的企业难以参与企业生态组织内部的合作。企业生态网络是一种合作型组织,核心企业、成员企业以及基层员工与管理层具有一致的价值观和目标;生态组织内部具备一种互信互敬的文化氛围;组织的所有成员、供应商和客户的知识能够实现共享和整合,从而能够最大限度地优化组织的运作以及最有效地利用各种机会;决策的制定具有更加广泛的基础,有更多的成员企业在组织发展方向上参与意见;组织结构分层最小化;组织内部推崇多样化和灵活性。

企业生态网络成员企业之间有一个支撑合作的复杂规则体系。布鲁克斯(2005)将规范企业之间合作的准则划分为三种类型:谨慎性准则、相互交往性准则和惩罚性准则。谨慎性准则要求在不同供应商之间分配契约或从不同的当事人处获得订单,这样做是为了在出现毁约或违约的情况下保护企业的信誉,并通过这些措施淘汰一部分不按照惯例和规则行事的企业。在合约执行过程中,可以把没有完成任务的承包商的任务重新分配给较好地完成任务的分包商。相互交往性准则明确规定了,一旦确立了合作关系合作各方应当遵循的行为。合作各方在平衡利弊得失的基础上都希望从事能够带来稳定利润和较少不确定性(流程和结果都已经确定)的生产活动。更为重要的是,合作各方能够一起创造性地开展工作,共同创造一种新产品或一种新的生产工艺。在市场上,发现一种新需求的创新者将以这种方式把自己熟悉而又拥有相应生产技术的合作伙伴紧密地联系在一起。惩罚性准则明确了破坏准则所应负的责任，以及制定详细的可操作的惩罚措施。对违约者的惩罚措施包括订单的减少、取消订单、拒绝接单、终止合作等。破坏合作规则的代价往往不止如此，违约者的声誉损失是难以弥补的无形损失。当然，在企业生态网络中，每个成员企业都知道惩罚意味着什么，也知道应该对违约者采取什么样的行动。企业生态网络中成员企业之间的合作包括产品生产设计方面的合作和研发合作。

一、企业生态中的产品生产设计合作

产品生产设计的合作是企业生态网络内部成员企业之间一种竞争之后的"面对面"合作，是基于分工的合作，主要目的在于协同分工化与兼容性之间的关系，明确在竞争中产生的生态系统的设计规则和"接口标准"。处于同一系统中的不同工作团队在系统规则的设计理念、设计思路、设计规则、设计的任务结构等方面也要经常沟通并展开合作，协调相互关系，以便于围绕任务结构创造合同结构，使分工化的设计思路能够得以实现。在企业生态网络内部，产品设计和产品生产两方面应用分工化原则——设计规则（design rules）、独立的测试块（independent test blocks）、明确的界面（clean interfaces）、嵌套层级结构（nested hierarchies）、隐藏信息（hidden information）和可见信息（visible information）的划分与协调等都需要成员企业之间的合作[1]。企业生态网络是在价值链单元化的基础上形成的，其内部合作包括横向合作和纵向合作[2]。横向合作是具有替代关系的企业之间的合作，纵向合作是具有互补关系的企业之间的合作。企业生态内部的合作能够促使系统设计规则的改进，突破生态组织内部的瓶颈制约，提高应对突发事件的能力，

[1] Baldwin C Y, Clark K B. Design Rules: The Power of Modularity, Vol. 1[J]. 2000.
[2] Kotaro Suzumura. Cooperative and Noncooperative R&D in an Oligopoly with Spillovers[J]. American Economic Review, 1992, 82 (5).

并且能够带来生产和设计的规模经济。丰田汽车生产网络灾后迅速恢复
生产的案例[①]有力地说明了企业生态网络中的生产设计合作对于网络
组织生产和发展的重要性。

二、企业生态中的研发合作

　　研发合作是企业生态网络内部成员企业之间的主要合作形式。在新
经济时代，信息技术的发展既对合作技术创新提出了迫切要求，也为研
发合作提供了条件和媒介。技术越是精密复杂，合作研发越是显得迫切。
只有通过合作研发，通过知识的共享与共创，一个组织才能够将其所有
成员、客户、供应商和商业伙伴的全部知识发挥到极致。艾克制造公司
和阿普泰克公司之间的研发合作就是一个典型的范例。艾克是水槽、冷
凝器和饮水机的一家主要制造商，阿普泰克则是一家产品开发公司。艾
克马上要在贸易展上展出一种新型的家庭冷凝器，由于时间非常紧迫，
于是他们同阿普泰克公司成立了联合研发小组，通过单元分工在新产品
设计方面展开合作。他们使用了合作工具 One Space，使各团队可以通
过互联网相互沟通，共享 2D 和 3D 设计数据和相关信息。基于单位分
工的研发合作取得了惊人的突破，使新的冷凝器磨具的开发时间缩短了
75%。企业间的研发合作具有实现研发的规模经济、降低研发成本、缩
短研发周期、分担研发风险、实现技术外部效应"内部化"等作用。合
作研发还能够创造一种激励创新，鼓励突破组织环境，更容易达到创新
的目的。一般而言，非企业生态网络组织成员企业的研发合作往往难以
达到最优水平。造成企业研发合作中努力程度和知识溢出不足的原因
有三个方面：① 研发合作的"团队生产特性"使得预算平衡条件下，
各团队成员的投入努力程度无法实现"最优"，投入的复杂性和不确
定性、投入与产出缺乏直接相关性等因素更加剧了这个局面；② 技术

---

① 该案例的详细介绍和分析参见西口敏弘和比奥德特：《不规则图案：供应
　链管理中的自行组合连接》一文。该文刊载于科鲁夫主编的《知识创新：
　价值的源泉》(中文版)，经济管理出版社 2003 年版。

的非编码化特征，使得参加合作的企业无法将技术投入的数量和质量等具体信息事前写入研发合作合同，造成合作的签约和执行成本非常高；③ 当企业的研发合作伙伴同时也是产品市场的竞争对手时，每一方企业都希望对方付出较多的努力，并且"机会主义"地减少自己的研发知识投入[①]。这三个原因使得非生态网络组织成员企业的研发合作陷入博弈论中的"囚徒困境"。但是，在企业生态网络内部，由于各成员企业具有共同利益、一致目标和相同的价值观，合作企业之间的边界"模糊"，企业之间的竞争不是"你死我活"的竞争，而是一种合作性竞争（竞争的目的是为了更好地合作），再加上企业生态网络内部知识具有共享性，已经形成了有利于知识流动、知识整合与技术创新的内在联系机制，这就使得成员企业之间的研发合作能够走出"囚徒困境"，更好地实现研发合作。企业生态网络内部的技术联盟是成员企业之间进行研发合作的一种有效形式，以目标为导向的技术联盟，能够实现优势互补、共同分担研发风险，并且能够节约重复竞争的成本。例如，英特尔和微软通过软、硬件技术合作形成的 Wintel 联盟就是一种合作研发的技术联盟，曾经一度被认为是业界的合作楷模和软、硬件技术的完美结合。

三、企业生态内部企业合作的技术基础

信息技术是企业生态网络内部企业合作的技术基础。信息技术是一个很广泛的概念，凡是涉及信息的产生、获取、监测、识别、交换、传递、处理、存储、显示、控制、利用和反馈等与信息活动有关的，以增强人类信息功能为目的的技术都可以叫作信息技术。以现代计算机技术为核心的智能技术与通信技术、感测技术和控制技术融合在一起，形成具有信息化、智能化和综合化特征的智能环境信息系统，成为当今信息技术发展的重要趋势。如果将企业生态网络看成是有形网络与无形网络

---

① Veugelers R, Kesteloot K. On the design of stable joint ventures[J]. European Economic Review, 1994, 38（9）.

的有机结合，那么，信息技术是连接无形网络的基本工具和手段。例如，互联网技术对于企业生态网络内部企业合作而言，既是媒介，又是模式，它是知识网络的外在形式，也是知识网络的基础。以互联网为支撑能够形成企业生态网络内部的合作学习环境，个人、组织都可以通过这个环境交流知识、促进学习，并且能够培养组织之间的知识分享和合作精神，有助于生态组织内部员工提高技能，增强他们的战略思考能力和智力水平。互联网能够在企业生态网络内部形成双向信息流，是知识共享、知识流动、知识共创的工具。互联网弥合了时间和空间的差距，使得信息的获取和交流方便快捷。互联网为合作创造了自然环境，使合作成为可能，并要求企业具有合作精神。互联网不仅改变了商业营销和销售行为，还将许多企业的产品开发和制造过程发展为合作性的商业程序，使他们成为合作型商务的范例。以福特汽车公司为核心企业的企业生态网络就是利用网络化合作工具"电子空间来共享产品资料及信息，记录项目的进程状况，发现并解决问题，共同改进产品设计，合作满足消费者需求"。

第四节　企业生态的竞争合作战略

　　随着信息技术发展的日新月异，经济全球化步伐加快，这使得企业面临前所未有的变革与挑战：企业的竞争优势已不仅仅取决于产品的质量、价格、售后服务等因素，而在很大程度上取决于企业本身对市场瞬息万变的需求的快速响应。这一变化迫使企业的组织形态和结构发生变化，并朝着高效、开放、合作与动态调整的方向演化，形成企业生态。由于企业生态本身就是一种动态联盟，而联盟本身就是一种合作，因此，企业生态的竞争战略中必然包含着合作，也就是企业生态竞争合作战略。

一、传统的"五力"模型

1."五力"模型概述

"五力"模型是由波特（Porter）提出的，他认为行业中存在着决定竞争规模和程度的五种力量，这五种力量综合起来影响着产业的吸引力。"五力"模型是用来分析企业所在行业竞争特征的一种有效的工具，在该模型中涉及的五种力量分别是：入侵市场的新的竞争对手，威胁企业产品和服务的替代品企业，买方议价能力，卖方议价能力以及现存竞争者之间的竞争。决定企业赢利能力首要的和根本的因素是产业的吸引力，但企业竞争战略从一定意义上讲是源于企业对决定产业吸引力的竞争规律的深刻理解。任何产业，无论是国内的还是国际的，是生产产品的还是提供服务的，竞争规律都将体现在这五种竞争的作用力上。因此，波特的"五力"模型是企业制定竞争战略时经常利用的战略分析工具。

事实上，"五力"模型中这五种竞争作用力综合起来，决定了某产业中的企业获取超出投资成本的平均投资收益率的能力，也就是产业的赢利能力。这五种作用力的综合作用力随着产业的不同而不同，也随着产业的发展而发展变化，其共同作用的结果表现为所有产业的内在赢利能力的不一致性。例如，卖方议价的能力会影响原材料成本和其他投入成本；竞争的强度影响价格以及竞争的成本；新的竞争者入侵的威胁会限制价格，并要求为防御入侵而进行投资。企业通过其战略能对这五种作用力施加影响。如果企业能通过这五种力量来影响所在产业的竞争优势，那它就能从根本上改善或削弱产业吸引力，从而改变本产业的竞争规则。波特"五力"分析属于外部环境分析中的微观环境分析，主要用来分析本行业的企业竞争格局以及本行业与其他行业之间的关系。

2.波特"五力"分析模型详解

"五力"模型将影响企业和产业竞争状况的大量不同的因素汇集在一个简便的模型中，以此分析一个行业的基本竞争态势。"五力"模型确定了竞争的五种主要来源，即供应商、购买者、潜在进入者、替代品

企业以及同一行业的公司间的竞争。一种可行战略的提出首先应该包括
确认并评价这五种力量,不同力量的特性和重要性因行业和公司的不同
而变化。如图 6-2 所示便是"五力"模型的一个简便模式。

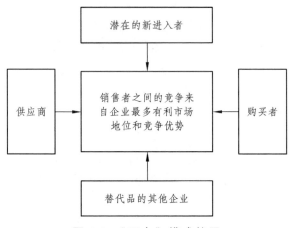

图 6-2　"五力"模式简图

（1）供应商的议价能力

供方主要通过提高其收入要素价格与降低单位价值质量的能力,来影
响行业中现有企业的赢利能力与产品竞争力。供应力量的强弱主要取决于
他们所提供给购买者的是什么投入要素,当供方所提供的投入要素价值构
成了购买者产品总成本的较大比例、对购买者产品生产过程非常重要或者
严重影响购买者产品的质量时,供方对于购买者的潜在讨价还价力量就大
大增强。一般来说,满足如下条件的供方集团会具有比较强大的讨价还价
力量:供方行业为一些具有比较稳固市场地位而不受市场激烈竞争困扰的
企业所控制,其产品的购买者很多,以致每一单个购买者都不可能成为供
方的重要客户;供方各企业的产品各具有一定特色,以致购买者难以转换
或转换成本太高,或者很难找到可与供方企业产品相竞争的替代品;供方
能够方便地实行前向联合或一体化,而购买者难以进行后向联合或一体化。

（2）购买者的议价能力

购买者主要通过压价与要求提供较高的产品或服务质量的能力,来

影响行业中现有企业的赢利能力。一般来说，满足如下条件的购买者可能具有较强的讨价还价力量：购买者的总数较少，而每个购买者的购买量较大，占卖方销售量的很大比例；卖方行业由大量相对来说规模较小的企业所组成；购买者所购买的基本上是一种标准化产品，同时向多个供应商购买产品在经济上也完全可行；购买者有能力实现后向一体化，而卖主不可能前向一体化。

（3）新进入者的威胁

新进入者在给行业带来新生产能力、新资源的同时，将希望在已被现有企业瓜分完毕的市场中赢得一席之地，这就有可能会与现有企业发生原材料与市场份额的竞争，最终导致行业中现有企业赢利水平降低，严重的话还有可能危及这些企业的生存。竞争性进入威胁的严重程度取决于两方面的因素：进入新领域的障碍大小和预期现有企业对于进入者的反应情况。

（4）替代品的威胁

两个处于同行业或不同行业中的企业，可能会由于所生产的产品互为替代品，从而在它们之间产生相互竞争行为，这种源自于替代品的竞争会以各种形式影响行业中现有企业的竞争战略。第一，现有企业产品报价以及获利潜力的提高，将由于存在着能被用户方便接受的替代品而受到限制；第二，由于替代品生产者的侵入，使得现有企业必须提高产品质量，或者通过降低成本来降低售价，或者使其产品具有特色，否则其销量与利润增长的目标就有可能受挫；第三，源自替代品生产者的竞争强度，受产品买主转换成本高低的影响。总之，替代品价格越低、质量越好、用户转换成本越低，其所能产生的竞争压力就强。而这种来自替代品生产者的竞争压力的强度，可以具体通过考察替代品销售增长率、替代品厂家生产能力与赢利扩张情况来加以描述。

（5）同业竞争者的竞争程度

大部分行业中的企业相互之间的利益都是紧密联系在一起的，作为各企业整体战略一部分的企业竞争战略，其目标都在于使自己的企业获得相对于竞争对手的优势，所以在实施中就必然会产生冲突与对抗现象，这些冲突与对抗就构成了现有企业之间的竞争。现有企业之间的竞争常常表现在价格、广告、产品介绍、售后服务等方面，其竞争强度与许多因素有关。

　　行业中的每一个企业或多或少都必须应付以上各种力量构成的威胁，而且企业必须面对行业中的每一个竞争者的威胁。除非认为正面交锋有必要而且有益处，如想要得到很大的市场份额，否则企业可以通过设置进入壁垒，包括差异化和转换成本来保护自己。当一个企业确定了其优势和劣势时，企业必须进行定位，以便因势利导，而不是被预料到的环境因素变化所损害，如产品生命周期、行业增长速度等，然后保护自己并做好准备，以有效地对其他企业的举动做出反应。根据上面对于五种竞争力量的讨论，企业可以采取领先化竞争战略、差异化竞争战略等手段来对付这五种竞争力量，以增强自己的市场地位与竞争实力。

二、企业生态中的竞争与合作

1. 企业生态竞争模式的转变

　　随着知识经济的到来，信息技术和互联网的日益发展，企业面临的市场环境发生了显著变化：顾客需求的个性化和多元化、组织边界的模糊化和交融化。这些变化无疑会增加企业竞争的激烈程度，要求企业尽快做出调整以面对新的市场契机。在知识经济到来之前，企业的竞争大多局限于市场、资源的争夺，同竞争对手展开你死我活的斗争，以获得利益来保证企业的生存和发展。但随着竞争环境的变化，企业要想保持其生存魄力、发展能力和竞争能力，竞争模式的转变势在必行。

（1）从静态竞争到动态竞争

　　在市场经济刚刚兴起的时候，许多企业为了生存，通常的做法是在同行或同类企业中挑选一个或若干个领先企业作为竞争对手，针对它或它们的某项业务活动（例如生产、销售等）展开较量，力图赶上甚至超过竞争对手，使自己也能成为行业中的领先者。被赶超者也不甘示弱，在其他环节上争取有所突破，重新形成新的进入障碍（所谓进入障碍是指竞争者的参与会比本方花费更多的资金和时间）。久而久之，原有的领先加上新的突破会使得整个企业的价值链得到优化，竞争模式从静态的模仿活动转变到动态的价值链的竞争上来。

（2）从对抗竞争到合作竞争

传统企业将对手的灭亡视为自己的胜利成果，即击败一个消灭一个。但是，在经济全球化的趋势下，一个企业不可能在任何方面都比竞争者做得出色或单凭自己的力量来实现目标。因为市场中的资源是有限的，任何一个企业都不可能拥有某一方面的全部资源。这时，便要考虑企业之间的合作，并利用其他企业的优势来弥补自身的不足，来共同实现既定目标。当然，竞争如果失去了对抗，也就不能称其为竞争，因此合作式竞争也存在对抗，具体表现在：参与合作的企业之间可以共享技术和信息；竞争中任何一方能更好地利用对方的共享资源，将更有利于自身目标的实现。也就是说，在合作中凭借各自的能力展开对抗，以积极的对抗实现"双赢"，乃至"多赢"。

（3）从"利益"竞争到"优势"竞争

一直以来，企业将竞争活动看作是获得尽可能多的利益的过程，这里的利益是广义的，包括经济利益、声誉和形象等。这样，参与竞争的企业会努力去占有市场、攫取资源，至少在竞争形式上先立于不败之地。知识经济时代，知识已成为核心战略资源，由于其特有的高增值性，给企业带来的是能力的提升，这种能力是指学习和创新能力。通过学习来共享各种知识，消化和吸收后转化为现实的生产力。较强的学习能力促使企业获得更为先进的技术信息和管理理念，能够更快地对市场新需求做出反应；能够更好地优化决策，采取行动，进行创新，占得先机。与资源和市场的占有不同，能力的提高带来的是他人所难以模仿和替代的竞争优势，而且这种优势是随能力的不断提高而持续存在的。

2．基于合作的竞争模式

基于合作的竞争模式一般分为三个层次：合作（Collaboration）、竞争（Competition）、合作竞争（CBC），这三个层次并不是彼此独立的，而是具有渐进关系。企业生态要达到最终的合作竞争的目标，就要依次经历"合作—竞争—合作竞争"，以实现共赢，如图 6-3 所示。

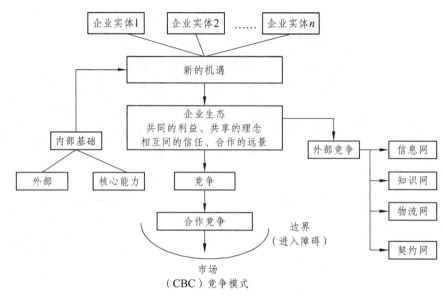

图 6-3 CBC 竞争模式

资料来源:余晓钟,杨洋,刘维. 不同合作竞争类型的组织学习策略研究[J]. 软
科学,2015,29(11):140-144.

(1)合作层(Collaboration)

企业生态成员结合的动机之一便是为了充分地共享他方的核心竞
争力来弥补自身的劣势,一开始突出的是合作的理念,建立契约网络,
开展生产、R&D、销售、客服等方面的广泛合作。这时,大家都在充
分享受共享带来的好处,暂时没有发现暗含其中的竞争因子。

(2)竞争层(Competition)

合作和竞争本身就是一对辩证的矛盾体,企业生态的合作并不是将竞
争完全扼杀。企业生态成员企业之间的合作、优势互补、资源共享等过程
会因各个成员企业的实际情况不同而起到不同程度的效果,也就是说,这
种效果上的差异会成为内部竞争的"触发器"。即使是彼此之间有多么强
烈的依赖关系,作为一个赢利性的经济实体而言,在利益面前仍会采取必
要的行动以获得比他人更多的利益或优势。因此,企业生态成员会随着合
作的开展而进入到隐式竞争中去,充分利用他人的优势来弥补自身的不
足,以期成为合作中的最大受益者。当然这种竞争是属于良性的,它没有

削弱他人的力量，而是在合作中进行了能力的比拼，这种能力主要是指学习能力和创新能力，用较强的学习能力和创新能力去抓住新的发展契机。

（3）合作竞争层（CBC）

因为企业生态的最终目标是联合开拓新的市场，联合对抗其他竞争者。在各自综合能力得到不同程度的增长之后，整体竞争力便得到了体现，在市场中形成了一股庞大的、难以撼动的"进入障碍"，使得竞争者的竞争边际成本增加，更重要的是这种超强竞争优势是集体力量的体现，竞争对手是很难模仿或找到替代物的。

3．企业生态合作竞争战略的启示

（1）企业要重视利用外部优势

一个企业不可能拥有经营所需的全部资源，这是目前许多企业应该树立的一个基本观念。在近年来的资产重组浪潮中，不少企业把拥有经营所需的各种资源当作目标，试图把集团做大做全，这种做法是危险的。当前，企业一方面应利用自身的有限资源形成自己的核心优势；另一方面，应利用信息网络寻找外部优势，借助企业生态形式，使其为我所用，形成合作竞争优势。

（2）树立合作竞争的观念

传统的竞争观念是"击败对手才算赢"，有道是"同行是冤家"。企业生态的出现使人们逐渐意识到，没有竞争对手、没有价值链上各个合作伙伴的配合就没有企业的生存和发展。实际上，随着竞争的全球化，市场竞争无国界和无企业界限的趋势已越来越明显。市场竞争实质上已不是企业与企业之间的较量，而是各企业组成的企业生态之间的竞争。因此，企业的竞争优势并不完全取决于企业自身是否具有优势，而取决于企业生态是否具有整体优势。这要求企业树立合作竞争的观念，加强生态内各成员企业的协同合作。

（3）把"鸡蛋放在最安全的篮子里"

为规避风险，传统的做法是多元化经营，也就是"不要把所有鸡蛋放在同一个篮子里"，但这样做是有条件的。事实上，每个企业的经营资源都是有限的，按合作竞争的观点，每个企业应该集中使用自己的优势资源，建立起自己的核心优势，即编织一个"最安全的篮子"，"把鸡蛋放在最安全的篮子里风险反而更小"。

第五节　企业生态中的竞合关系稳定性

企业生态网络的稳定性主要取决于内部成员企业的关系强度。这种强度由四个维度加以控制：一是互动的频率；二是情感的强度；三是亲密的程度；四是互惠交换的程度。在企业生态网络中，企业之间的竞争合作关系构成了一个与生态网络非常相似的系统，每个企业在接受下游企业提供的单元的同时，也在向上游企业供应自己的单元，同时大量横向联系的单元生产企业向单元集成商供应产品，这样就形成了一个错综复杂的网络交互关系，企业与企业之间的互动频率较高。企业生态网络中的合作是建立在贡献、亲密和愿景三大要素基础上的，共同的愿景、长期的合作和追求对生态组织的贡献有利于企业生态网络内部成员企业建立伙伴关系，从而在情感强度和亲密程度方面提升成员企业的关系强度。企业生态网络中的竞争是互惠交换的途径，只有充分合作才能互享优势资源。企业生态网络中成员企业之间的稳定合作能够带来稳定的效用和收益，主要包括：产生协同效应、带来价值增值，提高了信息收集和传播速度、增强环境适应能力，节约交易费用、促进知识的有效传递和交流，提高抗风险能力、共享合作创新成果等。

一般而言，影响生态稳定性的最主要因素是由信息不对称所导致的机会主义行为。企业生态网络中的竞争合作有利于解决信息不对称问题，减少机会主义行为。企业生态网络中的竞争合作是一种重复博弈过程，它有利于网络资本和嵌入关系的形成。而网络资本和企业之间的嵌入关系又将从两个维度增强生态稳定性：一是强化信任、规则和合作等社会网络关系；二是推进组织学习、知识流动和技术创新。这两个方面有助于增强企业生态网络的稳定性（见图6-4）。生态组织成员企业合作的稳定性建立在以市场交易为特征的结构嵌入和信任机制的社会形态之上。结构嵌入是指生态整体结构和布局的交互联系，以及这种结果如何影响行为结果。结构嵌入包含着四个主要因素，即限制性进入、宏观文化、集体惩罚和声誉机制。生态信任机制的形成对于维持生态稳定性十分关键，生态组织内部的包括声誉机制在内的惩罚机制对于维持生态稳定性也很重要。可以说，信任机制是生态稳定性的基础，惩罚机制是生态稳定性的保证。

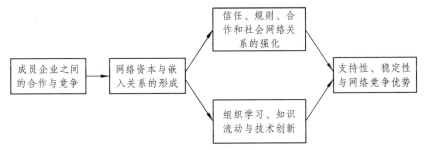

图 6-4　企业生态网络中合作竞争与网络稳定性

　　首先，企业生态网络内部的网络租金是合作利益与竞争利益的有机组合。网络租金的存在有利于增强生态稳定性。企业生态网络内部的网络租金来源于交易成本的节约和组织生产所带来的生态组织收益的增加。在企业生态网络内部，所有成员企业所创造的总利润在抵消了他们单干的利润总和后会有一个正的剩余，这个正的剩余就是网络租金。正是由于网络租金的存在，企业生态网络中合作的利益与竞争的利益之间的矛盾性减弱：一方面，合作的利益与竞争的利益之间存在着协同性，合作和竞争之间并不必然是相互冲突的，共同的目标利益使得它们都成为增强企业生态网络竞争优势的手段；另一方面，合作与竞争之间可能存在冲突，但是对于企业生态网络中的成员企业而言，合作的利益大于竞争的利益，此时成员企业会在合作与竞争之间寻求一种平衡，以不损害生态整体利益或价值优势。在企业生态网络内部，合作的概念远远超出了团队的含义，它跨越组织、组织内部机构、部门以及工作小组，需要合作者之间具备彼此分享创意和知识并携手共创知识的能力和愿望。

因此，合理分享合作利益（网络租金）是突破合作障碍、保证合作成功的关键，也是维持生态稳定性的重要条件。

其次，企业生态网络中企业之间存在长期关系。这就意味着成员企业之间的竞争与合作是一个重复博弈的过程，即双方对未来收益的预期超过了短期机会主义所产生的利益，因此导致双方的长期合作。当合作收益大于背叛收益时，这种伙伴关系将得以保持。当合作次数较多而建立了一种信任关系以后，由于在过去合作中积累了丰厚的声誉资本，产生较大正向激励，企业选择背叛的成本往往很高，此时企业将自觉加强合作。有效的信息沟通也有利于合作博弈的实现①。

企业生态网络中的竞争与合作是合作式竞争与竞争式合作的有机统一，企业之间合作并不意味着消灭了竞争。合作式竞争表示企业之间的竞争关系发生了新变化，从单纯的对抗性走向一定程度的合作性。这种合作是企业为了增强各自竞争优势而采取的一种战略行为。竞争式合作表示合作是一种有选择的合作，只有那些具有异质资源（能力）的企业才能够参与生态组织的合作，而企业的异质资源（能力）是在竞争过程中形成的，也是在竞争过程中体现出来的。同时，合作竞争关系使得生态组织内部保持动态均衡，竞争保持生态网络创新活力，合作实现生态竞争优势。企业生态网络中的竞争与合作不是一个孤立的行为，而是一个随时间变化的过程。随着技术进步、市场需求变化等外部因素的改变，企业生态内部优势资源的战略定位也将发生潜移默化的变化，成员企业之间的竞争与合作的形式也将发生相应改变，企业的核心能力此消彼长。成员企业的能力结构决定着生态组织的决策控制结构，形成"能力—控制结构"循环。因此，企业生态网络中的竞争和合作与"能力—控制结构"之间存在一种反馈的循环过程。

---

① 张慧英. 博弈论：矛盾冲突分析[M]. 北京：中国人民大学出版社，2015.

第七章　企业生态下的商业模式策略

第一节　商业模式的概念

一、商业模式定义回顾

Business Model，商业模式由于汉语翻译的原因，也被称为商务模式、经营模式、业务模式、商务模型等。早在 20 世纪 70 年代中期，商业模式一词开始出现,虽然至今众多学者和企业家对商业模式进行了深入的研究并取得了丰富的成果，但是仍未对商业模式形成统一定义。综合各类研究，大致可从以下四类对商业模式进行定义分析，即利润类、模块类、价值类和整合类，依次递增发展。

利润类定义是从狭义的角度出发，企业赢利是商业模式的核心逻辑。斯图尔特等的观点基本符合利润类的定义。在企业界和投行利润类定义很受认可，因为利润类定义商业模式指示了企业存在的根本前提。利润类定义是基于企业生存为基础的,并未考虑商业领域中另外一个重要主体——顾客。商业存在的前提是交换，交换的前提是为对方提供同等价值，顾客价值是企业盈利的前提。所以，商业模式远比企业获利更复杂，利润类定义未达商业模式的本质。

模块类定义把商业模式概括为由一些要素组成，包括产品或服务、客户、供应商、分销商以及合作伙伴等。模块类定义把握了商业模式的基本内容，但是没有提出有效组合，没有形成系统，也没有深入价值的角度揭示商业模式的本质。

价值类定义强调商业模式的核心是顾客需求,通过满足顾客需求最终实现企业价值。这类定义揭示了企业的使命和商业模式的本质,但并没有与商业模式的要素结合,没有体系化。

整合类定义不但揭示了商业模式实现价值主张的本质,还强调整合商业模式所需要的要素和资源,形成了解决问题的方案和运作逻辑。这类定义既揭示了商业模式的本质又提出了整合性的方案,比较完整地定义了商业模式。但是,整合类定义没有界定商业模式的具体内涵和外延,容易将不属于商业模式的内容揽入其中。

结合利润类、模块类、价值类和整合类四种主要定义,本书提出商业模式的基本含义就是指企业价值创造的基本逻辑,即企业在一定的企业生态网络中如何向客户提供产品和服务并获取利润,通俗地说,就是企业如何赚钱的。

二、商业模式的组成

我们把"如何获得资本"的方法称为融资模式;把"做什么""给谁做""做了卖给谁",即如何赚钱的方法称为赢利模式;把能使整个系统高效率运作起来的方法称为管理模式;把"怎么做"称为生产模式;把"做什么"(产品),(产品)"卖给谁",如何卖的方法称为营销模式。

一般由赢利模式、生产模式、管理模式和营销模式构成我们常说的经营模式。无论是融资模式、管理模式、经营模式还是赢利模式、营销模式、生产模式,这些都是商业模式的组成部分,而不是全部,其中任何一种模式的改变,都能带来商业模式的变化。如营销模式的任何一次创新,生产模式、管理模式的任何一次改变和融资模式的任何一次突破,以及所创造价值的再发现,或是客户需求、潜在需求的再满足,或是成功地创造了一个需求,或是解决了一个新的问题、突破了某个瓶颈,甚至是对整个游戏规则的颠覆等,都能直接地改变其商业模式,从而引领企业走向成功，这在实践中是屡见不鲜见不鲜。

三、商业模式的分类

可以从多个角度对商业模式进行分类。

① 从空间定位可划分为两类：有虚拟空间的商业模式，如淘宝、腾讯、百度等利用互联网运营的企业；有现实空间的商业模式，如华为、联想、海尔等实体企业。

② 从企业资本的构成可划分为四类：第一、以产业资本为主的商业模式，如以格兰仕、格力为代表的生产加工企业；第二，以商业资本为主的商业模式，如沃尔玛、家乐福为代表的商业零售企业；第三，以金融资本为主的商业模式，如银行、投资公司、信托公司等；第四，产业资本、商业资本相结合的商业模式，如万达、苏宁等企业。

③ 从经营产品可划分为四类：第一，以经营产品、服务为主的商业模式，如商业企业、制造业、地产业、网站、咨询公司等大部分的企业都属于这个范畴；第二，以经营品牌、信誉为主的商业模式，如可口可乐、中科智担保公司等；第三，以资本经营为主的商业模式，如投资公司、信托公司、投资基金、银行等。第四，以商品经营（产品、品牌）和资本经营结合的商业模式，如联想、海尔等。

④ 从企业生存的依赖度可划分为四类：第一，以偏重于融资模式为主的商业模式，即对金融工具有很高依赖度的模式；第二，以偏重于管理模式为主的商业模式，即提升企业的运行效率就能改变公司的模式；第三，以偏重于营销模式为主的商业模式，如直销公司等；第四，以偏重于生产加工为主的商业模式，如格兰仕等。

总之，可以从各种不同的角度对商业模式进行分类，并且各种分类间相互重叠交叉。这正说明了经管领域的多样性、复杂性，企业在实际中往往是多种模式并用的，也才使企业商业模式呈现多种多样的特征。

第二节　商业模式与企业生态

21世纪是系统性竞争的时代：21世纪的竞争将是"生态"与"生态"之间的竞争。作为企业的领导者，虽然每天都在抓企业的管理，却忽略了企业经营系统的重要性，而系统性正是使企业走向卓越的关键。

商业模式是企业经营的原点，是企业经营系统的重要组成部分。过去，中国企业更多地关注短期利润，导致企业持续发展的动力不足。商业模式则要求企业关注长期利润，并关注企业持续赢利的能力和成长性，关注如何将企业先做强再做大。

当然，要实现迅速稳定发展的创新商业模式，还需要战略系统承上启下，通过产品管理、销售管理实现有效的落地执行；同时，企业还需要通过创新机制、打造卓越团队等管理措施实现企业的可持续发展。资本模式是企业价值的放大器。对于企业来说，如果商业模式有 10 倍利润，再通过资本模式放大 30 倍，那么，卓越企业的价值往往就是传统企业价值的 300 倍。资本放大是对创新者最大的奖赏和鼓励。

盛景研究院经过多年潜心研究及商业实践，总结出企业经营系统模型，并由此可以获得真正建立企业可持续发展的核心能力。其提出的"商业模式六式"能够将商业模式这一抽象概念有效地落地和实施。

表 7-1　商业模式六式

第一式	客户精准定位，杀手级隐形核心需求
第二式	收入倍增、盈利倍增
第三式	革命性降低成本
第四式	突破扩张瓶颈，实现自我可复制
第五式	控制力与定价权
第六式	企业生态系统

一、商业模式第一式：客户精准定位，杀手级隐形核心需求

企业的生存发展使建立在满足客户需求的基础上，满足客户不同层次的需求决定了企业的类型。小企业能够满足客户的基本需求；如果企业能够满足客户的核心需求，那么企业将成为一家快速发展的企业；如果企业满足了客户"杀手级的隐性核心需求"，那么企业就可以成长为一家有影响力的公司。

客户的隐性需求是指客户无法清晰表达出来的需求，，或是行业内部知道但却没有企业能够满足的那部分客户需求。挖掘并满足客户的隐性需求，尤其是客户的"杀手级的隐性核心需求"，可使企业在竞争中占得先机，为商业模式的形成营造一个良好开端。

二、商业模式第二式：收入倍增、盈利倍增

这一式主要就是为企业快速而长期稳定的发展奠定基础。通过商业模式中的收入倍增模式可以提高市场的竞争门槛，在自身获取丰厚长期利润，也避免竞争对手的恶性竞争。

比如我国互联网发展初期，新浪、搜狐等为代表的门户网站在短短的时间内聚集了大量的用户，但当时使用这些门户网站的服务是免费的，而门户网站们也并未找到好的盈利模式。美国纳斯达克科技股泡沫破裂的时候，从5500点跌到1360点，在那个时候，新浪、搜狐等这些门户网站的股票股价都非常低，导致这些公司的运行十分困难。

后来出现的代理服务商（SP）短信业务拯救了这些门户网站，使他们赚到了第一桶金，从而不断发展到尽头。尽管后来SP短信业务急转直下，在完成历史使命后迅速从历史舞台上消失，但在当时，SP短信业务的确为门户网站做出了阶段性的、重要的历史贡献。后来网络广告成为了门户网站的第二桶金，但是直到五、六年后新浪才凭借网络广告业务实现盈亏平衡。即企业应在企业发展的不同阶段、设计开发不同的产品，以独特精确的方式进行实现，以确保企业长期稳定的发展。

三、商业模式第三式：革命性降低成本

这一式的关键在于实现成本革命性的降低，一般成本的降幅超过50%方称为革命性降低。企业生产经营的成本构成复杂，分为总体成本和分项目成本，分项目成本的降低自然实现了总成本的降低。革命性成本的降低需要好的商业模式设计，而不是通过省吃俭用、克扣员工工资。

四、商业模式第四式：突破扩张瓶颈，实现自我可复制

企业在发展扩张到一定的阶段，都会遇到瓶颈，不能遇到了瓶颈再去想办法解决。企业需要有预见性，通过好的商业模式的规划与设计提前寻找并化解未来的瓶颈。

企业经营中，不应只着眼于当下是否盈利，还应考虑企业如何实现长远稳定的盈利。企业面对的市场是瞬息万变的，当下的盈利并不意味着未来能够持续盈利，好的商业模式应能使企业未来持续并且能获得更丰厚的盈利。

五、商业模式第五式：控制力与定价权

这一部分往往也是企业实现投融资的关键支撑点。因为企业一旦具有了不可被复制的能力，便对市场设定了较高的竞争门槛，这是掌握定价权的基础，进而可获得丰厚的利润。

产业链话语权是商业模式中的一个关键话题。中国是铁矿石的需求大国，每年全世界新开采的铁矿石主要出口到中国，但在铁矿石价格方面中国一直没什么话语权，基本丧失了定价权。所以，企业商业模式的设计就是通过掌控核心资源，不断提升话语权，最终形成定价权并树立高竞争门槛。

六、商业模式第六式：企业生态系统

商业模式竞争的最高境界是生态整体竞争，即企业的上游、下游、

客户等共同形成一个完善的企业生态系统。通过生态系统中的成员相互协同、相互合作，对生态系统中的成员就成本、利润、风险进行合理分配，从而达到整体生态系统成本最低、效率最高、风险最小的目标，这就是第六式要解决的问题。当今的竞争，不再是企业之间单对单的竞争，而是企业生态与企业生态之间的竞争，是系统与系统之间的竞争。

第三节 企业生态商业模式策略解析

一、平台策略

沃尔玛和麦当劳都努力打造连锁店网络来控制终端顾客。连锁店网络实际上是一个实体商业平台，通过实体商业平台控制顾客的购买半径。而沃尔玛推出沃尔玛网上商城（Walmart.com），试图通过电子商务平台控制终端顾客。电子商务平台实际上是互联网虚拟平台，互联网虚拟平台同样可以控制终端顾客。

操作系统是一级 PC 软件，用户必须在操作系统平台使用 PC 机。微软软件业务的成功实际上是操作系统平台成功控制终端用户，然后通过捆绑销售带动 Pc 应用软件销售。浏览器作为二级软件平台，控制了互联网网页通道。在微软的价值网模式中，IE 浏览器免费下载以加强其对终端用户的控制，然后以 IE 浏览器为平台提高互联网产品的使用及其增值。安全软件、IM 软件、游戏软件等都是二级平台，最后通过互联网增值服务实现盈利。

一般而言，硬件平台对用户的控制最强，其次是操作系统一级平台，再次是二级平台，最后是三级平台。

Google 通过搜索引擎等互联网平台控制终端顾客，互联网平台与浏览器、安全软件等均属二级平台，因而用户可以通过互联网平台下载并替换这些软件，甚至替换操作系统软件。所以，浏览器平台、安全软件平台，甚至操作系统平台对互联网平台并没有绝对的决定作用。这就是 Google 互联网平台对微软软件平台的挑战。

硬件平台是实体平台,是用户直接使用的产品,对用户的控制最强。如今,评估强势推出 Mac 电脑、iPad 平板电脑、iPhone 手机、iPod 等硬件产品,控制终端顾客。这就是苹果之于微软的竞争优势。

商业平台、硬件平台、互联网平台、软件平台等,都对顾客的注意力、购买半径具有很强的控制性,是控制顾客的重要手段和策略。

1. 互联网平台

近两年,"平台战略"不断被科技企业特别是互联网企业提及,部分企业已经积极构建平台,准备以平台对抗产品。

2010 年 9 月,百度在一年一度的"百度世界"中公开了自己的开放应用平台。百度开放平台内百度应用开放平台与数据开放平台构成,第三方应用程序提供商将通过百度开放平台与百度合作,用户也就可以直接从百度搜索框中使用应用程序。这意味着,百度公司正积极推进平台战略,由单一搜索引擎平台向"内容十搜索"的大平台转型。

3Q 大战之后,马化腾开始思考如何才能打造真正的核心竞争力,并发表反思宣言:腾讯将进入半年开放转型期,2011 年 6 月会看出结果,腾讯将从客户端模式转向服务式转型,并对外部开放。马化腾试图学习 Facebook 向第三方完全开放的模式,向一个开放和分享的上游平台方向发展。外界称,开放平台战略是腾讯未来的最高战略。事实上,从 2010 年下半年开始,腾讯社区开放平台向第三方开发者开放,财付通、拍拍、搜搜以及微博应用频道也都实现了平台开放。2011 年 1 月,腾讯正式推出"连接 QQ 空间"服务,并在部分第三方网站上开始测试运营。种种迹象表明,产品数不甚数的腾讯正在向开放性的大平台转型。

随着竞争对手相继推出平台战略,搜狐董事局主席兼首席执行官(CEO)张朝阳也多次表示,希望将搜狐全力打造为主流互联网媒体平台,作为网民提供最主要上网活动的平台。

事实上,Facebook、推特(Twitter)、Google、腾讯的成功都是平台的成功。但是,在 20 世纪 90 年代,当互联网刚刚兴起的时候,多数人们对其的理解仅仅停留在诸如电子邮件的简单通信网络。这一点，天才比尔·盖茨也犯了同样的错误。当以雅虎为代表的门户网站兴起后，人们兴奋不已，但是互联网仍然只是被视为第四媒体。进入 21 世纪，亚马逊、Google、YouTube、Facebook、Twitter 等互联网崛起之后，人们忽然明自，互联网不仅仅是媒体，更是平台。

软件平台的成功逻辑是：在平台上提供免费的高质量资源聚合大量人气，然后向平台纵深延伸增值业务。互联网基础业务一般那是免费平台，而增值业务是免费平台下延伸的盈利业务。"免费平台+增值业务"的价值网模式是互联网主流商业模式。

2．商业平台

与不受时间、空间限制的互联网平台不同.商业平台受到人口基数、购买时间、购买空间的限制。通常，一个好的商业平台是消费者聚焦且容易消费的平台。每个城市的商业中心都是众多商家必争的平台。

门槛人口是一个商业平台正常运营、获得基本盈利的最小人口数量。不同行业的商业平台.其门槛人口不一样。与互联网平台的点击中一样.门槛人口保证商业平台的进店中；进店中是商业平台价值实现的前提，购买率是评估商业平台价值的关键；与网站黏性一样，回头率是商业平台价值的重要组成部分。

就近消费，是实体消费的主要特征。商业平台实际控制的是消费者的购买半径。聚合消费，也是实体消费的一大特点。同类商家聚合在一起打造专业商业平台，可以产生马太效应，如美食一条街、服装城、家具城等。专业商业平台可以降低顾客购买成本，出而容易聚集顾客。所以，我们经常可以看到几家大商场聚集在一个商业区，一个品牌在一条步行街开几家专卖店。

在 20 世纪五六十年代以后，以麦当劳、肯德基为代表的企业采用连锁经营模式冲破国际贸易保护的壁垒，将连锁店开到世界每个角落。商业从此进入连锁时代，一个个小商业平台"连锁"在一起形成大商业平台。

如今，连锁经营模式已经在零售、食品、餐饮、家居、家装、服装、家电、酒店等众多行业广泛应用并快速发展。20世纪80年代末、90年代初，麦当劳、肯德基等国际连锁巨头率先将连锁经营根式引入中国。20多年来，国内各行业连锁企业快速发展，涌现如森马、苏宁电器、百安居、真功夫、七天连锁、安奈尔等连锁品牌。

连锁经营模式很大程度上解决了商业平台受空间局限的问题。消费者都局限在各自的购买半径里，企业则通过连锁模式在全国甚至全世界商业中心建立连锁店。连锁网络形成的巨大商业平台，无处不在地控制终端市场。

连锁经营模式主要包括直营模式和加盟模式两种。中国的连锁企业一般开始以少数自营店带动加盟店起步，然后通过加盟方式吸纳资金、店面资源快速发展。进入品牌成熟期，连锁网点已经建立，企业开始清理劣质加盟店并回购优质加盟店，从而将连锁网络牢牢掌控在自己手中。

商业平台分为以飒拉（ZARA）为代表的品牌连锁店、沃尔冯为代表的超市、天虹为代表的百货商场、万象城为代表的商城运营商等多种业态。商城往往是城可的商业中心，对终端的控制能力最强。品牌连锁店对终端控制相对较弱。根据对终端控制能力的强弱划分，商城运营商是一级平台，百货是二级平台，超市和品牌连锁店是三级平台。商城运营商控制二级平台和三级平台，百货控制三级平台。如在万象城商城内，聚合了路易威登、Prada、苹果、屈臣氏、华润万家超市等品牌连锁店和超市。

商城运营商俨然已成为商业地产运营商。所以，商业平台的实质是商业地产平台，商业地产平台决定商业平台。大部分实体产品都必须通过商业地产平台销售，实体产品也就与商业地产形成非常紧密的价值网络，我们称之为商业地产平台价值圈。

茂业百货是深圳百货第一品牌，是深圳商业的一张名片，目前在全国开设数十家店。茂业百货的发展得益于"地产+百货"的商业根式，即茂业集团先通过地产业务造城、建商圈，再顺其自然地引进百货业务。

地产控制商业平台，再发展百货，从根本上遏止竞争对手进入。与茂业百货根式如出一辙的是新世界百货，新世界集团利用其商业地产控制优势，雄心勃勃地发展新世界百货。

由于商业平台受制于商业地产平台，而居高不下的商业地产价格无疑极大地削弱了实体企业的盈利能力。在"限购令""限价令"的刺激下，加上境外资本的大举介入，我们担心商业地产会成为中国经济的下一个泡沫。但事实上，中国还将有更多的实体企业加入商业地产平台价值圈中。尽管中国房地产开发在调控下高歌猛进，但是其增量远远不能满足每年疯狂新增的连锁品牌的需求。这意味着未来对商业地产平台的争夺将会更加激烈。

随着众多行业不断成熟并开始与零售行业结合，越来越多的企业加入到商业地产平台价值圈中来。佛山米洛西首开先河，打破中国工程石材一统天下的格局，开辟标准石材品牌连锁之路。这意味着石材产业也加入到了商业地产平台价值圈中。百果园则将水果从地摊摆进了超市，在深圳开设了一百多家水果连锁超市。

当你走进中国电信营业厅，会猛然发现，中国电信这个通信运营商更像是通信产品零售商。事实上，面对移动通信的大势，中国电信的固话业务已经寥寥无几，借助天翼 3G 手机才打了个翻身仗。由于 3G 网络与智能手机融合，中国电信即向诺基亚、摩托罗拉等大量手机厂商定制手机，并在其营业厅与手机卡捆绑出售。中国电信试图通过营业厅网络出售手机，从而控制移动网络的终端用户。不仅中国电信如此，中国移动、中国联通也在其营业厅大量出售与移动网络捆绑的手机，将营业厅变成通信产品的零售平台。

与中国电信一样，中国邮政速递物流营业厅俨然成了百货商店。中国邮政速逐物流拥有全国最大的物流营业网点，转眼间就可以将这些营业网点变成百货商店。加上中国邮政速送物流具有邮递优势，可以构建"物流+销售"业务网络模式。对于众多企业而言，中国邮政速递物流是一个全新的渠道，也是一次不错的商业机会。

随着国家监管金融改革的推进，银行、保险和投资形成的混业经营模式成为金融业发展的趋势。中国银行业必须打破传统单一银行业务，大力发展保险、投资业务。银行网点必须由"柜员机"向大金融超市转型，由单一的存取汇业务向各类保险、股票、基全、期货等金融业务扩张。

大范围而言，世博会也是大的商业平台。2010 年，上海世博会在 5.28 平方公里的大会场、在 184 天时间，聚合了全世界 200 多个国家、地区组织参展，吸引了 7000 万人次参观。各国在世博会大平台上宣传自己的城市文明和独特文化，企业则乘机自我营销，进驻商家大赚一把，主办方也称此次世博会实现收支平衡。

不过，过高的租金一直都是商业平台发展的硬伤。2010 年 7 月，地处广州最繁华的地段——广州购书中心的三联书店停业。这是广州第一家三联书店，经营 16 年后不得不关门停业。书店最开始在三楼，租期满后因租金上涨就搬到了六楼，但六楼客流稀少难以为继被迫关门。在这之前，三联书店在广州已有五羊分店、环市东分店先后关闭。陷入关门危机的书店，并非三联书店一家。事实上，整个行业的私营书店都因无法承受节节攀升的高租金而面临歇业危机。另外，大量价格低廉的网络书店对实体书店的打击也非同小可。

当当网的书籍普遍都是以 6～7 折销售，相对于实体书店，其价格优势非常明显。事实上，不单单是图书行业，很多行业都面临网上零售的冲击。戴尔公司以网络直销迅速崛起并挑战 IBM，亚马逊短短几年就创造了一个"网上沃尔玛"。面对电子商务企业咄咄逼人之势，沃尔玛、苹果、中域电讯、国美、苏宁、美特斯邦威、雅戈尔、杰克琼斯等传统实体平台企业纷纷涉水电子商务。

但是，电子商务平台与实体商业平台的冲突，是传统实体平台企业必须跨过的坎。很多产品，网上零售的价格低于实体零售，这就可能面临实体零售萎缩的危险和串货风险。苏宁和国美虽然都在力推电子商务平台，但是二者对电子商务平台战略的重视程度有所不同。苏宁试图采用差异化方式网上网下双管齐下，目标是 10 年后苏宁易购的年销售规模将达到 3000 亿元，与苏宁实体店旗鼓相当。国美电器虽然通过斥资

4800 万元收购了库巴网，并开发了国美电子商务平台，但是网上零售仅作为国美实体店的有效补充。

要整合电子商务与实体商业两大平台，必须根据行业特征、产品特性、顾客特征等不同而差异化对待。当两个平台的目标顾客差异化比较大时，企业可以差异化经营。

3．硬件平台

喜欢购物的人们一定对优惠券自助打印终端情有独钟。近年来，各大城市的商场、地铁站、商业楼宇、高校随处可见优惠券自助打印终端机。2006 年成立的广州移盟数字传媒科技有限公司依靠推广优惠券自助打印终端机——钱库消费通迅速崛起。钱库消费通实际上成为了一种新型的消费互动媒体，凭借其提供的大量优惠信息并可自助打印优惠券而广受欢迎。截至 2009 年 6 月，钱库的用户群体已经接近 270 万，钱库优惠券平台也累计发行了超过 11 000 种商品的优惠券，消费者通过钱库网络已经打印了近 1000 万张优惠券，优惠券总值超过 1 亿人民币，钱库消费通也因此成为全国最大的电子优惠券发行媒体。

广告的上游是媒体，户外广告的无孔不入受益于户外广告媒体平台。2002 年，分众传媒董事局主席江南春，在电梯里人挤人的尴尬气氛中嗅到了楼宇广告的商机，并迅速投资楼宇广告。分众传媒成立两年后便成功登陆美国纳斯达克（股票代码 FMCN），成为在海外上市的中国纯广告传媒第一股，并以 1.72 亿美元的募资额创造了当时的 IPO 记录。目前，分众传媒的媒体平台已经覆盖 100 多个城市、数以 10 万计的终端场所，日覆盖超过 2 亿的都市主流消费人群，已成为中国都市最主流的传媒平台之一。

中国信用卡用户不少都受过还款不便利的困扰，但是近年来各大城市都出现了可以轻松还款的终端机——拉卡拉。2010 年，国内信用卡发卡总量已经突破 2.1 亿张，增幅为 30.37%，信用卡交易总金额高达 3.5 万亿元，增幅为 69.9%。信用卡用户的爆炸式增长与银行网点、柜员机的缓慢增加形成突出的矛盾，银行跨行转账的壁垒进一步加剧了用户还款不便的问题。拉卡拉抓住了问题背后的巨大商机，在各大城市的社区、商场、地铁等铺设了聚合各种信用卡还款、缴费、充值，手机号汇款，账单号付款，公益捐款，账户充值，订阅期刊，购买票务，积分兑换等功能的拉卡拉终端机。截至 2010 年 12 月，拉卡拉已经覆盖了全国 200 多个城市，便利支付点达到 5 万个，2010 全年交易 1 亿笔，全年交易金额 1500 亿元。为了尽快占领终端市场，让拉卡拉走进家庭和办公室，拉卡拉在 2010 年 4 月推出了售价仅为 399 元的迷你（mini）拉卡拉。mini 拉卡拉上市半年销售就突破 10 万台。拉卡拉计划在 2011 年将便利支付点发展到 8 万个，进入 100 万个家庭用户。

　　拉卡拉无疑对网上银行和手机银行构成一定的威胁。拉卡拉、网上银行与手机银行之间的竞争实际是拉卡拉终端平台、手机终端平台和电脑终端平台的竞争。《2010 中国未成年人互联网及手机运均状况调查报告》显示，未成年人手机拥有率达 46.6%，手机上网普及率达 39.5%。这说明，手机成为未成年人上网的新终端。从中可以预测，未来手机终端平台在支付市场领域将比拉卡拉终端平台、电脑终端平台更具控制力。捷银正在抓住这个机会，积极发展手机支付平台。

　　在 3G 时代，3G 移动网络与手机紧密关联，手机终端平台成为移动运营商、手机厂商、互联网企业、应用程序提供商竞相争夺的焦点。只有通过手机终端平台控制终端市场，才能将大量用户转移到 3G 移动通信、操作系统、应用程序等业务上，从而构建价值网商业模式。微软一直因无终端平台，而在与苹果的竞争中显得被动。在多次推出自主品牌手机失败之后，微软选择与世界最大的手机厂商诺基亚合作，借助诺基亚海量的终端平台一步到位控制手机终端市场。微软控制手机终端平台之后，可以进一步发挥其在软件、互联网领域的优势，从而构建"内容+软件平台+硬件平台"的价值网模式，极大地提高整体竞争合力。

　　借助 Mac、iPad、iPod、iPhone 硬件平台对终端市场的控制，苹果公司顺利延伸发展 iTunes、Appstore、OS 等业务，形成竞争合力超强的产业网络和价值网模式，最终梅开二度打了翻身仗。优酷网、爱奇艺、土豆网纷纷开通 iPad 版本视频网。爱奇艺在其 Appstore 上发布了一款专属客户端，这个爱奇艺 iPad 客户端在 2010 年国庆节期间，连续七日高居 Appstore 中国区免费 iPad 应用程序下载排行榜第一，为爱奇艺带来大量用户。iPad 的疯狂，连国际"传媒帝国"新闻集团都动心了。新闻集团借助强大的 iPad 终端平台，推出 iPad 版本电子报纸，同时给苹果公司 30% 分成。

除了手机、电脑、MP3、公交车等外，可口可乐、衣服、电话亭之类也可以是硬件平台。可口可乐在全世界 200 个国家及地区销售，全年销售量高达上百亿瓶。如果把可口可乐瓶子看成硬件媒体平台，那么可口可乐将是世界上最大的媒体。事实上，可口可乐早已发现瓶子的媒体价值，可口可乐在其瓶子外包装上不但营销自己，还加入《阿凡达》电影、网游等广告。产品实际上是一个媒体平台，除了承载自己的信息，还可以适当承载第三方信息，如维达纸巾的背面印上的怡宝广告。

随着手机的不断普及，城市固定电话亭逐步衰落，并沦为各类牛皮广告的发布平台。事实上，固定电话亭应该可以升级为多功能便民终端，如手机应急充电终端、免费上网终端等。

当你看到麦乐送快送员显眼的工服时，便容易想到衣服也是硬件平台。聪明的某商家将印有自己广告信息的服装，派发给各城市乞讨人，试图让乞讨人穿上广告衣服，为其大做广告，这是一个既行善又利己的创意行为。

随着软件、半导体芯片与家电不断关联，智能家电将会成为半导体芯片制造商、家电厂商、软件企业竞争的焦点。全球最大的半导体芯片制造商英特尔，在 2009 年由原有计算机芯片和手机芯片向各类 3C 产品、家电、医疗设备、汽车设备等领域扩张。英特尔将芯片应用于各种、各类硬件平台，无疑将极大地推动物联网的发展。

在电子书领域，"硬件+内容"无疑是完美根式，不过汉王、爱国者缺失内容，亚马逊、盛大则凭借内容优势向硬件进军。与当年软件与计算机硬件分离一样，电子书阅读器未来可以随意跨平台下载信息。就像用户乐意购买物美价廉的 MP3，而不会关注 MP3 里可以下载多少音乐。所以，控制阅读器硬件平台无疑是成功的关键。"内容付费阅读，阅读器低价销售甚至免费赠送"，将是未来竞争的趋势。亚马逊 Kindle3 电子阅读器以 139 美元的最低售价试图进一步扩大市场份额；汉王则采用低价策略，迅速占领大众市场；盛大电子书阅读器（Bambook）的最低价为 998 元。事实上，在以内容盈利的商业模式中，厂商还可以以更低的价格控制市场。只有硬件平台控制了终端市场，内容业务才能被开拓。

4．企业平台

网游行业一直存在人才匮乏、资金不足的问题。草根游戏开发者找不到资金，风险投资者义找不到好的游戏项目，因此行业亟需一个聚合游戏开发者和风险投资者的平台来化解这对矛盾。

盛大集团推出了"18 计划"，为游戏开发者及创业团队搭建了一个由风险投资支撑的平台，同时也为风险投资孵化优秀的游戏项目。目前，盛大 18 基金已经孵化了 40 多个项目及团队，投资金额达到 7 亿元，多款游戏陆续上线，多个企业甚至具备上市条件。2010 年 7 月，盛大在18 基金 1.0 政策基础上推出 2.0 政策，对重点项目将深入扶持，采用"与被投资企业共享海外利润"的模式，分成比例不低于 40%。盛大 18 基金无疑是一个聚合人才、资本的企业平台，实现游戏开发者及创业团队、风险投资者、盛大的多赢。

与盛大 18 基金类似的企业平台，还有李开复的创新工场。创新工场是一家成立于 2009 年由李开复创办的 VC 企业，是"天使投资+创新产品构建"的创业平台。创新工场聚合互联网、移动互联网和信息技术等领域的创业项目及人才，每年尝试 20 个新的创意，并拆分出 3～5个独立运营公司。创新工场还聚合大量风险投资者为创业者提供资金支持，预计在未来 5 年将投入 8 亿人民币。风险投资企业包括郭台铭领导的富士康科技集团、柳传志领导的联想控股有限公司、刘宇环先生创立的中经合集团、俞敏洪领导的新东方教育科技集团等。目前，创新工场已经投资豌豆荚手机精灵、友盟、台普斯（Tapas）手机操作系统等 23个项目。虽然项目成功还有待时日，但是创新工场无疑是一个非常好的创业平台。

　　将公司打造成聚合行业人才、行业企业的平台，无疑能大大增强企业的整合力和控制力。泛华保险就是个成功典范，与一般保险公司遍地推销业务不同的是，以保险代理起家的泛华保险扮演了保险大分销商的角色。泛华保险通过与保险集团公司合作，为其中介保险企业、代理人、经理人等，提供产品、培训、IT、财务等支持服务，从而搭建了聚合大量中介保险企业、代理人、经理人的强大平台。目前，已有 15 家保险总公司与泛华保险合作，泛华保险已经拥有 50 多家保险代理、5 家保险经纪公司及 4 家保险公估公司。另外，泛华集团还推出鼓励内部创业的合伙制，搭建"后援平台+个人创业"的企业平台，支持了上百位创业者建立起自己的公司或团队。短短 10 年时间，泛华保险旗下已经有财险营业集团、寿险第一营业集团、大童集团、公估集团四大集团，销售及服务网络覆盖全国 21 个省巾。2007 年，泛华保险（CISG）成功登陆美国纳斯达克，成为亚洲第一家在美国纳斯达克上市的保险服务企业。

　　网盛科技则通过资本运作的方式收购多个行业垂直门户，并以垂直搜索引擎整合各大行业资源，从而搭建起"行业大联盟平台+垂直搜索"的 B2B 电子商务平台。目前，生意宝已经成为多个国内知名行业门户、3000 多家联盟网站、1000 多万会员的生意平台。商家可以在生意宝平台上，搜索各行业的信息并实现电子商务交易。网盛科技凭借生意宝平台快速崛起，于 2006 年 12 月在深交所正式挂牌上市，并创造了"A 股神话"。

　　与网盛科技直接收购不同的是，金夫人通过加盟的方式整合行业资源，为行业企业、员工、创业者搭建了一个共同发展的平台。金夫人的加盟政策是多元化的，金夫人鼓励员工内部创业开店，公司出资 90%，授予个人 10% 管理股，分红 20%；员工也可以独创品牌，公司注资员工独创品牌或者同行品牌。目前，根据不同定位，金夫人相继发展了巴黎经典、玛雅、儿童天堂、台北萝亚、金纱礼服等 7 个品牌。金夫人的品牌店已经覆盖了全国各大城市，其中自营店突破 100 家，加盟店达到

300 多家，年营业额突破 10 亿元。

　　成立于 1995 年的水晶石数字科技，同样依靠合伙人制度迅速发展。水晶石员工可以凭借工作成绩入股，这极大地激发了员工的工作积极性。2003 年水晶石只有 600 名员工，目前人员规模已经达到 2200 余人。2008 年奥运会开幕式中美丽的"卷轴"影像就是由水晶石公司完成制作的。水晶石是北京奥运会开（闭）幕式影像制作运营项目总承包商，借力北京奥运会，水晶石快速崛起，现已成为亚洲数字视觉展示最大规模企业。

　　全球信息技术的领跑者高通公司以自己研发的基础技术为平台，聚合大量客户搭建共向参与开发、共享技术成果的平台。高通公司在技术标准的基础上与客户共同改进，为顾客提供个性化的技术解决方案。高通公司还通过交叉许可将客户专利导入专利池供顾客共享。

　　事实上，合伙制和加盟制是知识密集型产业发展的通行模式。管理咨询行业是典型的知识密集型行业，管理咨询企业的核心资源就是人才。优秀的管理咨询公司是一个聚合管理咨询人才的企业平台。和君咨询就是凭借合伙制迅速壮大管理咨询团队，强大的咨询团队实力控制终端市场。和君咨询实行以"1∶9"分配为基本制度的合伙人体制，90%的业务收入归合伙人团队自主支配。丰厚的回报聚合了各行各业的精英，咨询团队人数突破 500 人。和君咨询也发展成为中国本土规模最大、实力最强的综合性咨询公司之一。

二、联盟策略

　　价值网模式中，企业可能涉及多个产业，但是囿于自身资源和能力局限，或非关键性产业，企业可以采用异业联盟的策略。

　　微软在起步阶段，囿于自身资源和能力所限，无法开发 PC 机控制终端。于是，微软选择与 IBM、苹果等 PC 厂商结成异业联盟，从而间接地控制了终端顾客。至今，微软和 IBM、苹果都保持着竞争与合作的博弈关系。

　　沃尔玛并没有开发商业地产来控制商业平台，而是选择与商业地产公司结成异业联盟的合作关系，在进入中国之初就选择与深国投合作，从而间接地控制终端顾客。

麦当劳亦是如此，麦当劳与可口可乐公司结成战略联盟，全球几乎所有麦当劳连锁店都销售可口可乐公司的饮料。其竞争对手肯德基也与其母公司旗下品牌百事可乐结成战略联盟，在其所有连锁店销售百事可乐饮料。

苹果公司虽然具备硬件优势，但是其互联网业务，特别是搜索引擎业务实力远不如 Google。因此，苹果选择继续与 Google 合作，2010 年，苹果宣布其手机产品继续使用 Google 移动搜索。苹果 APP store 平台与很多软件开发厂商形成合作，一方面为软件开发厂商提供一个推广平台，另一方面，充实强化了苹果的增值产品资源。

除了业务合作的异业联盟，企业还可以通过渠道异业联盟、促销异业联盟的方式促进战略落地。面对中国垄断的移动通信市场，苹果 iPhone4 与联通公司结成战略联盟联合销售。在"联通 iPhone 合约计划"中，16G 版 iPhone4 套餐月费 96 元，预存金额 1981 元，购机只要 3899 元；套餐月费 186 元，预存余额 3481 元，购机只要 2399 元；套餐月费 286 元，预存金额 5880 元，购机只要 0 元。

在网络经济时代，产业交叉融合意味着异业企业之间的合作越来越多。当企业资源能人有限或者放弃某一产业时，通过异业联盟的合作方式，有助于完善价值网商业模式，形成整体竞争合力。

不少实体企业也通过与网络公司的战略联盟，形成优势互补进军电子商务领域。2010 年，中国邮政与李嘉诚旗下的 TOM 集团结成战略联盟，高调进军电子商务 B2C 业务，试图打造结合高端线上网购和线下零售于一体的独特创新购物服务平台——邮乐网。中国邮政曾经在 2000 年就推出了 183 电子商务网，后由于经营不善转型为中国邮政网上营业厅。在合资组成的邮乐网中，中国邮政利用自身庞大物流网络的优势，提供线下的销售、物流、收款和仓储服务；TOM 集团则利用自身技术、网络运营经验的优势，投入不超过 2 亿元推广网站。另外一支"国家队" CNTV 也联手中国电子商会，计划打造 3C 电子商务平台。

电子商务从内容（商品）、平台、支付到物流，整条产业链纵跨线上线下，一家企业特别是实体企业难以支撑。就连出售数字商品的苹果公司，也是通过 iTunes、App store 平台与大量的数字商品提供商合作。2011 年，苹果公司又与新闻集团结盟，推出电子版本 iPad。

腾讯网在电子商务领域的建树非常一般，拍拍网和 QQ 商场的业绩与腾讯的实力很不对称。值得一提的是，2005 年上线的支付平台财付通如今已经占据超过 20% 的市场份额。不过随着互联网业与金融业关联度增强，将催生网络金融这个巨大的市场机会。腾讯的竞争对手阿里巴巴斥巨资 50 亿元大力发展支付宝，并与线下银行展开深入合作，试图打造网络金融平台。与支付宝的垄断之势相比，财付通还有很大的差距。以支付为核心的商务模块业务，一直是腾讯的短板。为了抢得网络金融的先机，腾讯一改传统模仿跟进的风格，直接与招商银行结成战略合作伙伴，双方资源共享、优势互补，将在实现全方位的金融服务平台和综合性的网络生活平台之间强强联合。腾讯公司借助招商银行的金融服务，激活 6 亿 QQ 用户的金融服务需求，将金融服务与网络平台相结合，试图在网络金融领域有所建树。

在三网融合的大趋势下，电子商务与电视购物融合成为必然。但是，对于电子商务企业而言，发展互动电视购物都必须像淘宝一样与电视传媒企业合作，因为只有少部分电视媒体企业还能获得广电总局颁发的互联网电视牌照，就连电视厂商也不得不与电视传媒企业合作才能开发互联网电视。康佳集团就与上海广播电视台、东方传媒集团（SMG）结成战略联盟，共同推出"百视通 BBTV 互联网电视产品"。这意味着，互联网电视将会形成由电视厂商、电视传媒企业和互联网企业共同构建的"双内容+互动平台+硬件"的价值网模式。

与一般战略联盟不同的是，品牌联盟必须以品牌理念不冲突为前提。如果品牌定位迥然不同，品牌理念冲突，品牌联盟必然导致各方品牌受损。如果品牌理念一致或类似，品牌联盟对联盟各方品牌价值的提升具有重大作用。

同为百盛集团旗下的百事可乐和肯德基顺其自然地结成战略联盟，

而可口可乐与麦当劳长达半个世纪之久的合作实在难能可贵。目前，可口可乐是全球万家麦当劳最大的饮料供应商。而自 1995 年以来，可口可乐也成为迪士尼乐园唯一的饮料供应商。另外，迪士尼与麦当劳还签订了十年的战略合作协议，合作内容涉及联合使用商标协议、联合开拓市场、联合开发新项目等联合营销领域。这就意味着，可口可乐、麦当劳和迪士尼形成了"三剑客"的战略联盟。可口可乐、麦当劳和迪士尼结成战略联盟对三大品牌的发展具有很大的推动作用。可口可乐的品牌理念是激情、活力和快乐，麦当劳的品牌理念是快乐、温暖，迪士尼的品牌理念是创造和传递快乐。所以，可口可乐、麦当劳和迪士尼三大品牌的理念都在人类的"快乐"上形成交集，顾客在迪士尼乐园的麦当劳餐厅喝着可口可乐，享受着快乐的气氛。"三剑客"联盟无疑强化了可口可乐、麦当劳和迪士尼三大品牌理念，增加了顾客忠诚感。

三、组合策略

关键产业控制终端，延伸产业实现利润，但是如何才能形成产业整体竞争合力？

我们知道，宝洁公司通过 9.9 元低价高品质的飘柔洗发水迅速占领市场，然后将"飘柔"的渠道资源（日化品销售，渠道为王）、宝洁品牌资源（公司品牌）、技术资源（洗发水是高科技产品）等转移到海飞丝、潘婷、沙宣洗发水产品中，从而大获成功。继而，宝洁击败联合利华、德国汉高、日本花王，花费巨资从百时美施贵宝公司购得伊卡璐品牌，运用同样的资源转移策略，推广该产品。

普遍认为，宝洁公司通过多品牌战略及合理品牌定位获得成功。其实，多品牌战略成功的内在逻辑是资源转移。宝洁非常合理地将飘柔、海飞丝、潘婷、沙宣及伊卡璐形成产品组合，通过内部资源转移和交叉补贴形成强劲的竞争合力。我们将这种组合称为"铁三角组合"，将这种竞争策略称为"组合策略"。

组合策略，就是将不同产业、业务、产品有机地组合，形成整体竞争合力。

组合策略由控制产业（业务、产品）、金牛产业（业务、产品）和明星产业（业务、产品）三方面组成稳定的"铁三角"，强势攻击竞争对手和市场。控制产业单位赢利水平低，市场份额大，目的在于控制终端顾客；明星产业市场份额小，单位赢利水平高，具有较强的开发潜力；金牛产业市场份额大，单位赢利水平高，是企业最优质的资产。

组合策略利用控制产业对终端顾客的控制作用，将其顾客、品牌、技术、渠道等资源转移到明星产业，然后带动、提升明星产业的市场份额，将其转化为金牛产业，企业将金牛产业补贴给控制产业。这样，企业就形成"控制""明星"和"金牛"组合，整体盈利水平提高，市场份额扩大，整体竞争力也得到提升。企业还可以不断培养明星产业，并通过控制产业将其打造为金牛产业。

在宝洁公司的洗发水业务"组合策略"中，首先，通过低价（赢利水平低）飘柔迅速占领市场（市场份额大），将其打造为控制产品；然后，相继推出明星产品——中价位海飞丝、潘婷和高价位沙宣；再将飘柔的顾客、品牌、渠道等资源转移到海飞丝、潘婷和沙宣，提升它们的市场份额，将其打造成金牛产品；最后，通过交叉补贴的方式，将潘婷、海飞丝、沙宣的利润补贴给飘柔。宝洁运用同样的方式，推出明星产品伊卡璐，并逐步将其打造为金牛产品。这样，宝洁公司的飘柔、潘婷、海飞丝、沙宣和伊卡璐就形成强有力的"铁三角"，全面提升了洗发水业务的市场份额、赢利水平和整体竞争力。

在价值网模式中，组合策略将产品扩展到业务，产业也是如此。

沃尔玛通过"天天平价"的价格策略将零售店扩张到全球，将沃尔玛网上商城（Walmart．com）电子商务平台迅速扩大，零售业务和电子商务业务也就成为控制业务。然后将其零售业务、电子商务业务的顾客和品牌等资源转移到自有商品业务中，提升自有商品业务的市场份额。自有商品业务也就从明星业务变成金牛业务。在中国，沃尔玛正不断地加大自有品牌和自有商品的比重，不断地培养明星业务，并将其打造为金牛业务，从而提升沃尔玛的整体盈利水平和竞争力。

　　在麦当劳的组合策略中，首先以低价位（欧美国家为低价快餐）连锁快餐业务控制终端顾客，将其打造为控制业务；然后将连锁快餐业务的顾客、品牌等资源转移到明星业务——商业地产租赁业务，提升租赁业务的市场份额，将其打造为金牛业务。在麦当劳餐厅中，低价汉堡是控制产品，汉堡将其顾客资源转移到可乐等饮料，提升饮料销售量。饮料是麦当劳餐厅最重要的利润点，也就成为了麦当劳餐厅的金牛产品。

　　微软的操作系统几乎控制了全球的个人 PC 电脑桌面，是绝对的金牛产品。微软将计算机应用软件与操作系统捆绑销售，将 Office、微软邮箱（Outlook）、播放器、IE 浏览器等产品变身为金牛产品。但是，互联网强有力地冲击了计算机应用软件与操作系统的捆绑链。面对危险，微软正在完善价值网模式，同时也在构建组合策略。在微软的组合策略中，操作系统仍然是金牛业务，逐步降价甚至免费试用 Office、众多如 IE 一样的免费计算机应用软件已经从金牛业务变成控制业务。低价、免费的计算机应用软件控制终端顾客，然后将其顾客、技术等资源转移到明星业务——互联网业务上，提升 MSN、必应等互联网业务的市场份额，通过互联网业务增值服务实现盈利。最后，将互联网业务打造成金牛业务，并将其利润补贴给低价、免费的计算机应用软件业务。目前，微软的互联网业务市场份额逐步提升，互联网业务逐步从明星业务向金牛业务转移。组合策略是"控制终端、终端延伸"战略的执行，是重要的竞争策略。

第八章　企业生态下的企业创新

第一节　企业生态创新

一、企业创新

美国哈佛大学教授约瑟夫·熊彼特在 1912 年出版的专著《经济发展理论》中，首次用"创新"理论来解释和阐述资本主义的产生和发展[①]，在书中，熊彼特围绕"创新理论"这个核心，精辟论述了资本主义经济的规律。根据他的观点，所谓"创新"就是将一种从来没有过的关于生产要素和生产条件的"新组合"引入生产体系，创新活动是推动经济增长的最重要和最根本的原动力。国外对创新理论的研究始于 20 世纪 50 年代末，进入 20 世纪 60 年代，以兰斯·戴维斯和道格拉斯·诺尔斯为代表的西方经济学家将熊彼特的创新理论和制度学派的制度理论进行了融合，提出了制度创新理论，到了 20 世纪 70 年代，美国学者纳尔逊和温特基于生物进化理论构建了创新机理，推动了技术创新和制度创新的有效融合[②]。美国工业调查协会对创新的定义是，将新的材料、设备、工艺或某种存在的事物以全新的方式运用于实践中。彼得·德鲁克将创新定义为"创业家特有的，赋予资源以新的创造财富的能力"。从管理学意义上来说，生产系统的改进、组织结构的改变、技术改革以及产品质量的提高等均可看成创新。

---

①② 熊彼特. 经济发展理论[M]. 北京：商务印书馆，2009.

企业生态系统的创新，是指随着网络环境的变化，通过调整系统的组织结构或边界，提高整个企业生态系统的核心能力，以获得竞争优势，最终适应环境的变化。有关创新性分类的方法很多，达曼波尔和威廉艾文的分类最具代表性，他们将创新分为技术创新和制度创新。企业生态系统的创新分为适应性创新和协同性创新。

适应性创新是指企业生态系统适应变化环境过程中的创新，它的创新性主体是整个企业生态系统。根据达尔文的生物进化理论，物竞天择、适者生存是自然界优胜劣汰的基本法则。企业生态系统与其所处的环境之间存在相互制约、相互推动的竞合关系，系统能够正确识别外部环境的发展，相应进行自我调整，以实现资源的重新配置和环境变化的轨迹。

协同性创新是指企业生态系统内部各企业之间在相互适应过程中的创新，它的创新主体为企业生态系统内的各个节点。各节点在相互适应过程中可产生协同效应，包括管理协同效应、技术协同效应、资源利用协同效应、经营协同效应等。从适应的角度来看，协同性创新也属于适应性创新的范畴，即各结点对其所处环境的适应性创新。

二、企业生态创新的意义

现代企业间竞争方式发生了重大变化。传统的市场环境强调更多的是企业之间的竞争，然而在当今的市场格局中，企业的竞争方式从传统竞争转向了既竞争又合作的方式，竞争主体也从企业转向企业间的生态联盟。竞争与合作不再是相互矛盾的，而是可以相互促进的。竞争与合作呈现辩证统一的关系，只有在竞争中合作，以合作促竞争，才能使竞争走上良性循环。企业之间谋求的是"竞争性共存"，是在保证整体利益前提下的有节制的竞争。

技术在经济发展中占主导作用，技术创新可以说是经济增长的源泉和不竭动力。技术创新在经济增长中的作用不断凸显是现代经

济最显著的特征之一。企业作为技术创新的主体与核心，需要不断
进行技术革新来促进经济发展和市场繁荣。同时，随着中国社会的
发展由工业化向信息化的趋势愈加明显，知识在社会经济发展中的
作用日渐加强，而知识的流动与传播是我国社会实现信息化的关键。
讲究合作的大背景为知识、信息与技术在网络中的流动提供了便捷
条件。

企业生态是技术交叉与融合发展的必然产物。从技术发展轨迹来
看，过去 20 年间出现的全新技术较少，但由不同产业内技术交叉、融
合产生的创新却非常多。创新的价值可能发生在生产经营过程的每一个
环节中。这种技术间的交互融合，从技术角度来看，越是超越产业技术
内部的交叉融合，一般越有利于技术的进步；从创新角度来看，创新的
互补性越来越多，作用越来越强，技术融合与创新互补逐渐形成正向反
馈。另外，从技术创新的演变过程可以看出，通过知识、信息在生态
内部和外部进行广泛流动，可以促进互相激发和创新。企业生态网络
之间更密切的战略联系是技术创新过程中的一个重要特点，因此，构
建企业创新网络和合作联盟，不断地强化企业之间的联系，通过各种
合作（正式的与非正式的）促成企业的有价值创新，已成为企业创新
的一个发展趋势和重要特征。

生态创新有利于实现资源优化配置以及发展企业的核心能力。通过
企业生态的构建，可降低交易费用、实现价值共享、规模经济等竞争优
势。生态创新是一个完整过程，需要生态内各企业或各部门之间的有机
合作。随着专业化分工的日益深化，知识在纵向积累上不断强化，在横
向上则逐渐分离，知识链上对知识及技术掌握"程度的增加"和"广度
的减少"，使得它们在创新时必须强调彼此之间的合作，否则很难进行
有效的创新。因此，企业之间对相关知识的传播与交互需求更甚①。所
以，企业生态创新是基于专业化分工和相互协作，利用聚集效应获取创
新优势的一种组织形式。企业生态创新不仅可以实现企业间资源和能力

---

① 王红梅，邱成利．技术创新过程中多主体合作的重要性分析及启示[J]．中
国软科学，2002（3）.

的共享，也有利于实现企业间的技术学习和转移，更为重要的是，生态的协同效应能够创造新的资源与能力。

实践证明，作为一种重要的技术创新模式，企业生态对社会经济发展起到了巨大的推动作用。在日本，注重信用机制设计对生态创新的重要作用，而在美国，硅谷的成功更多的是强调企业之间频繁的、非正式的、互利的交流与合作，以促进生态创新知识在企业之间及整个区域内的广泛传播。

生态创新符合我国经济技术发展的国情。在我国，政府要求创新成果应用于实际，创新的过程包括研发、生产及营销等多个部门的行动配合。因此，熊彼特所说的"企业家是创新的唯一主体①"认为，企业家是唯一能发现利润增长点并且能够领导、组织各部门统一行动的人，企业家是创新的核心。一般来讲，只依靠企业自身力量解决全部创新问题是不现实的，这一点对中小企业来说尤为重要，这也是熊彼特寄希望于垄断大企业实现成功创新的原因之一②。我国有数量众多的中小企业，在国民经济发展中起着重要作用。但由于规模小，竞争力不强，科技水平低，科技人才少，资金缺乏，却仍然追求大而全，致使专业化分工低，使企业不能把有限的资源投入到能够发展自己某一具有核心竞争能力的领域，严重影响了企业核心能力的创造，不能与大企业相抗衡。尤其在世界经济一体化趋势下，跨国企业更对其发展造成了冲击，中小企业的生存和发展面临着前所未有的挑战。因此，中小企业已不能适应在新环境下继续使用传统竞争方式来维持生存与发展，而应该以企业生态的形式，通过合力创新来共同赢得利润。

———————————

① 彼得·德鲁克，蔡文燕（译）. 创新与企业家精神[M]. 北京：机械工业出版社，2007.

② Powell W W, Smith-Doerr L. Interorganizational Collaboration and the Locus of Innovation: Networks of Learning in Biotechnology[J]. Administrative Science Quarterly, 1996, 41（1）.

三、企业生态创新的分类

从创新形式看,企业生态网络中的技术创新可以分为自主创新和合作创新。在一个单元的设计和生产中,由于成员企业之间"背对背"竞争的性质,成员企业可能采取自主创新形式;同时,在满足消费者多样化需求、改进产品性能、优化生态组合规则、改变设计规则和界面标准等方面,成员企业之间可以进行"面对面合作",采取合作创新的形式。与单个企业独自行动相比较,企业伙伴之间通过协同合作被认为能够创造更有价值的知识、资源与能力。

从创新程度看,企业生态网络中的技术创新可以分为渐进式创新和激进式创新。所谓渐进式创新就是在已有技术和知识的基础上,对以往的知识进行二次开发、进一步深化挖掘,从而达到利用并增强既有的知识效果,也就是在原有技术的基础上不断强化现有技术。渐进式创新是在知识积累的基础上,在既定轨道上的完善和发展原有技术,改进或升级现有产品。激进式创新又称为突破式创新,是对已有的技术和能力形成破坏和颠覆的知识范式的否定,开发全新技术替代现有技术,并以新技术开发全新产品、开拓新市场。

从创新的对象看,企业生态网络中的技术创新可以分为单元创新、结构创新和产品创新。单元创新是指在原有的设计规则下开发新的单元;结构创新是设计规则的变化;产品创新是由单元创新或单元组合规则的变化所引起的产品性能变化,产生新产品系列。

从技术创新的角度分析,企业生态网络中存在着三类独特的创新资源定位,即组织体系的整合创新定位、专用单元创新定位和通用单元创新定位。生态型组织内企业的战略设计内容突出体现在本企业的创新资源的选择上。由于创新资源的可分解、可分享和可组合性,企业生态网络能够巩固和强化创新的生态化效应,通过内部成员企业的并行创新和合作创新,达到创新效应的最大化。

第二节 企业生态创新的特点与优势

一、企业生态创新的特点

企业生态是以知识、技术和人才密集型、追求创新为核心的企业群，是以高新技术及产品和服务的研制开发、生产转化和经营销售为主体的一系列企业的集合体。它被认为是整个社会中最具发展前景和发展活力的企业集合。

概括来说，企业生态的创新具有以下特点：

（1）技术创新为核心

企业生态系统一般以科学研究、技术开发、技术转让、技术服务、技术咨询及高新技术产品和服务的研制、生产、销售为主营业务的经营实体和市场主体，具有明显的科技特征，因此科技含量更高。

（2）高收益和高风险并存

科技领域创新速度的加快催生了知识经济的到来，使企业生态在创新过程中面临更多的风险，主要包括技术风险、市场风险、财务风险，主要表现在其研制开发阶段投入较高，在高新技术及产品的开发过程中受社会经济运行、科学技术进步、研究设计思路及技术手段、人员素质、组织管理水平等诸多因素影响，创新项目开发成功与否存在着很多的不确定性。高新技术及其产品的有效生命周期一般都很短，并呈现出日益缩短的趋势。因此，一旦在技术创新上停滞不前，或者偏离了正确的方向，企业就可能迅速被淘汰。

（3）高投入与高成长并存

企业为了增强竞争优势，形成核心竞争力，都不断加大研发投入，而资本是研发力的助长剂。技术研究和开发要求在整个创新过程中不断注入大量的资金，具有投资高、费用大的特征。据国外研究统计，由基础科学研究到技术开发再到转化为社会生产力，其研究投资比值一般为 $1:10:1000$，因此一般认为，研究和开发资金占销售收入 1% 的企业难以生存，占 2% 的企业可以维持，占 3% 的企业才有竞争力①。

　　企业生态的高成长缘于产品服务的高技术性和高竞争力,经营机制的高度适应性和经营者的高度创新理念.处于企业生态中的企业能更好更快地适应经营环境的变化,对外界环境的变化做出更及时的响应,依靠技术创新与市场竞争的核心战略,不断开发新技术产品,形成新的产业,使得生态中的企业在较快的时间内以惊人的速度发展,出现高速增长的现象,在竞争中处于领先地位。

二、企业生态创新的竞争优势

　　企业生态创新所表现出的持久竞争优势，主要体现在以下几个方面：降低研发成本、获取外部经济、促进技术与知识的溢出、培育企业根植性、降低采纳新技术风险、促进二次创新和专业化的市场配套。

（1）企业生态能够获得外部经济

　　企业分工意味着多样化和专业化共存，多样化与外部范围经济相联系，专业化与外部规模经济相联系，多样化和专业化是企业生态外部经济性的两个不同侧面，相互融合在一起构成企业生态形成的系统动力。外部范围经济不仅表现为因行业生产适应市场需求所带来的品种增加给单个企业带来更多的发展机会和收益，也表现为同一地区多个企业生产多种相同产品或通过专业化分工生产多种相关产品而给单个企业带来的益处。这种经济存在于专业化分工协作发达的地方生产系统中。

（2）企业生态可以有效降低创新成本

　　地理接近和社会根植这两组效应共同构成了生态在降低创新费用上的优势，从信息学与地理经济学的角度，空间距离通过作用于信息的不确定性来降低经济主体的信息生产效率从而增加其为交易而付出的信息搜寻成本，这是经济活动空间积聚的主要原因。大量现代

---

① 李先发. 我国科技型中小企业信息化研究[J]. 中国科技产业，2003（3）.

企业生态的实证考察发现，与生态相伴的发达的中间产品市场为本地的专业化生产有效地节约了大量的交易费用，从而促进生态社会分工的进一步分化。

（3）企业生态能够促进知识溢出

在企业生态研究的最初，马歇尔就认识到了企业生态有利于企业间相互学习，通过协同创新的环境产生"技术外溢"。技术溢出是马歇尔外部经济理论的主要观点，后来的学者对企业生态的知识（技术知识、需求信息、供给信息、经营经验等）溢出优势进行了更深入的研究。欧洲区域创新环境研究小组认为产业的生态聚集形成了充满活力的创新空间。一方面，企业集聚可使群内企业共享单个企业无法实现的好处，如专业化机构创造、大规模生产、企业间协调创新以及辅助产业的专业化服务等好处，这构成了区内良好的创新物质环境。另一方面，集群成员之间因供应链、人员流动和企业衍生建立了长期的关系纽带和重复互动，这有利于他们的集体学习，同时由于生态的内部性也有利于企业之间知识和技术的扩散。因此，集群成员在知识背景、知识处理系统和知识商业化目标方面很容易形成相似性或"共同语言"，这种相似性构成了集群特有的创新氛围，有利于各种技术、知识的传播。在聚集群体内部，企业通过创新和开发所获得的包括产品生产技术、市场信息以及企业管理方式等新知识，很大一部分会外溢出去，成为整个企业生态的公共知识。这些知识的溢出是企业之间距离的函数，只有在空间上坐落于集群内部的企业才能获得这种公共知识，一旦离开，这种企业集群性可能就会弱化甚至丧失。

（4）企业生态创新可以培育根植性

作为一种全新的企业组织形式，企业生态使企业与机构具有相近性，企业及其他经济主体之间容易形成一种相互依存的产业关联和共同的产业文化，并且建立一套大家共同遵守的行业规范，有利于双方更好地合作与相互信任。在这套行为规范指导和文化范围的影响下，各经济主体之间相互信任和交流，从而加快了新思想、新观念、信息和创新的扩散速度，节省了企业生态组织的交易成本，这种特性就称为根植性。

根植性被认为是企业生态优势的主要制度来源。

生态的规模范围、交易成本降低、技术知识的溢出和根植性是相互作用、相互影响的。大量企业的聚集形成生态有利于降低它们彼此交易的成本，而较低的交易成本可以促进企业之间的互动、合作和人员流动，而这些方面的优势是促进知识溢出和培养根植性的主要途径[①]。

（5）企业生态能够降低企业采用新技术的风险

生态中的企业空间距离近，分工协作关系密切，几乎可以免费分享其他企业的信息。企业生态内各企业之间所结成的信息传播网络及其广泛而频繁的信息交流，大大提高了企业对新技术的认知能力。一方面，通过近距离观察其他同类企业应用新技术的结果，企业无需自己试验就可以知道采用新技术的成本、风险与收益，进而对是否采用新技术做出决策。另一方面，与单个企业相比，处在企业生态中的企业可以分摊采用新技术可能存在的风险，克服自身承担风险能力差的缺陷，大大降低采用新技术所带来的不确定性。

（6）促进技术的二次创新和专业的市场配套

在采用新技术的过程中，众多使用者会根据自身条件和市场需求对技术进行改进，这种技术的二次创新活动可以对新技术的率先使用者及跟进使用者产生积极的影响，加快新技术在生态内企业的应用，强化新技术应用的适应性和相容性。

企业生态内往往有专业市场与之相配套，专业市场不仅是商品交易的场所，而且是技术创新者、率先采用者和跟进使用者之间的桥梁。专业市场有助于提高技术创新与应用的相容性，提高使用新技术的成功率，降低了协调成本和风险。专业市场巨大的商品流和人流，会产生大量的技术信息交流和知识传播，使之成为专用线产业技术和其他各种信息交流的中心[②]。

---

① 王举颖. 集群环境下科技型中小企业网络化成长与协同进化研究[D]. 天津大学，2007.
② 邝国良，方少帆. 我国产业集群模式对技术扩散的影响研究[J]. 工业技术经济，2005，24（1）.

第三节　企业生态创新的动力

一、企业生态创新的内部动力

企业生态创新的内部动力指的是存在于企业生态内部的动力因素，它们是企业生态创新活动的内在驱动力。大致来说，企业生态创新系统的内在动力主要包括预期收益驱动力、内部激励推动力、生态文化影响力以及生态创新保障力。

1. 企业创新的预期收益驱动力

任何社会角色的社会行为都必然符合利益期望的趋势。因而，无论对于任何企业来说，对利益（利润和竞争优势）的追求和利益的实现，都是促使其进行创新活动的内在驱动力①。企业是以盈利为目的的经济行为的主体，利润是企业生存的首要考虑，也是企业长期立足于商界的不二法门。企业在通过创新满足社会需求的过程中可能获得的超额利润和相对优势，是诱发企业创新的内在动力，也是得以牵动企业技术创新的根本原因。企业创新预期收益不仅包括竞争优势、利润，还包括企业的品牌、形象等。创新预期利益的大小具有诱导和进一步激励企业从事创新的双重功能。当一项创新活动开始之前，对创新利益的预期会诱导企业决策者考虑是否选择这项创新，当创新成功以后，巨大的利益会激励企业继续创新，同时也会诱导其他企业加入创新的行列，进而带动整个企业生态的创新发展。经济全球化的深入和知识经济的飞速发展，使各类产业的利润空间变得越来越小，产品的生命周期大为缩短。面对经济、科技迅猛发展的态势，企业唯有不断创新才能提升企业的核心能力，只有加强技术创新投入，才能够保持一定的利润水平，获取较高的收益。企业经济利益最大化的唯一途径就是通过提升产品的市场份额，开拓新产品和新技术市场，提高利润水平。可见，在市场发育健全、市场竞争

---

① 关士续. 技术创新的运行机制和动力机制[J]. 未来与发展，1991（5）.

机制能够正常发挥作用的经济环境下,技术创新是企业追求利益最大化的内在要求[1]。

作为盈利性经济组织,企业存在的根本意义在于通过开展活动为社会提供商品或服务, 并通过活动在收回投资的同时获得利润和竞争优势, 从而确保其自身的生存与发展[2]。盈利是企业创造附加价值的组成部分,也是社会对企业所生产的产品和服务能否满足社会需要的认可与报酬。

企业通过创新而带来的高额收益,不仅让企业家、员工等企业的利益群体受益,而且对社会经济的增长贡献颇多。对于当今绝大多数的企业来说,经济性不仅是一种要求,而且往往被认为是企业行为的最高且唯一的目的[3]。

实现利益最大化是任何一个企业经营的第一目标,利益驱动是企业技术创新的最主要的内动力,它在所有内动力中起主导作用。利益是牵动企业创新的一只看不见的手,是企业创新动力的来源,在企业经营和创新的全过程中由始至终都发挥着作用。而且, 追求利益最大化也不断吸引愈来愈多产业内其他企业加入创新队伍, 从而起到了促进了整个企业生态创新发展的作用。

2. 企业生态内部利益的激励

内部激励是组织者为了使组织内成员的行为与其目标兼容,并充分发挥每个成员的潜能而执行的一种制度框架。它通过一系列具体的组织行为规范并根据组织成员生存与发展要求、价值观等设计的奖惩制度来运转[4]。企业生态创新是一个涉及经济实力、技术力量、组织结构以及集群文化等方面的系统工程, 它是涉及整个集群各方面协同作用的过

① 吕军, 庄小丽. 论企业技术创新的性质及内部动力因素[J]. 科技进步与对策, 2000, 17 (7).
② 王全喜. 企业学导论[M]. 南京:南开大学出版社, 2001.
③ 孙冰. 企业技术创新动力研究[D]. 哈尔滨工程大学, 2003.
④ 张建华. 创新、激励与经济发展[M]. 武汉:华中理工大学出版社, 2000.

程，人力资本是其核心[①]。

要想在创新过程中发挥人的创新潜能,就必须创造出一套能够激发人力资本创新积极性的机制。人力资本包括生态内的企业家、创新研发人员和其他协助参与的人员。而内部激励机制是生态创新活动启动、开展和强化的力量源泉。充分调动各类人员的创新积极性、主动性,特别是技术人员的创新欲望是创新活动顺利开展的前提.工作态度以及创新成果会受到各种条件的影响和制约。因此,推动技术创新的关键在于建立起内部创新激励机制。

激励的方法一般包括物质激励和精神激励.物质激励是以经济手段来激发人产生动力,是一切激励方式中最基本也是最有效的手段。物质激励通过对人们物质欲望的满足,来刺激人们产生行为动机。物质激励的方法主要包括期权、股份、工资、福利、产权、奖金等制度[②]。当然,对创新活动中各成员的物质奖励的内容和程度视乎他们对创新贡献的大小而呈现出一定的差异性.精神激励则是为参与创新的人员提供一个包括提升、选派优秀人才深造、委以创新技术带头人名衔等在内的发展的平台, 以充分施展其技术和科研才华。

企业通常制定激励性的技术创新鼓励政策和对有重大贡献的员工给予丰厚的物质奖励和多样的精神鼓励,提高员工的钻研技术、开发技术的积极性,从而为企业的技术创新活动提供助动力。故此,在企业内部建立技术创新建立机制是企业技术创新得以有效开展并取得成功的关键[③]。

若能在企业生态内部建立起有效的激励机制,充分调动科研人员的主动性和创造性,使他们以最活跃的姿态参与到各项科研活动中,无疑将会使企业的技术创新充满活力[④]。

① 刘早春. 企业技术创新的激励机制探讨[J]. 经济师, 2002（9）.
② 杨建君, 李垣. 企业技术创新主体间的激励关系研究[J].科研管理,2004, 25（3）.
③ 吴林源, 李利英. 强化企业技术创新的激励[J]. 铁道物资科学管理,2001, 19（5）.
④ 张波. 企业技术创新中的人才与激励因素研究[J]. 航天工业管理,2000 （2）: 65-66.

3．企业生态文化的影响力

企业生态文化是指生态内各行为主体之间在长期互动成长过程中形成的特有的管理制度、价值理念和行为模式，表征了企业生态成员企业的行为规范、价值理念等。企业生态文化是一种具有不断磨合产生的具有共性的整合文化，是企业生态能够实现持续创新的核心动力[①]。

生态创新文化是指崇尚创新的生态文化[②]，它对生态的协同创新活动发挥着很大的影响作用。它通过影响组织和参与创新活动人员的价值观、思维方式和行为方式等，对协同创新活动起着内在的、无形的感染和推动作用。这种作用主要表现为以下三个方面。

（1）导向功能

导向功能是指创新文化对生态整体及参与创新的每位员工的价值取向及行为取向起引导作用，赋予他们创新精神，使之符合企业生态所确定的创新目标。创新文化为全体员工确立的基本价值观、道德规范等虽然是一种无形的准则，却创造了一个共同的文化氛围，能够把个体行为引导到群体行为上来。创新文化一旦建立，就等于在生态内形成了系统的价值和规范标准，赋予各层面、各环节以创新精神，当参与创新人员的行为价值取向与创新文化的规范标准和创新精神相背离时，创新文化会引导他们向创新目标靠拢，使他们自觉地认知和接受不断创新的价值观念，自觉地挑战自己的行为，并最终实现创新目标。

（2）凝聚功能

凝聚功能是指创新文化会把全体参与创新人员团结在创新目标之下，调动企业生态内部创新的积极性，进而在创新过程中产生巨大的凝聚力和向心力。企业生态创新文化实际上是通过对生态创新意识的培养，形成全体参与人员共同创造的生态意识，通过在长期的创新实践中

① 牟绍波，王成璋．产业集群持续成长的动力机制：基于集群文化视角[J]．科技管理研究，2008，28（4）．
② 刘焕荣，翟秀玲，刘惠萍．创新文化与现代企业技术创新[J]．开发研究，2001（3）．

形成的创新信念、动机、兴趣等文化心理来沟通人们的思想，引导人们产生共同的使命感、归属感和认同感，调动自身的潜能和发挥自己的聪明才智，积极参与创新活动，为整个生态的协同创新做出自己的贡献[①]。

（3）激励功能

激励功能是指员工在技术创新过程中从内心产生一种高昂的情绪和奋发进取的精神。人是创新的主体，人的积极性和潜能的发挥是影响创新成就的重要因素[②]。通过创新文化的塑造，在参与者的心目中树立起创新的思想观念和行为准则，企业文化把尊重人作为它的重心内容，对人的激励不是一种内在的引导，而是使每个人从内心深处自觉产生为技术创新而拼搏的精神，形成对于生态创新发展的强烈使命感和持久驱动力量，激励员工不断追求技术创新。

良好的创新文化能为技术创新指明方向，激发员工参与创新的热情，体现在创新过程的每一阶段，并使企业生态的创新活动始终处于活跃旺盛的状态。更重要的是，创新文化也使技术创新得以在更高层次、更深远的境界上进行，使生态内参与创新的企业作为关键社会成员的社会功能更好地体现[③]。

4．企业生态创新保障力

企业的成功发展与竞争优势的获得，不仅有赖于其产品，更离不开开发新产品和解决技术难题的创新能力，这种能力在知识经济时代显得尤其重要。所谓创新能力，是指在创新过程中充分发挥其所拥有资源的作用，获得创新收益的实力及可能性，它是创新过程中一系列能力的综合体现。一般来说，拥有较强的创新能力能够使企业不断开发研制出新产品，扩充企业的发展空间，提高企业的盈利水平，从而可以使企业保持强劲的创新动力[④]。因此，在创新活动中，当具备了其他动力因素以

---

① 任书良. 企业技术创新与企业创新文化[J]. 经济体制改革，2000（5）.

② 贾乃新. 论企业文化与技术创新[J]. 社会科学辑刊，2000（4）.

③ 张添勇. 浅论优秀企业文化对技术创新的有效影响[J]. 科学管理研究，1997（3）.

④ 韩慧玲. 我国企业技术创新能力探析[J]. 陕西行政学院学报，2002，16（2）.

后，创新能力的强弱就直接关系到创新活动的经济效果，创新能力是生态创新过程的核心保障力。

　　通常，在创新活动之前，企业生态内企业会对其技术创新中必需的人力、资金、物质、信息等资源进行估价，对自己的创新能力进行预评估，来判断创新成功的可能性，以决定是否进行技术创新活动。企业的创新能力越强，创新所开辟的市场前景与利益越大，企业越有可能实现技术创新，因而创新能力越强，对创新活动成功的信心就越足，从而对创新活动的保障力也就越大。同时，较强的创新能力也能够使协作的企业之间对协同创新活动的未来充满憧憬。

　　总之，创新能力会使生态内部产生一种无形的推动力，促使生态内的企业积极参与到协同创新过程中去。

二、企业生态创新的外部动力

　　企业生态协同创新的外在动力是指通过刺激、驱动、诱导等方式，对生态的创新产生推动作用的外部的动力因素。企业生态创新系统外部动力主要包括技术推动力、需求拉动力、市场竞争压力以及政府支持力四种。

1．企业生态创新的技术推动力

　　技术的发展是以不断冲破旧的技术规范为代价，进而建立并形成新的技术规范，并在新的技术规范确定的技术轨道中不断积累和完善逐步高阶化的。当代科学技术，尤其是高新技术的发展，一方面使得新用途、新功能的产品不断出现，另一方面极大解放了劳动力，使得经济发展中物化劳动消耗不断减少。正因为科学技术的这种作用，人类才会源源不断地进行技术创新[1]。

　　科学技术进步对企业生态创新的直接推动作用是十分明显的。技术

---

① 武德昆，柴丽俊，高俊山．企业技术创新动力的形成过程[J]．北京科技大学学报，2004，26（3）．

创新的成功，不仅实现了新产品、新工艺甚至是新产业的发展。当科技成果物化为全新的产品后，可以创造新的生产、需求和发展的理念，能够带动关联产业或产品的发展。一般而言，率先创新成功的企业在一定时期内获得较高的利润，这就会促使企业不断地引入先进的技术原理，吸纳科技成果，开展技术创新，以便抢占创新带来的商业先机。

技术推动创新主要通过以下四种途径[①]：

① 新技术思路诱导。新的技术思路能够诱导企业家去组织研发创新活动，并将研究开发成果投入商业化应用。

② 技术轨道。重大的技术成果所形成的技术规范模式化以后，形成了技术轨道。在这条轨道上，只要有某一项技术商业化，其类同创新就会沿着它本身开辟的轨道，自发地启动并完成多项渐进性创新，并为新的根本性创新积累能量。

③ 技术预期。当创造者预测某项技术尚未进入衰退期，其应用有可能带来经济效益时，就会将这一技术投入商业化过程。

④ 输入推动。技术推动技术创新的效应主要取决于特定技术本身的技术进展程度。当新型材料的引入使旧的工艺设备无法或不能有效加工时，就会推动创新者变革工艺、改进设备，以适应生产发展。小的技术进展只能推动渐进式的技术创新；大的技术进展则有可能推动突进式的技术创新。创新的经济效果只取决于特定技术在经济生活中的有效程度。

2．生态创新的市场需求拉动力

市场需求是创新活动的原动力，也是创新活动成功的保证。有研究对创新产品的成功进行了统计分析，结果表明，与市场需求结合度高的的创新，其成功率高达 2/3，失败率只有 13.8%；相反，与市场需求结合一般的创新，其成功率只有 1/3，还有一半左右是部分成功的，大约 16% 失败；与市场需求结合度低的创新，其失败率高达 64% 左右。可

---

① 徐中和．企业技术创新动力模式[J]．区域经济评论，1995（7）．

见市场需求是决定创新活动成败的至关重要的因素。市场需求既包括消费者对产品和服务从价格、质量、效用、数量上的需求，又包括企业或集群生产发展上的需求。它随着经济和社会发展不断变化，当变化达到一定程度、形成一定规模时，将直接影响该类型企业产品的销售和收入水平，同时它也提供了新的市场机会和构思思路，并引导企业以此为导向开展创新活动，从而形成对创新活动的拉动和激励[①]。

西方著名经济学家熊彼特认为，需求拉动的创新具有特殊的意义与作用。英国的施穆克勒是需求拉动首位权重说的积极倡导者。他认为，在推动创新的动力体系中，需求拉动是最为重要的。若无市场需求，任何创新都没有进行的动力，创新者也就无法从创新中得到期望的利润[②]。英国学者罗纳德·阿曼和朱利安·库泊也认为，需求拉力对技术创新的激励具有普遍性，对某种特殊产品或生产工艺过程的需求是创新的基本动因。

欧洲的一项研究表明，企业主要是从用户那里得到需求信息反馈，作为产品创新的基本依据。全新、首创新思路 100% 来自用户，重大革新思路 58% 来自用户，20% 来自企业生产需求，12% 来源于其他[③]。麻省理工斯隆管理学院的罗伯茨教授专门对英国和美国的成功创新的案例进行了研究。对英国的研究结果表明，27% 的创新来自技术推动，48% 的创新源于市场需求，25% 的创新来自企业生产需求，后两项为需求拉动，合计达到 73%；对于美国的研究表明，来自技术推动的为 22%，源于市场需求的是 47%，发源于企业生产需要的占 31%，需求拉动合计 78%[④]。

简而言之，市场需求是创新的出发点，也是技术创新的终极目标。新需求的产生、旧需求的更替以及需求规模的增加都可以拉动并持续影响创新活动。需求拉动创新，反过来，创新在满足需求的同时又会诱发

① 徐维祥. 企业技术创新动力系统研究[J]. 数量经济技术经济研究，2002，19（1）.
② 谢亚光. 技术创新[M]. 长沙：湖南科学技术出版社. 2000.
③ 孙淑玲. 现代企业技术创新的动力及策略[J]. 电子政务，1997（7）.
④ 李平丽，刘介明. 企业技术创新的双轮杠杆模型[J]. 价值工程，2003（6）.

新的需求，从而拉动新一轮创新，这样循环往复，使得需求拉动成为创新的主要和持续动力。

3. 生态内企业的竞争压力

竞争是市场经济的基本调节机制之一，也是市场经济发展的客观规律，更是企业生存所必须面对的现实环境。激烈的市场竞争会迫使企业运用各种手段增强自身实力以求得生存发展，维持现状则有被淘汰的风险。毫无疑问，求得生存是企业首要的考量。竞争既是压力，也是激励。随着经济全球化的不断深入，市场竞争已成为经济生活中的常态。

绝大多数企业都是在市场竞争的压力下生存和发展的。面对市场竞争，有的企业为提高市场地位而创新，有的企业为保持份额而创新。无论企业做出何种程度的创新反应，市场竞争都是企业创新的动力之一。准确地说，市场竞争是迫使企业技术创新的压力。

波特认为，技术是决定竞争规则的最重要的因素之一。由竞争引发的技术创新在市场经济体制中是一种客观现象。创新能够带来超额利润，如果某个企业通过创新而获得了超额利润，就会使尚未采用新技术的竞争对手失去部分利润，迫使其相继创新，这样就会形成一种创新的良性循环。当新的创新技术被大量企业广泛应用时，超额利润消失，想要进一步获取超额利润的企业需要进一步创新，就会进一步诱发新的创新浪潮。

市场竞争对企业生态创新的促进作用主要表现在以下几个方面：

首先，竞争迫使生态内企业快速收集情报资料，准确及时掌握市场信息动态，为技术开发做好前期准备。在挑战面前，企业不得不关心自己产品的质量处于什么水平，产品的品种、规格等是否适合用户的需求，价格是否合理等。通过对这些情报资料的收集和信息的掌握，企业能够做到知己知彼，来确定技术开发的方向、任务和要求[①]。

其次，竞争能够迫使企业开发适销对路、价廉物美的产品。在激烈

---

① 徐维祥. 企业技术创新动力系统研究[J]. 数量经济技术经济研究，2002，19（1）.

的市场竞争中，企业要为自己的产品打开销路，提高市场占有率，就必须采用先进的科学技术，改进设备和生产工艺，提高劳动生产率，节约费用支出，降低产品成本。同时企业也要更新思路，挖掘潜力，不断使产品更新换代，提高产品质量，尽可能使产品符合市场的需要。如果没有市场竞争，企业失去市场压力，就会造成技术创新进展缓慢甚至停滞不前的现象发生。

　　再次，竞争能改变人们的观念，增长技术开发者的才干。市场竞争迫使人们产生了强烈的危机感、紧迫感，进而将压力变为动力，在竞争的实践中树立起新的观念。企业也会想方设法通过各种措施来提高职工的素质，特别是职工的科技素质。职工也会自觉自愿地参与学技术、学文化，提高文化知识和操作水平，以适应市场竞争的需要，这为企业进行更有效的技术开发提供了人才保证[1]。为了引导创新行为正常运行，需要强调适度强度和规范性竞争。

　　竞争是激发技术创新行为的重要因素。企业在市场竞争中需要保持创新水平的领先地位，提供一流的销售方式和售后服务，市场竞争使创新者在抵制他人模仿方面总处于领先地位，这种创新机制比专利制度更有效地保护创新者的利益。市场自身能给创新者提供某种天然的保护，为创新提供持续的动力[2]。

4．生态创新的政府政策支持力

　　政府对企业生态创新主要运用政策手段进行影响、引导、激励和保护。创新活动的深度和广度在不同国家和地区、不同产业、不同时期都表现出较大差异。其中，创新活动除了受市场需求方的影响之外，还受到政策环境的影响[3]。因此，政府需要努力营造一个鼓励技术创新的政策环境。一般而言，政府会根据国家发展战略的需要，通过政策体系、

---

① 吴铁男. 知识经济与技术创新[M]. 北京：经济管理出版社，1999.
② Pavitt K, Stoneman P. The Economic Analysis of Technological Change[J]. Economic Journal, 1984, 94（374）.
③ 陈向东，胡萍. 我国技术创新政策效用实证分析[J]. 科学研究，2004，22（1）.

组织体系、法律体系以及行为体系，来影响社会各个层次的技术创新。国内外的经验证明，规模较大以及收益较多的技术创新，往往得益于政府的支持[①]。

政府的技术创新政策大致可分为两类：引导性政策和保护性政策。具体来说，政府用以支持企业技术创新的方式有：

① 产业发展政策。各国政府往往通过制定技术创新计划，实行产业发展政策，颁布新的产品标准等措施来引导企业研发新的产品和工艺，推动生态技术创新。我国的调查经验表明，攻关计划对部门和行业发展起到了较大的推动作用。

② 税收政策。税收政策主要指针对研发和新产品的减免税收等。给予新产品减免税收是国家支持创新的最直接和最重要举措。

③ 信贷政策。政府制定的信贷政策、利率政策可以极大地推动企业生态的创新。政府的信贷政策能够对一些缺乏资金开发新产品的企业以及一些缺乏足够的资金购买新产品的企业起到很大的推动作用。另外，政府也可制定鼓励性的利率政策来鼓励企业创新。提高创新企业的贷款额度，减低贷款利率，政府资助是比较普遍采取的手段。

④ 政府采购。在许多产业领域，政府采购对技术创新起着极为重要的促进作用。政府部门的需求构成一个比较稳定的大市场，这种市场有利于创新产品的问世、发展。政府部门的采购起着"需求拉动"作用，这种作用在产品研发周期的早期尤为重要。有时候，政府采购所起的推动作用要比政府对研发的直接资助大得多。

⑤ 法律法规。法律法规作为上层建筑的重要组成部分，对国家的技术创新活动起着重要的保障和调节作用。专利制度是世界各国普遍采用的知识产权保障制度，知识产权化就是确保企业的创新动力，使创新的私人收益与社会整体收益趋于一致。

⑥ 风险投资制度。缺乏创新资金是大多数企业都会遇到的问题，风险资金可以弥补这方面的不足，风险投资的目的就是分担或减少技术

---

① 柴丽俊. 工业企业技术创新动力和能力的研究[J]. 内蒙古科技与经济，2000（4）.

创新中的不确定性带来的损失，在创新中起着很大的作用。

⑦ 基础设施服务。对许多中小企业而言，由于缺乏足够的技术力量和资金支持，存在不知如何创新的难题，这就需要政府层面建立相应的创新设施服务中心，为存在困难的中小企业提供创新信息，帮助他们进行企业创新。另外，为了提高创新效率，需要国家建立创新网络，使企业生态内的企业共享信息，以达到协同创新的效果。

第四节　企业生态创新战略及对策

一、企业生态系统技术创新战略

技术创新战略是指企业在合理地分析自身内外部条件和环境的基础上，做出的企业技术创新总体战略布局和规划。截至目前，学界对创新战略的划分也没有形成定论。本书将创新战略大致分成两类，一类为技术自主创新战略，另一类为合作创新战略，也就是排除了合作中的市场化因素的技术企业生态创新战略。顾名思义，技术自主创新是指企业依靠自身实力攻破技术难关，产生技术突破。而合作创新则是指企业组织间的联合创新行为，这当中包含了对借鉴先进技术的模仿创新。目前，企业生态创新是北美、西欧、日本等发达国家和地区十分流行的技术创新战略，不仅中小企业，一些大型企业也对这一战略十分热衷。

单纯封闭式研发的效率是较低的，对发展中国家来说尤其如此，随着技术的不断发展和经济全球化的不断深入，外部化技术发展趋势也越来越明显。另外，技术自主创新虽然是世界绝大多数著名企业的成功之路，但需要具备足够的经济实力，也要能够承担创新风险。而科技型中小企业往往缺乏足够的经济实力，采用自主技术创新模式存在一定的难度。

另外，我国许多出众的中小企业凭借人力成本的优势以及自身努力，逐步融入到跨国公司的生态中，并迅速发展壮大起来。然而，对跨国公司过度的依赖有优势也蕴含巨大的风险。一方面，较早融入跨国公司的生态系统中可以为这些企业带来发展契机；另一方面，表面的衣食无忧背后，也隐藏着处处受制于人的尴尬。

信息技术和交通技术的高度发达，使得不同国家之间生产同一产品的竞争不断加剧。而使用同一技术的企业之间的竞争更是激烈无比。在这种复杂多变的形势下，企业所面临的技术问题越来越棘手，技术的综合性和集群性特征越来越明显。即便是技术力量雄厚的大企业也会面临技术资源短缺的问题，更别提中小企业。因此，企业之间、企业与高等科研院校之间通过适当分工合作进行的企业生态创新，可以在一定程度上实现资源共享和优势互补，成为国内外企业技术创新的主要方式和必然趋势。

企业生态创新以资源共享或利益互补为前提条件，以成员企业的共同经济为基础，有明确的合作目标、合作期限、利益分配。生态创新可以实现不同企业主体之间的优势互补和资源共享。众所周知，任何创新都存在着风险，一次失败就可能将企业葬送。大企业很少直接将自己的核心技术拱手让出，因此，中小企业在企业生态中要注重自身能力的培养和积累。

根据哈贝马斯的观点，科学技术成为一个国家第一生产力的中介力量就是政府。由于政府政策对企业创新的影响巨大，在以高科技发展为主导的经济时代，要推动创新，首先必须改革政治体制。因此，如何强化国家国家在科学技术、经济和社会等领域的调控和参与力度，促进企业与政府、学校及中介组织进行良好合作，是促进企业创新的前提。

跨国公司的全球化生产与合作，使得国际生产与合作逐步取代国际贸易成为国际经济交往的主要方式。经济全球化一方面使各国相互依赖性加深，另一方面也使国际经济活动产生更多的竞争，这就使得包括跨国公司在内的各市场主体间的经济合作也就成为一种必然的选择。

企业生态创新是一个开放式系统，合作创新行为的发生及效果是企业内部和外部多种因素共同作用的结果。不仅受到企业自身的组织特征的制约，也受到各种外部环境因素的影响。

二、企业生态创新的对策

企业之间通过合作产生交集，彼此之间相互联系、相互制约，形成了企业生态系统。在生态系统内部，企业不能只专注于自己业务的部分而忽视其他部分。企业创新可以发生在企业生态不同的环节上，这些环节既包括企业内部，也包括企业与外部的竞争者与替代者以及顾客等。企业创新受到创新成本、比较利益以及创新时间等因素的影响，企业创新的前提必然要求创新所带来的收益要大于各种成本之和，并且企业的技术积累与足够的资源也是必不可少的。创新主体之间的合作、联系和知识流动不足是我国创新体系的一个主要缺陷。

熊彼特认为，大小企业要充分发挥自身优势，积极建立学习型组织，将企业内部的资源及信息进行有效整合，以提升企业的核心竞争力，这样才能在合作中处于有利地位。

（1）团队内部合作，建立学习型组织

首先，在企业所有员工中就"共同生产"理念达成共识才最为有效，因此，必须以员工为本建立"共同生产"理念，使企业中的所有员工都有归属感和成就感，乐于奉献，敢于创新，并愿意同其他员工进行合作。这就需要企业经营者注重培养员工的团队合作精神和对"共同生产"理念的理解①。此外，需求层次理论指出要对不同员工实施不同的激励措施，以增加员工的积极性。公司应推行多样化和有差异的薪酬策略，无论是在物质上还是精神上，都应给予员工相应的奖励。

其次，设置合理可行的组织目标和富有创新热情的队伍是实现团队合作的重要因素。一个团队只有将个人的需要、利益与团队、组织的目标结合起来，才能充满干劲和活力。只有让成员体会到团队目标的实现有自己的一份贡献和功劳，才会真正地鼓舞员工，才能营造良好的团队合作氛围。因此，公司应信任每个员工，给予他们必要的发挥空间和适当的授权，让他们尽自己最大的努力实现团队利益的最大化。

---

① Senge, Peter M, 郭进隆. 第五项修炼：学习型组织的艺术与实务[M]. 上海：上海三联书店，1998.

合作学习往往会产生让人意想不到的结果，在不同人的合作下，可能孕育出极为重要的科学成果。所以，通过建立学习型组织方式开展的团体学习是发展团体成员整体搭配与实现共同目标能力的过程。学习型组织能够识别适宜的外部知识来源，更有效地审视外部环境，促进创新的开始以及新观点、新知识的产生。此外，由于新知识的转换需要组织的适应性，而学习型组织中员工行为的多元化，恰好有利于外部知识与多边的内部组织的整合过程。

（2）在企业生态中培育企业的核心竞争力

共同的目标是企业生态中各方合作的基础。在新产品开发过程中，要建立合作创新的激励机制与管理机制，加大合作企业之间的资源共享，缩短整个业务流程，鼓励、倡导新思想、新主张，重视分析生态中合作伙伴的能力，尽量共享产品设计、开发信息。

核心企业要具有贸易伙伴间双向迅捷的信息流，要注意建立并拥有与企业相补充能力企业之间牢固的企业生态合作关系，加快信息的传递速度，提高企业运作效率。

（3）全面促进产学研的合作

大学是知识创新的重要主体，大学高科技在知识经济时代处于非常关键的地位。目前，我国在大中型企业设置科研机构的比例远远低于美日等国，据统计，我国大中型企业设置科研机构的比例为53%，而日本、美国的这一比例却高达100%。尽管占比很高，但目前美、日等发达国家依然十分重视大学与企业之间的产学合作。

大学与企业的合作是技术创新上、中、下游的对接与耦合，是科研、教育、生产不同社会分工在功能与资源优势上的协同与集成。大学拥有较丰富的知识储量、先进的技术设备以及较强的技术开发能力，是合作技术创新的技术提供者。事实上，合作技术创新的关键在于大学教师。一项技术是否能成功，不在于学校的能力如何，而在于参与合作技术创新的教师及教师组合的能力如何。因此，校企合作技术创新的实质是大学教师与企业进行合作技术创新[①]。

从企业角度讲,企业具有较强的创新需求和高技术产业化的物质能量,能敏锐捕捉市场动态和需求。企业为了在激烈的市场竞争中求生存、求发展,迫切需要大量的新技术、新工艺,以便使自己的设备、产品更新换代。而大学和科研院所也希望更多的科技成果能够产生经济效益,从而推动科研教学工作良性循环。总之,无论是企业技术设备的引进、升级换代、使用改进,还是产品的研发和更新换代,都需要专业技术的支撑,这对于中国的绝大部分中小型企业而言,都是难以在内部独立实现的,这正是实现产学研合作技术创新的现实基础。

（4）与政府进行合作

政府可以通过政策引导、技术咨询、科技统计、信息中心、技术交流等方式对中小型技术创新提供较为完整的信息。同时,政府也必须按照市场经济的要求,采用规范手段调控和鼓励创新行为,改变行政方式,简化审批手续,减少政府的影响,使企业真正成为技术创新的主体。

简言之,政府与企业的合作可以分为以下三种:

一是直接支持,包括制定实施科技计划,解决中小型企业技术创新的资金短缺难题,并为中小型企业提供良好的融资环境;组织搭建信息平台,促进中小型企业同其他部门的交流合作;建设创新服务基地,为中小企业创新提供全方位支持。

二是对专业服务机构和行业组织进行监督。政府对专业服务机构和行业组织进行监督可以营造公平合理的经营环境,促进企业更加规范、更加制度化地发展。

三是政府还应该有针对性地调整技术创新的支持重点。例如,根据社会发展需要支持企业研发的方向和范围,采取措施鼓励政府所属科研成果的转化,前瞻性地开展基础研究及共性技术开发等。

（5）中小企业应充分发挥灵活性作用，与大企业进行有效合作

灵活性和创造性在中小型企业的技术创新特色定位中具有重要的

---

① 苏敬勤. 合作技术创新理论及机制研究[M]. 大连：大连理工大学出版社，2002.

位置。因此,中小型企业应着眼于向企业外部提供产品及服务的独创性,并以此作为与其他机构进行生态合作的立足之本。

中小型企业赖以生存与发展的基础往往就是市场空缺或产品的独特性,因此必须在这些方面做到最强。中小型企业在制定技术创新战略时,必须考虑其所处的动态变化的经营环境,要成为细分市场的强者,并尽量避免与大企业发生正面冲突。对于那些市场已趋于饱和的老产品,须当机立断,尽快转变方向,把企业有限的资源投向具有发展前景的新领域。对于不具备雄厚实力的中小企业来说,应寻找市场空缺,选择在技术上较为可行、具有适度超前性、附加值高的特色产品。

由于大企业具有先进的技术、雄厚的经济实力、更为广阔的市场以及销售渠道,因此,中小企业通过与大企业合作形成供应链,为大企业提供零部件的生产及服务,来实现信息互通、人员交流、资源共享等附加效益。

但是,由于大企业可能往往是某一市场或者技术的垄断者,在与大企业的合作中,中小企业会受制于垄断的大企业,造成合作中的不公平现象时有发生,破坏"平等互利"的合作基础。

第九章 企业生态的演化

以演化和生态学的方法，从动态的、演化的角度研究企业生存发展的规律，是当今企业管理研究的趋势，而演化理论则是这一思路的综合体现。企业演化理论是一门通过引用生物学的思想方法研究企业生态发展和行为演变规律的理论。它把企业放在一个开放的、复杂多变的环境中，以动态的、演化的理念来分析和理解企业的存在与发展规律。其理论根源于达尔文和拉马克的生物遗传理论，并借鉴混沌理论、耗散结构理论、突变论等生物学思想和自然科学多领域的研究成果，以生物学隐喻和类比研究企业行为，并逐渐向更深层次的数学建模方向发展。

第一节 企业及企业生态的演化

一、企业的演化内容

科学技术是第一生产力，人类社会革命性的变革都是由重大的科学技术革命引起的。科学技术革命与发展引起生产关系的变化，从而引起全部社会关系的变化。第一次工业革命把人类推到工业社会时期，第二次工业革命发展使人类社会更向工业社会推进，第三次工业革命把人类社会推到知识社会的新阶段。推动企业演化的动因与动力是科学技术进步，并且有重大的科学技术革命才会产生突变性的演化，因而企业的演化呈现为间断平衡。企业演化并不体现在产权构成上，而是体现在功能与组织形态上，在商业资本主义时期就出现独资、合资和股份公司的企业产权结构的组织形态，并体现在内部组织形态和外部形态两个方面。外部形态指企业间的关系和生产内容，内部组织形态指企业的权力关系结构、组织结构，生产和经营方式结构。内部组织形态的演变是对外部组织形态的适应，取决于外部组织形态。

1．外部组织形态

在工业社会中，企业间的关系呈现出自由竞争—寡头竞争—自由竞争的反复过程，它本质上是科学技术革命交替与发展的体现。每一次革命性的技术革命及其发展可以划分为如图 9-1 所示的三个阶段。

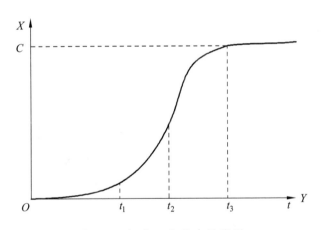

图 9-1　每次工业革命的发展

其中，$0 \sim t_1$ 时期为工业革命的初级阶段，新技术新产品出现。$t_1 \sim t_2$ 时期新技术与新产品大量涌现，人们可以利用掌握的技术、产品（自身创造或专利购买）在少量资金的支持下创办新企业，大量中小型企业涌现，企业间的状态呈现为自由竞争的形态。$t_2 \sim t_3$ 时期，该次工业革命发展走到后期，新技术、新产品的出现大大减少并趋向枯竭，企业自由竞争走向垄断，形成寡头竞争的状态，直到新的工业革命到来，企业形态又重新产生新的周期。

第一次、第二次工业革命生产的主要是物质产品，而第三次工业革命生产的主要是知识产品，生产内容的变化引起生产方式和生产关系的根本变化。

2．内部组织结构

如上所述，内部组织结构取决于外部组织结构。

（1）权力关系结构

① 工业社会权力关系结构与演化。相对于所有权，企业运行的组织权和指挥权才是企业真正的权力。如果拥有所有权而没有对企业运行的组织和指挥能力，真正的权力必然转移到有能力对企业加以运行、组织和指挥的人手中。在工业社会自由竞争时期，新技术、新产品的出现相对缓慢，前景相对明朗，企业规模相对小，环境变化可预测性和企业内部可控性都强，决定了企业由企业主经营，企业的所有权和经营权统一，一切权力集中于企业主手中，使企业具有强大的活力。具有优势的企业迅速发展，处于劣势的企业迅速死亡，所以在第一次、第二次产业革命中，自由竞争的时期是十分短暂的。在工业社会的寡头竞争时期，企业规模大，问题复杂，企业主或股东不可能解决企业中的复杂问题，企业的权力转移到管理层手中，并在管理层中进行分权，形成权力阶梯。在资本主义社会后期，由于工人斗争与工会阻力，提出工人参与管理，实际上是工会代表参与管理，他们又成为管理层的一部分，并未真正实现一线职工参与管理，职工真正参与管理要等到知识社会的到来。应该注意，大量的中小型企业存在并不等于自由竞争。自由竞争还需具备另外两个条件：一是企业自由进入与退出，二是不存在依赖关系。在资本主义的垄断时期，仍存在大量的中小型企业，但大量中小型企业是依赖于大型企业而生存的。实际上，上述结论是描述大、中、小型企业权力结构和产生产业结构转移的原因。小型企业所有权、经营权统一，权力集中于企业主手中；中型企业权力部分转移到管理层中；大型企业权力主要集中于管理层。企业办得越大，企业主或股东失去的权力越多，这是企业发展的内部规律，不因人的意志而转移。

②　知识社会权力结构与演化。我们从知识型企业分析入手，所得结果同样适合传统产业。对于知识型企业，生产的是知识产品（知识产品是知识含量高的产品），知识成为主宰企业的力量。企业由企业主（股东）、管理层、知识生产者及一般职工所构成。不管是大、中型企业还是小企业，企业主、管理层、知识生产者构成权力结构链，企业越大，社会生态环境越复杂，权力中心越往下移。实际上，在知识社会中，传统的制造业向知识化发展，因而上述的规律同样适合非知识型企业。

（2）组织结构

企业的权力结构和外部环境决定了企业的组织结构。管理层权力越大，组织结构越强；企业越大，沟通能力越差，组织结构层次越多；环境变化越慢，组织结构越刚性化。这就决定了工业社会与知识社会企业组织结构的根本差别。在工业社会中，大中型企业组织结构强、层次多、刚性化，并且企业越大组织结构越强、越多、越刚性化；知识社会企业组织结构弱、层次少、柔性化，环境越复杂变化越快，要求组织结构越弱、层次越少、柔性化越强，使得对迅速变化的复杂环境能做出及时的反应。

（3）生产结构

在工业社会中，工厂生产过程追求高生产效率，生产的产品追求高质量，因此生产过程向机械化、流水线生产作业发展，生产结构由劳动者与机械、流水线及监督结为一体，要求托夫勒所说的标准化、专门化、同步化、集中化、极大化、集权化。

在知识社会中，生产由知识产品生产与物质产品生产两部分构成。知识产品生产是技术与产品创新的生产，包括新技术提出、新产品开发、新产品生产工艺设计等。知识产品生产是创造性的脑力劳动工作，要求弹性化团队的工作方式，具有反标准化、专业化、同步化、集权化特点，要求发挥个人的智慧，大胆创新，团队协作，做到知识与技能综合。

在知识社会中，物质产品生产逐步由自动化和半自动化所取代，绝大部分工人逐步成为自动生产的控制者。由于市场需求变化迅速，生产组织形式不再要求定型、大批量，而要求小批、快捷、弹性。

（4）经营组织结构

在工业社会中，绝大多数企业经营采取由上而下的形式，选定畅销产品—进行成本、定价与销售量测算—组织优质生产—组织高效销售—扩大市场份额—获取更大利润。核心工作是财务规划、生产规划、销售规划的执行，形成规划—执行两个层次的经营组织结构。企业经营主要是面向现在，争夺现在的市场。

在知识社会中，企业利润主要不是来自于低成本，而是来自于创新价值；企业生存不是来自于扩大市场份额、打倒竞争对手，而是来自于创新技术、创新产品、创新服务、创造创新市场，四个创新成为知识社会经营的基本原则，因而，形成由上而下又由下而上的结构；挖掘顾客的潜在需求和开发可能满足顾客潜在需求的新技术与新产品—新产品开发规划研究（市场预测、财务分析、风险分析）—确定开发的新产品—新产品开发—新产品与原产品生产综合发展研究—新产品与原产品综合生产规划—生产组织—综合销售规划—进行销售—售后服务。因而，形成了战略—规划—执行的三层次组织结构。战略层次包括：挖掘顾客潜在需求和可能开发满足顾客潜在需求的新技术与新产品，确定开发的新产品，新产品与原产品综合发展。在迅速变化且复杂的环境中，对于这些问题，越是高层越处于盲目状态，只有通过由下而上提供信息参与研究，再由高层进行决策才能完成，同时，在规划层次上亦需要下层（执行层次）人员提供信息和参与研究。

二、企业生态系统的演化

与自然生态系统一样，企业生态系统具有生存和发展的欲望与新陈代谢的特征，经历诞生、成长、发育、繁殖、衰老和死亡的生命周期。一个企业自身生态系统的动态演化过程实际上是核心产品的生命周期过程。当企业内部发明某项新技术，或发现新规则、新市场、新顾客，甚至只是一个新的理念或想法，能够创造更好的产品和服务时，其企业生态系统开始处于萌芽状态。经过开拓期后，如果能生存下来，且获得一定发展，就进入成长期，企业逐步不断扩大延伸成为市场领袖。随着市场成熟，生态系统逐步扩大进入成熟期，最后可能因创新实现企业生态系统的自我升级延续其发展，或因缺乏创新使生态系统逐步衰退而被新的生态系统所替代（见图 9-2）。

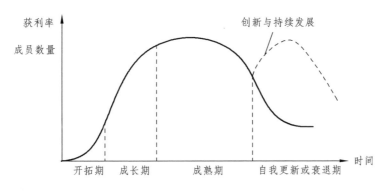

图 9-2　企业生态系统动态演化过程

在企业生态系统动态演化过程中，系统成员的数量、质量及稳定性在各阶段大不相同。一般来讲，成员数量遵循着由少到多，然后稳定，直到系统衰退，再由多到少这样一个变化过程。而成员质量与稳定性则是伴随着企业生态系统的成长而逐步提高，直至系统衰退也随之下降。企业生态系统演进的快慢、成长的大小主要取决于核心产品的价值效应以及产品竞争力状况，而产品竞争力状况则是由生态系统的持续创新能力决定的。不同的企业生态系统在各阶段发展经历的时间长短大不相同①。

1．开拓期

这个阶段主要探索或创造具有市场潜力的新的企业生态系统种苗。任何一个有创新意义且有价值的产品或服务，都有可能开始一个新的企

---

① 张嶷，张锐. 企业生态系统的构成及运行机制研究[J]. 科技管理研究，2005，25（3）.

业生态系统。在开拓时期,企业家一般都满怀激情地开发那些能更好地
满足顾客需要的新产品或新服务项目,通过宣传等手段吸引市场注意力
和投资,找到一种互相依存的关系,即适当的供应商、投资者、合伙人、
顾客,并把他们纳入价值创造系统中,初步建立一种有序的共生关系,
即新的生态系统,尽管这样的生态系统尚不成熟,但至少可以满足顾客
的初始需要。

　　这一阶段成功的关键在于"相对价值试验",比较哪些是顾客已经
利用的,哪些还处于企业生态系统的萌芽状态,只要新产品和新服务有
获得益处的希望,且顾客、供应商及其他利益相关者对各种益处有所期
待,才能激发人们的热情,才能投入资金、人力和其他资源,创建新的
生态系统①。

　　企业生态系统开拓要取得成功,必须具备以下条件:

　　①　明确所要建立的新的商业模式,这一模式主要由在系统中占主
导地位的产业来确立。这一模式首先确定所提供的产品或服务能否引起
顾客的兴趣,判断顾客能否容忍该生态系统初级产品的不完备。换句话
说,系统提供的产品或服务要能满足顾客的某种需求,顾客愿意付出成
本做出交换,同时,这种模式还要学会激发顾客支持和参与的意愿,使
顾客愿意帮助改进核心产品,从顾客的意见中寻求改善方向。其次,要
考虑企业生态系统可以运营的市场的自然界限,即市场规模有多大,可
能带来多少利益,存在哪些竞争对手,这种模式能否比原有价值链结构
更加协调和更富有效率,能否提供更低的价格与更好的表现。最后,判
断这个模式需要哪些关键的合伙人、重要供应商、顾客,如何与他们建
立一种相互依存、相互作用的关系。

　　②　提供可以扩展与改进的早期产品。早期产品在功能、样式、设
计、质量等方面还不是很完备,但它能给顾客带来一种新的体验,顾客
被吸引并愿意尝试这种产品能给顾客提供现存产品所不能满足的利益。
这种产品或服务必须能融入顾客的文化、生活和商业之中,具有扩展和

_____

　　① 詹姆斯·弗·穆尔,梁骏等译. 竞争的衰亡——商业时代的领导与战略
　　　[M]. 北京:北京出版社,1999.

改进的可能，可以为扩展阶段做好准备。比如个人计算机的发展史中，最初的计算机既没有存储设备，也没有稳定的记忆功能，使用扳钮开关而非键盘，但它的出现唤起了许多年轻人的热情，人们从中得到新的体验和感受，最后引发了个人计算机革命，使计算机生态系统得以形成。

③ 寻找机会市场，尽力开拓与潜在竞争对手不同的市场生态系统，可以相对避免竞争，保持生态系统初期发展，有利于各种生态关系的形成。

④ 建立一个可以创造联盟的组织形式。在绝大多数情况下，一个新的生态系统都是出现在另一个已经建立起来的生态系统的边缘或者从其嫁接而来。如有线电视就是在无线电视系统嫁接而来，作为无线电视的竞争对手播放自己的节目；为了满足人们的需求，智能手机、旧式手机、寻呼机之间也存在嫁接关系。系统领导者必须找到可以合作的伙伴或成员，设计如何与这些成员建立联系，形成初始的组织形式，获得第一阶段所需的技术上的支持。领导者可以通过多种形式加强与其他成员联系，比如，可以利用所有权形式，即其他成员参与投资或参股，以及保持以信任为基础，并能互利互惠的长期合作关系等。

⑤ 考虑即将建立的生态系统与政府和社会公众的关系。许多生态系统之所以失败，就是忽略政府以及社会公众的反应。例如某个企业在筹建过程中，发现该厂址原来是一个历史古迹，于是被政府有关部门勒令停建，或企业在产品生产的过程中，并未关注环境保护，遭到社会公众的抵制，企业形象受到影响等。应努力使自己与社会公众价值及政府政策保持一致，加强与他们的关系，使他们逐渐成为系统成员，对系统给予支持。

2．成长期

当初期的企业生态系统建立起来后，逐渐具备了进化的能力和条件，将进入成长阶段。当然，其企业生态系统的成长速度取决于核心产品技术含量的高低，市场需求的大小，竞争产品或替代品的多少以及新产品或服务为顾客带来的价值大小。随着生态系统的成长，在其产品或服务逐步得到顾客认可的条件下，由于前期竞争对手相对较少，利润一般较高，其他生态系统成员往往会被高利润所吸引，进而加入到该生态系统，该生态系统的资源随之被新加入成员所丰富。同时，通过优良业绩和共享平台，广大供应商、金融机构、媒体、政府机构以及其他相关群体也将被吸引。"有效的企业生态系统也必须通过扩展，覆盖他们可利用的范围。这能扩大需求，或者意味着抓住可利用的供应和销售的关键元素及相关产品和服务，使他们支持你在生态系统中的地位和观念。[①]"此阶段的主要特征为产品种类增加、利益相关者群体增大、生态系统的边界扩展，企业生态系统的市场竞争力和抵抗力逐步提高，具有较强的生命力。

这个阶段成功的关键是在希望关注和开发的市场界限内建立核心团体，区分并团结大多数可利用的潜在的联盟，例如最好的顾客、最能干的供应商、最重要的渠道等。一旦企业拥有这个核心团体，更多较为保守的潜在同盟也会被吸引，并考虑加入到队伍之中，进而转化为对商业质量和规模经济的有力支持。·那些没有核心团体的企业生态系统将无望地看着生态系统由于缺乏足够的顾客、供应商、销售商以及价值创造系统的其他相关企业和组织的支持而消亡[②]。

在这个阶段企业生态系统领导者应该为系统长远发展设计一个发展目标，并控制系统的扩展速度，使其有节奏地发展，避免盲目扩张。这一阶段也存在一个防御问题，因为系统在发展过程中，受到高利润的吸引，经常有两个或更多的拥有明显相似核心思想的阵营组织出现，阵营之间必然会出现激烈的竞争。一方企图强迫对方加盟到自己的系统，另一方则寻找任何机会，试图拆散竞争对手的联合体。在这样一个环境下，通常我们可以通过与顾客签约、占有渠道、饱和需求、满足顾客所有需求等，建立防御边界，使对手无隙可乘。

---

①② 詹姆斯·弗·穆尔，梁骏等译. 竞争的衰亡-商业时代的领导与战略 [M]. 北京：北京出版社，1999.

3.成熟期

随着企业生态系统的快速稳定发展，企业生态系统的结构趋于稳定，规模扩大，成员素质不断提高，系统运行越来越良性化，扩张能力越来越强，其竞争能力也极大提高，逐渐进入成熟期。在这个阶段，系统成员"经过竞争选择以正确的时间和地点，出现在非常适当的位置，成为共同体的最佳角色。协议和关系则成为组织企业生态系统运行的自组织机制。这些关系作为利益的保护，为共同体成员所认可。因此，任何改变关系的企图，对依赖共同体的成员都具有破坏性。[①]"

随着生态系统结构逐渐趋于稳定，后来者能够利用已建立的稳定的战略体系，轻而易举地进入系统之中，稳定趋同的战略体系让后来者避免了前期探索过程中可能遭受到的损失。"处于成熟状态的商业共同体的入口非常脆弱，容易受到克隆者的攻击。外来者可以经常克隆生态系统的中心产品和过程，由此找到竞选成员资格的方法。[②]"另一方面，企业生态系统内部可能因为权力引起激烈的竞争。为了保障企业生态系统的可持续发展，避免外部及内部因素对生态系统造成的破坏，使企业生态系统的成熟期延长，系统中扮演不同角色的成员应该集中精力做出自己的贡献，核心企业领导者一方面要带领和保持整个生态系统的创新，阻止克隆者和新范式竞争者的攻击，另一方面保持自身在生态系统中的权威性领导，使自身的创新主动性不断居于中心地位，并对共同体做出独一无二的贡献，确立未来发展的方向，为生态系统的关键顾客和供应商投资，避开生态系统内的竞争对手。对跟随者来说，需要具有异常敏锐的感觉，以便令其自身能够适应领导者的需要；再者，跟随者还必须寻求参与信息共享项目，采取各类可能提高系统内成员整体感的措施，实现团体内领导者与各成员之间的平衡。

①② 詹姆斯·弗·穆尔，梁骏等译. 竞争的衰亡-商业时代的领导与战略 [M]. 北京：北京出版社，1999.

4．自我更新或衰退期

由于技术发展、市场需求及政策变化，任何企业生态系统的建立都不可能一劳永逸。企业生态系统最终必然要面临两个进化结果：第一是当企业生态系统在面临同类、非同类生态系统的竞争时，如果满足于已有的成功而没能适时创新以适应技术发展和市场需求，或没能适应非生物环境因素的变化，最终使原有生态系统落后而被新发展的企业生态系统所替代；第二是生态系统成员特别是系统中核心企业群通过创新，建立起生态系统未来发展所需的核心能力和核心产品，以此为基础实现自身企业生态系统的协同进化或升级，不断提高产品或服务的客户价值，使生态系统保持活力实现可持续发展。①

在这个阶段，企业生态系统的成员要避免停滞思想，要建立动态管理的意识和不断增长的理解未来生态系统其他范式的管理能力，通过技术更新、管理更新、创意更新，在现存的生态系统中最大限度地改进企业运行性能，最典型的方式是以"技术输入"为生态系统注入新的思想，或创造新的生态系统。②

第二节　企业生态系统演化的前提

企业生态系统是一个典型的复杂适应系统。根据耗散结构理论，系统产生自组织现象，形成耗散结构，必须满足以下四个条件：开发及开放到一定程度、远离平衡态、非线性相互作用和涨落。四个条件中，每一个条件在自组织生成的过程中都有自己的地位和作用，单独的任何一个都不足以引发系统的自组织行为。显然，现实中任何按照生态系统原则建立的企业生态系统均具备这些自组织形成的条件。

---

① 张燚，张锐．企业生态系统的构成及运行机制研究[J]．科技管理研究，2005，25（3）．

② 詹姆斯·弗·穆尔，梁骏等译．竞争的衰亡-商业时代的领导与战略[M]．北京：北京出版社，1999．

一、企业生态系统的开放性

按照系统理论分类,一般热力学系统可以分为孤立系统与开放系统两类。孤立系统是与外界没有物质、能力交换关系的系统,它不可能自发地从无序的无组织状态走向有序的组织状态,即不可能出现自组织。即使原有的系统组织化程度较高,也会由于系统处于孤立状态而使组织结构瓦解。开放系统是与外界环境既有物质和能量交换,也有信息交换的系统。开放不仅仅是系统与环境的关系,它还是系统的内在要求。只有开放,系统才可能具有发展潜力,才可能自发组织起来,向更有序的状态发展。企业生态系统不可能是孤立系统,因为它必须不断与环境进行能量、物质与信息交流。一方面,它必须不断从周围环境输入维持其运行与发展所必需的能量、物质与信息,如向自然界获取生产资料、能源和引进人才等;另一方面,它又必须将自身所产生的无效能量、物质或信息输出给周围环境,如输出成品和解聘员工甚至排放污染物等。由此可见,企业生态系统不仅能接受环境的变化,被环境所影响,也会对环境造成影响,这是作为企业生态系统的一个重要特征。

二、企业生态系统原理平衡态

企业生态自组织的另一重要条件是,外界必须驱动开放系统越出近平衡态的线性区域,到达远离平衡态的非平衡的、非线性区域。远离平衡态意味着系统内部存在能量的流动、信息的传递,而且离平衡态越远,各种运动越激烈。一个企业生态系统中的企业因超分工发展,加强了自身的优势领域,企业间的异质性随之加强,任何一个单独的企业都无法实现整套产品的生产。为了满足消费者的需求,系统内的企业必须紧密合作,也就是说企业之间将会有大量信息、资源、能量等的流动。因此,企业生态系统是远离平衡态的系统。远离平衡态,不仅是企业生态系统自组织现象发生的条件之一,而且是自组织系统组织结构得以维持的必要条件之一。

三、企业生态系统非线性相互作用

非线性的相互作用是系统整体性和复杂性的本质与来源,是系统演化为有序结构的根本原因。根据自组织理论,企业生态系统的自组织演化是在其内部大量子系统(企业和其他组织)既竞争又协同的非线性相互作用下发生发展的。首先,由于非线性作用,不同企业相互争取空间、时间或功能上的有利态势与资源态势,这就造成非平衡的竞争协同运动,因而促进了系统的演化;其次,企业生态系统内部同时还存在企业间的协同,协同又使企业联合起来,在非线性作用下使企业作用被放大从而产生整体性行为。

四、企业生态系统涨落

涨落指系统参量在一个数值上下震荡的现象,它是系统形成有序结构的原始动力。涨落有两种作用,一是使偏离平衡态的系统恢复到原来的状态;二是使系统从一个临界点到达一种新的稳定状态。通过涨落突破了临界点,系统就进入了高一级的、有序的新状态,就会呈现出原有状态所不具备的新功能。影响企业生态系统演化的因素都可理解为涨落,观念的改变、技术因素的影响、顾客需求的改变等都会产生涨落,导致企业生态系统偏离原有的稳定状态,经过相变进入新的稳定状态。

第三节　企业生态系统演化机制

从系统论和热力学的观点来看,自组织是指一个系统通过与外界交换物质、能量和信息降低自身的熵含量,且在内在机制的驱动下,自行从简单向复杂、从粗糙向细致方向发展演化,不断地提高自身的结构有序度和自适应、自发展功能的过程。本书认为,按照生态系统原则建立起来的企业生态系统的演化是自组织与环境选择相结合的产物,其中自组织是内部机制和根本动力，而环境选择是外部机制。

一、内部机制

自组织是指在没有外界特定干涉的条件下能自行组织、自行创生、自行演化和自主地从无序走向有序、形成有结构的系统的过程和结果。这里有两点要特别强调，一是"没有外界的特定干涉"并不是说系统可以脱离环境自主发展，相反，系统的自组织强烈依赖于与环境交换物质、能量与信息，只有外部环境向系统输入物质、能量、信息达到一定阈值时，系统的自组织才能发生；二是"没有外界的特定干涉"强调的是那种结构或功能并非外界强加给体系的，而是外界以非特定方式作用于体系[①]。

与图 9-2 所示企业生态系统的动态演化过程相对应，存在一个系统内在的自组织机制（见图 9-3），横坐标表示系统偏离平衡态的程度，纵坐标表示企业生态系统结构的有序程度。

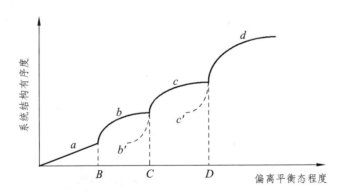

图 9-3 企业生态系统演化的自组织机制

在开拓阶段，虽然有一定数量的企业和相关机构围绕新的观念而进行投资，但它们之间尚未形成特定的关联，是一个处于平衡态的相对封

---

① 苗东升. 自组织与他组织[J]. 中国人民大学学报，1988，2（4）.

闭的系统，系统的有序程度很低，而且在此阶段，系统从平衡态逐渐偏离到近平衡态，但仍处于非平衡态线性区，对应于图 9-3 的热力学分支 a 段，属企业生态系统萌芽阶段。成长阶段则对应于图 9-3 中的 b 分支。此时，随着各个组织之间关联度提高，以及系统与环境的耦合，原有近平衡走向远离平衡状态并超过一定阈值点（B 点）而失稳，非线性作用通过局部涨落（系统局部对整体的宏观均态暂时微小的随机偏离）放大引起系统突变，形成了时空结构有序的核心团体，实现企业生态系统演化过程的一次飞跃。从协同论角度看，核心团体的涌现则是系统各个单元（企业、机构及各种要素）非线性相互作用加强，关联能量大于各个企业或机构独立运动能量，个体运动服从于协同运动使系统出现有序结构，形成具有耗散结构特征的核心团体。核心团体形成后，继续与环境进行物质、能量、信息交换，发挥极化和扩展功能，企业和相关机构迅速增多，内部关联和与环境的相互作用加强，使系统进一步远离平衡态（成熟阶段），到 C 点导致二级分支 c 出现，形成具有耗散结构特征的完整的企业生态系统。同理，企业生态系统升级（自我更新阶段）表示分支涌现，企业生态系统出现更高级、更有序的结构。此外，在环境恶化、外力打击等外部因素，以及技术创新断层、过度竞争等内部因素的制约下，企业生态系统也可能衰败、死亡，或被其他生态系统所替代。图 9-3 中虚线 b' 段、c' 段表示企业生态系统结构有序程度降低、功能退化。

　　在企业生态系统具备了自组织演化的条件之后，竞争与协同共同决定系统的命运，共同承担这系统演化的任务，为自组织系统演化提供动力。子系统的竞争使系统趋于非平衡，而这正是系统自组织的重要条件，子系统之间的协同则在非平衡条件下使子系统某些运动趋势联合并加以放大，从而使之占据优势地位，支配系统整体的演化。竞争与协同产生的内在原因是系统要素之间的相互作用，竞争与协同是系统要素相互作用的表现与结果[1][2]。

① 许国志. 系统科学[M]. 上海：上海科技教育出版社，2000.
② 彭仕政. 系统协同与自组织过程原理及应用[M]. 贵阳：贵州科技出版社，1998.

　　企业生态系统内部的竞争主要体现在两个方面，首先，虽然超分工整合的发展使得企业专精于自己的优势领域，从而导致企业间必须以合作的方式才能满足消费者对产品或服务的需求，但提供同样服务的企业并不是只有一个，因此企业生态系统内各企业之间的竞争是永存的；其次，企业生态系统中不同企业对外部环境和条件的适应性与反应不同，获取的物质、能量以及信息的质量也存在差异，各企业间的特点和优劣势必定会带来竞争。当然，企业生态系统内部的竞争不是传统意义上企业之间为争夺资源和市场而进行的破坏性的竞争，而更多的是为客户提供一种基于产品、技术之上的增值服务。竞争的存在和结果可能造成系统内部或系统之间更大的差异、非均匀和不平衡性。从开放系统的演化角度看，这种竞争一方面造就了系统远离平衡态的自组织演化条件，另一方面推动了系统向有序结构的演化。除了竞争之外，在企业生态系统中，企业之间更多地表现为相互协同、相互依赖、相互合作，以谋求共同发展，并共同推动整个企业生态系统的演化。因为随着新经济时代的到来，单一的特定企业已不可能完全满足客户的需求，在这种情况下，企业之间的关系变得更加复杂化，企业之间只有合作、共生，才能更好地适应多变、多元化市场的需要。这种企业生态系统协同进化的一个最好的例子就是计算机生态系统的协同进化，每当英特尔生产出一种新的微型芯片时，个人计算机市场（至少是基于英特尔—微软标准的绝大多数客户）都会做出调整，微型芯片成了驱动个人计算机发展的引擎，因此每当英特尔生产出一种更先进的芯片时，它就能够促进功能更强大的计算机的出现，性能强大的计算机能够处理更加复杂的问题，而当客户对计算机性能又有了新需求，产品需求又为新的芯片的诞生增加了动力，如此不断地循环，就构成了计算机生态系统的协同进化。

　　总之，企业生态系统演化的动力来自系统内部的竞争与协同两种相互作用。企业之间的激烈竞争能够防止系统进入平衡态，推动系统内新质的产生，最终促进系统动态有序。而企业间的协同则能够促进新质的稳定，防止过度竞争导致的系统无序状态的产生，明确系统的演化方向，同时在非平衡态条件下使企业的某些运动趋势联合起来并加以放大，从而使之占据优势地位，支配着企业生态系统整体的演化。

二、外部机制

自组织能够在演化中起着复杂性增加、有序化提高的作用，但演化还需要外部机制的作用。企业生态系统有许多发展的方向，实际进入哪一个自组织分支以及怎样进入自组织分支，尽管基本由"涨落来决定"，但最后还得通过环境的选择，因为只有适应环境，才能谈得上是真正的演化。所以，环境选择成为了企业生态系统演化的外部机制。

环境选择是指外在环境对处于一定环境中的企业生态系统产生的选择压力。这个选择压力来自三个方面：首先是来自其他企业生态系统的竞争，比如 SONY 公司领导的 Betamax 生态系统同以松下公司和胜利公司为中心的那个比它大得多的 VHS 生态系统之间的录像机之争[①]；其次是来自社会经济文化等环境，即对企业生态系统生存发展具有一定影响力的社会经济文化等因素，比如政策法令、经济环境、科学技术水平和社会文化背景等；最后是自然界以及自然资源，自然界既为企业生态系统提供了必需的自然资源作为其成长的营养成分，同时也是企业生存发展的物质介质。

谈到环境选择，就必然要提到适应。对环境的适应是企业生态系统演化的充分条件，适应了环境，才能谈得上演化。比如，一个新产品的出现，虽然技术非常先进，也比现有产品更为方便，甚至价格也更加便宜，但如果得不到消费者的认可或者本身产品的需求量并不大，那么它同样难以发展，甚至可能最终会从市场上消失。摩托罗拉等公司合作的铱星项目就属于这种情况，铱星系统没有经过充分准备就正式推向市场，相应的产品和服务却没有跟上，遏制了潜在的消费需求，从而在消费者中造成不良影响。对于企业生态系统来说，适应包括两个方面的含

---

① 黄昕，潘军. 论集成化在商业生态系统和供应链中的耦合性[J]. 经济与管理，2004，18（2）.

义，一是企业生态系统的结构适应于一定功能的实现，二是企业生态系统的结构与相关的功能适合于企业生态系统在一定环境条件下的生存和发展。前者实质上指的是企业生态系统的结构安排必须有助于其功能的实现，我们知道，每个企业生态系统都有一定的功能，无论是提供商品还是服务，企业生态系统的结构安排必须有助于这些功能的实现，包括有选择优秀的人才、设计顺畅的沟通渠道等。后者指的是企业生态系统优胜劣汰的问题，对于具有同样功能的企业生态系统而言，谁的产品更受消费者欢迎，谁的销售渠道更加顺畅，谁的创新能力更强，那么就说明它的结构与相关的功能就更适合于它在一定环境条件下的生存和发展，而较弱的一方可能就要被环境所抛弃，这就是环境选择。

第四节　企业生态系统演化规律

　　生态学中将群落发展变化过程中，由低级到高级、由简单到复杂、一个阶段接着一个阶段的自然演变现象称为演替。在演替过程中的不同阶段，各种过渡性群落所出现的时期称为系列期。系列期内物种也不断更替，早期出现的物种称为先锋物种；中期出现的物种称为过渡种或演替种；演替发展到最后出现在顶极群落中的物种称为顶极种。就某一物种而言，一般在演替中的相互关系经历以下四个阶段：① 互不干扰阶段，这是群落演替中物种从无到有的最初阶段，也是入侵阶段，这时候物种数目少，种群密度低，在对自然资源的利用上没什么竞争。② 相互干扰阶段，这主要是指物种间的竞争。有的物种在侵入后，能定居下来进行繁殖，而另一些物种则被排斥而趋于消失，所以也叫定居阶段。③ 共摊阶段，在这个阶段那些能很好利用自然资源而又能在物种相互作用中共存下来的物种得到发展，它们从不同的角度利用共摊自然资源，也叫发展阶段。④ 进化阶段，物种的协同进化使自然资源的利用更加合理和有效，群落结构更趋合理，物种组成及数量维持一定比例。若物种在竞争中不能适应改变了的环境则可能被新入侵的物种所取代①。

本书从企业生存基本条件入手,分析企业生态的演化过程,将企业生态的演化划分为四个阶段:互不干扰阶段,定居阶段,发展阶段,进化阶段。每一阶段都有可能由于企业本身原因或外在环境因素,造成产业集群的夭折,在进化阶段,会产生两种截然相反的结果,即死亡或新生(名誉死亡),如图9-4所示。

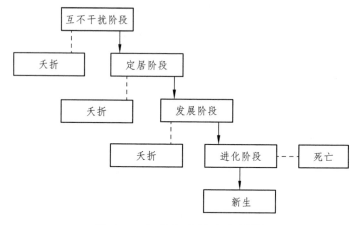

图 9-4 企业生态的生命周期

一、互不干扰阶段

企业个体之所以会选择某地作为其生存发展地,关键在于该地具有其发展壮大所需要的资源空间,或者说初始生态位较宽。因而作为先锋物种的企业会以天时、地利、政通、人和等作为标准来选择初始的生存地。这些构成企业生态位的基本维度要素包括一些偶然因素,但也有些是外部力量强制引导的结果。主要有以下条件:

第一,生产要素的集中供给。如果某区域某种生产要素的供给特别充足,出于降低运费和与供应商密切联系的需要,就会吸引以该生产要素为主要原材料的产品生产企业前来投资建厂。此处的生产要素不但指

---

① 曹凑贵. 生态学概论[M]. 北京:高等教育出版社,2006.

有形的物质生产要素，还包括无形的知识、技术等要素。物质生产要素的集中供给容易产生以制造业为主的产业集群，而知识和技术的集中供给则容易产生以研发为主的产业集群，例如以中关村为代表的围绕大学和科研机构周围而形成的大学科技园区就是典型由知识要素集中供给而形成的产业集群。

第二，生产的专业化分工。该条件存在三种情况，第一种情况，当某种产品存在技术可分性，那么该产品的生产就会被垂直分解成多道工序，形成大量的中间品，每一道中间品都会吸引企业前来生产；第二种情况，大企业出于提高效率等要求而被分拆成多个小企业，这样，位于产业链不同地位的企业就会在该区域出现集聚；第三种情况，发达国家的一些企业由于受培育核心竞争力等理念的影响，纷纷把生产制造等产业链下游工序迁移到发展中国家，在其本国只保留自己的核心技术，形成全球化分工，例如台湾新竹工业园、广东东莞台资企业群就是全球化分工的产物。

第三，对某产品的集中需求和产品差异化的特定需求。消费者对某种产品有几种需求时，在市场机制的作用下，必然会吸引无数相关企业前来淘金。并且，消费者对产品的差异化需求将促使大量企业在同一产业链环节上合作与竞争，更加有利于产业集群的形成。

第四，地理位置优势。地理因素对经济发展最主要的影响是造成经济活动在空间分布上的不平衡。企业作为微观经济主体，会自发地向着更有利于自身发展的地区移动，并往往在某些区域集中。

第五，地方传统文化。地方文化传统可能会导致该地居民对某些产品的集中需求，也可能直接促进商业发展。我国浙江省历史上就有重商主义文化传统，民间大量的手工作坊和家庭工厂很容易在各个分割的地域内形成"小而有特色"的产业集群。

第六，政府政策和战略选择。在发展中国家，由于融资、科研水平、公共服务等原因，产业集群尤其是高科技产业集群的形成可能更加取决于政府的战略和引导，而不是像发达国家那样主要由企业和科研机构的创新和扩散来完成。因而，发展中国家政府的政策和引导在产业集群形成的初期就显得尤为重要，正确的决策能够加速产业集群的形成，错误的决策则可能会对产业集群的发展造成严重的滞缓作用。

　　除此之外，以下的几个要素也会为产业集群的形成创造更多的可能性：① 适合企业建厂开工的土地，特别是经过初步整理的土地有助于减少开发成本，增强对企业的吸引力。② 比较丰富的自然资源，包括矿产资源、农产品资源等，能够保证企业生产加工过程中的原材料需要。③ 充足的资本，能够保证企业固定资产投资和生产经营中的流动资金需要。④ 符合生产要求的劳动力资源，既要价格相对低廉，又要具备一定的技术水平。⑤ 基本的技术和管理支撑，包括比较稳定的技术人员队伍和管理层群体。

　　在这一阶段，由于企业个体的自主选择力在起着主导作用，因而会表现出一种简单的、无组织的扎堆现象。此时会有大量的企业产生，同时也会有大量的企业因没有正确认清自身特点而盲目跟进，从而造成与环境的不适应而死亡。这一阶段的时间长短取决于外部经济环境，在市场经济发达的区域，市场机制健全，物流业发达，信息畅通，相关的配套设施能迅速满足企业的需要，外部激烈的竞争环境会快速推动集群内企业的成长；而在市场经济欠发达的区域，如我国浙江地区的一些产业集聚区，由于缺少强大的竞争力，使他们的互不干扰阶段较长，有时甚至出现短暂的倒退。由于企业无组织的简单扎堆是企业的无意识行为，产业的定位会带有一定的盲目性，资本的逐利行为会使企业注重短期利益而缺乏长远的思考。因此，政府的引导是必要的，需要综合考虑区位、产业、技术、对生态环境的影响等若干因素，从本地的优势（包括自然优势和社会资本优势）出发，加强外部经济环境建设，发展具有竞争力的本地特色产业。当然，必须注意产业的自我调节主要是市场机制起作用，不能对其进行完全地人为干扰。

二、定居阶段

　　随着企业生态的发展，企业个体的盲目性逐渐被理性所取代，从而能够通过适当的方式选择相应的生态位，并充分认识到"共生"所带来的优势，通过"分蘖""模仿"两种不同形式繁衍出新企业。分蘖是创始企业的合伙人或者是掌握了必要技术知识、生产经验和市场信息的员工，为了更大的发展而创办自己的企业。集群企业的分蘖往往是就地分蘖。所谓模仿，是指潜在的投资者（往往是具备要素条件的当地人）在成功者的示范作用下，跟进投资，建立生产同类产品的企业。如果跟进者成功，就会吸引更多的投资者跟进，形成连锁反应，这一过程最终会导致大量的同类企业在有限的生态空间内聚集。分蘖和模仿是相伴而生的，分蘖从本质上说也是模仿，因此，模仿是生态初步形成的主要方式。在这一阶段，以下条件成为企业生态自我强化、形成"企业胶"现象的主要因素。

第一，合作竞争。企业生态内许多企业扎堆在一起，加剧了企业之间的竞争，但竞争并不排斥合作。由于独立创新的高风险性、复杂多变的外部环境，与竞争的同行相互交流合作，共同分享本行业的知识与信息是十分必要的。集中在一起的企业在展开激烈的竞争时，通过联合开发新产品、开拓新市场、建立生产供应链等方式，中小企业可以克服其内部规模不经济的劣势，大企业则通过与中小企业的合作增加了市场灵活性。合作竞争的结果就是避免了企业陷入价格战的恶性竞争，又可使信息流通畅，加快观念、知识和技术的传播，增加交易的机会和成功率，从而获取集体效率。

第二，外部经济。产业集群以资金、技术、人才、信息的高度集中为特征，实现资源的集约化使用和生产力的集约化布局，并产生外部经济。不同企业可以分享公共设施、专业技术和劳动力资源，大大节约了生产成本和交易成本。同时，外部经济会吸引生态外的企业加入，推进了产业结构的完善。

第三，创新性。创新是企业生态发展的动力，只要有创新，就会不断有新企业的出现、新产品诞生和新市场的开辟。创新体系不但包括技术创新、制度创新，还要有观念创新和一批具有创新精神的人才和企业家。企业生态的创新性发展到一定阶段将在该地区形成区域创新网络。借助于创新的推动，区域性制度的相互作用可以逐渐集结形成一种竞争共生的正反馈机制。

　　第四，知识（尤其是隐性知识）的扩散。隐性知识通过在企业间不断扩散、积累，逐渐成为集群内部的公共知识，为企业节省了大量的信息搜寻成本。

　　第五，政府服务。政府应为外部经济环境提供一定的支持，为企业生态创造硬件和软件条件。

　　第六，完善的资金体系。新产品的生产、新技术的开发以至整个生态的发展都离不开资金的支持，多渠道、多元化的投融资体系是产业集群顺利成长的重要支撑。

　　在定居阶段，由于会有大量的企业在相对有限的空间内聚集，因而企业个体生态位的重叠是不可避免的。由竞争排斥法则可以得出，生态位重叠的结果只有两个，即生态位的分离或生态重叠的其中一个企业竞争失败而灭亡。很可惜的是企业本身是有限理性的，它往往不能对自身和市场做出正确的判断，在竞争中表现为蜂群效应，也就是什么行业、产品热，就一窝蜂地拥去干什么，结果市场很快就达到饱和，利润下降，出现企业甚至全行业亏损[①]。这便是从战略选择角度企业产品生态位完全重叠的表现。企业在面对竞争时首先想到的就是创造价格优势，因而价格这一市场经济中的最基本要素，便成为企业首先认识到的生态维。于是当面对不同行业中由于供大于求而造成的大量产品积压，企业资金周转受限，销售不畅等所形成的困境时，多数企业都不约而同地选择了降低价格作为突破口，一场又一场的价格大战在不同的经济领域上演。如我国彩电、冰箱、空调等市场都先后出现了竞相降价的现象，虽然一方面给大众消费者带来了实惠，但另一方面也使企业的利润空间变得越来越小。价格战的生态学表现即为企业只关心价格这一生态位维度，造成生态位的完全重叠，其结果可想而知。中国的家电行业从 20 世纪 80 年代末 90 年代初开始快速发展起来，据统计，1995 年，国内的家电品牌有 200 多个，经过了几年

---

① 梁嘉骅，葛振忠，范建平. 企业生态与企业发展[M]. 北京：科学出版社，2002.

的激烈竞争，到 2000 年留存的仅剩 20 多家[①]。这种简单的价格竞争在杭州商界也风靡一时，各商场千店一面，经过比拼价格到比拼规模的无序竞争，各商家所获寥寥，造成杭州各大商场销售额从 1996 年开始一直是负增长。这种在某一生态位维度上的简单而低级的竞争往往会使产业集群在定居阶段夭折。与此同时，其他的因素也会表现出对企业在短期的大量集聚的不适应，例如区域内基础设施环境不能适应生态内企业数量的急剧增长；劳动力资源和各种技术、管理人才缺乏；上游企业发展不成熟，原材料供应滞缓；下游企业发展不成熟，企业销售渠道拥堵；产品同质化使产品生产过剩，导致企业恶性竞争；企业创新能力差等。另外，我国会计师事务所、资产信用评估机构等社会中介评估机构普遍缺乏，大大影响了企业生态的运行效率，增大了生态的风险。

三、发展阶段

在企业生态的互不干扰阶段，优秀的硬环境为企业个体提供了良好的生存空间，而进入发展阶段，企业生态已经正式形成，良好的软环境则成为吸引更多企业进入生态的主要原因。从企业个体生态位的角度看，企业个体已经从一维生态位理念指导下的恶性竞争，转向由多维生态位理念引导下的合作竞争。竞争力函数 F 是多元的，即 $F=f(q, c, t, s, m, \cdots)$（其中 q 代表质量，c 代表成本，t 代表技术，s 代表服务，m 代表管理等。任何一个因子都有可能成为企业成功的突破口，关键要看企业的资源优势或者如何整合现有资源形成新的优势。何为"优势"？不妨理解为"人无我有、人有我优、人优我新。"实质上就是追求产品或服务的差异性。商业学有一条公式：$1+2+N$，意思是说，一条商业街上应该有一座高档商厦、两个中档商厦和若干个独具特色的普通商场。这条公式的精髓就是"错位经营"。阿尔·里斯说："不要试图变得更好，而要试图变得不同"。曾以商战闻名的郑州商界便彼此错开位置，

---

① 温卫平. 中国市场品牌报告[M]. 北京：企业管理出版社，2004.

侧重经营，形成"远近高低各不同"的新格局。如商城大厦突出的是服装；天然商厦搞的是电信城；友谊广场主营黄金首饰；金博大摆上了汽车、奇乐儿童城堡和快餐；华联商厦则定位中档名优商品。此举使郑州商界重新焕发了生机与活力。我国的彩电业在经过了惨烈的价格战后，也转入了以不同的品牌特色错位经营来求得市场：长虹为民族第一品牌，综合实力国内最强，知名度高；海尔实行个性化，高品位，以全方位的服务赢得市场；厦华则致力打造高端和世界级品牌形象。正是在这种状态下形成的更为优秀的软环境给企业生态带来了更大的引力。

第一，信息聚集的引力。信息聚集是引起企业生态企业集群的因素之一，通过产业集群，涉及同类信息的企业可以减少成本或最大限度地得到所需的信息。由于众多相关企业毗邻而居，客观上容易形成高效的群内"信息场"，特别是集群为非编码信息传播提供了一个有效平台，生态向市场传递信息这一过程，存在集体效率优势，独特的信息传递方式节约了信息搜寻成本和信息发送成本，无论是技术还是市场信息都能高效率地在群内企业之间进行传递，从而导致生态内企业学习效率提高，创新成本和风险降低。

第二，外部市场的引力。企业生态能够创造市场需求、扩大市场边界。扩大市场边界既表现在生态能更有效地把更多、更远的顾客吸引入生态，从而提高市场占有率上，也表现在生态向相近市场的蔓延上。所谓集体品牌效应就是企业生态创造市场的重要表现形式。随着生态创新能力的不断提高，产品差异化程度加大，产业链条拉长，新的产品不断涌现，这时生态触角所伸展的范围已超越原有意义的市场，产品向更多的市场环节延伸，从而创造出不同性质的市场需求。企业的进入也正是看到了生态能低成本地开拓市场的功能。

第三，社会资本或文化的引力。企业之间近距离密切交往、对话、合作和碰撞，企业与群外市场的交流，新的文化与当地原有文化的融合及互动形成了企业生态特有的商业文化。良好的生态文化能够帮助提高生产效率、降低交易费用、促进创业创新，在提高市场进入壁垒、保证竞争优势方面也功不可没。

　　由于发展阶段是定居阶段顺利过渡后的延续，因此，从本质上讲，定居阶段的生存条件此时仍然起作用，并且形成了比较稳定的自我强化机制。此外，创新网络成为维系企业生态的关键因素。区域创新网络是指某个地域内个性为主体（企业、大学、研究机构、地方政府等组织和个人）在交互作用于协同创新过程中，彼此建立起各种相对稳定的、能够促进创新的、正式的或非正式的关系总和。企业生态的创新网络说明企业的聚集并不再是杂乱无章的简单堆积和拼凑，而是通过社会分工协作形成的各主体和部门之间的经济联系性和互补性。根植性和网络性是产业集群发展成熟的两个标志。所谓根植性就是通过集体性组织来建立信任和承诺，使得不同利益各方协同作用，从而获得好处，同时保持高度的灵活性。根植性与区域创新网络互相嵌入、作用，使得产业集群的发展有深厚的本地化社会环境作依靠，在全球化竞争中形成自己的独特优势，而不必单纯依靠外来力量的推动。在产业价值体系中，相关企业的劳动分工更加明确，各企业之间的联系更加密切，相关企业之间彼此既竞争又合作，形成了一个坚实、稳定、密切的本地网络关系，这种产业价值体系也是维持与增强生态竞争优势的重要因素。

四、进化阶段

　　在这一阶段，产业集群走向生命周期的终点——死亡。本书认为，任何个体的生命周期均包含发生、发展、成熟、死亡这样一个完整的过程，企业生态也不例外。但不同的是企业生态可能会出现一种名誉死亡的现象，即在原产业生态的母体中新生态取代了老生态，并继承和利用生态母体的软、硬环境优势，从而实现一种生态的可持续发展。但由于基础网络和设施已经基本完善和健全，新生态将展现出与老生态完全不同的生命周期特征。

　　企业个体的发展可能带动整个企业生态的新生。企业生态的核心产业逐渐趋于成熟，并呈现出成熟行业的特征——生产能力过剩、价格下降、企业利润较低。这时，新技术和新产品也会受到各类限制，无法改善生态整体功能，如硅谷的内存芯片以及个人电脑就是典型例子，计算机的内存及功能不断升级、强大，并没有给硅谷的计算机产业带来多大的改善。这时生态内的原有核心产业将逐渐被价值和生产效率较高的产业所代替。新的核心产业一定是与原核心产业密切关联的环节，或来自原核心产业链的某一行业，或由原核心产业孕育出来的新行业发展而成。原有核心产业则会逐渐转移到有生存、发展条件的地方，形成新的生态。新生阶段的生态的企业数量和就业人数增长较快，而原核心产业的企业数和就业增长趋缓并逐渐为负增长，直至变成为新核心产业的辅助行业。升级为拥有新核心产业的企业生态将开始自己新的演化过程，但这一新的过程并不需重复原来的演化过程，有的可能直接进入定居阶段，有的则可能直接进入发展阶段或其他阶段，这与其新核心产业拥有的支撑性行业的发达程度有关。

企业生态在进化阶段也可能会出现另外一种结果，即真正的死亡。由于企业生态可看作是一个由众多相互联系相互作用的企业组成的一个系统，我们可以用自组织理论很好地解释这一复杂系统是如何走向灭亡的，基于系统的自组织理论，企业生态逐渐走向衰亡可能主要有以下三个方面的原因。

（1）企业生态缺乏充分开放性

自组织理论认为：系统开放性是达到系统自组织进化的条件之一。封闭会使一个系统走向无序、混乱，系统会逐步退化、瓦解，开放才能使一个系统发展、进化。开放系统是产生耗散结构的一个必要条件。随着企业生态的扩大，如果不能相应地在更深广的层面上与环境进行物质、能量、信息的交换（如走向更广阔的市场，引进更加先进的设备、技术、管理思想及理念），则系统会越来越走向相对封闭而逐渐衰亡。

（2）企业生态处于近平衡态

在企业生态内，如果各中小企业资本规模都较小、产品趋同，这样的生态系统便处于接近平衡态，系统不会形成有序的远离平衡态的耗散结构。"非平衡是有序之源"。熵是描述系统无序程度的，组成系统各子要素，其物质和能量在时空中的排列组合方式越少，就越是混沌一团，越缺少秩序，系统处于高熵状态。反之，分布得越不均匀，排列组合方式越多就越不混乱，秩序性越高，系统处于低熵状态。国有大型骨干企业（龙头）的存在，它和其他众多的企业之间的规模（实力）大小的差异性越大，分布的不均匀性就越大。大型骨干企业既具有整合资源向更深广的市场空间拓展（使集群系统更加开放）、不断创新的能力，也往往表现有强烈的相关意愿。

（3）生态内各单位缺乏关联性

协同论认为，系统内各子系统之间的关联引起的协调、合作运动是系统减熵的原因。在企业生态内，各企业之间的协调、合作状况受地理、文化、政策、观念等多方面因素的影响，而业务上的关联性是企业间协调合作的基础。在众多同类中小企业构成的生态形成之初，产业链条很短，还没有相关配套的其他服务机构的加入（或已加入但很弱小），各单位间竞争相当激烈，而合作不足，整个生态也缺乏与生态外的其他单位广泛的合作能力和意愿，使得企业生态逐渐走向高熵状态而逐步衰亡。

第十章　基于企业生态的发展与改革实证分析
——以渝新欧物流公司为例

第一节　背景介绍

一、"一带一路"介绍

2013 年 9 月 7 日，习近平主席在哈萨克斯坦纳扎尔巴耶夫大学的演讲中表示："为了使各国经济联系更加紧密、相互合作更加深入、发展空间更加广阔，我们可以用创新的合作模式，共同建设'丝绸之路经济带'，以点带面，从线到片，逐步形成区域大合作"，经过多次在正式场合发表关于"一带一路"的讲话以及发布相关的文件，到 2015 年 3 月 28 日博鳌亚洲论坛会议期间，我国国家发改委、外交部、商务部联合发布了《推动共建丝绸之路经济带和 21 世纪海上丝绸之路的愿景与行动》（以下简称《愿景与行动》），至此我国正式确立了"一带一路"的国家重大发展战略以及国际层面的"一带一路"倡议。

"一带一路"的框架思路为：

① "一带一路"是促进共同发展、实现共同繁荣的合作共赢之路，是增进理解信任、加强全方位交流的和平友谊之路。中国政府倡议，秉持和平合作、开放包容、互学互鉴、互利共赢的理念，全方位推进务实合作，打造政治互信、经济融合、文化包容的利益共同体、命运共同体和责任共同体。

② "一带一路"贯穿亚欧非大陆，一头是活跃的东亚经济圈，一头

是发达的欧洲经济圈，中间广大腹地国家经济发展潜力巨大。丝绸之路经济带重点畅通中国经中亚、俄罗斯至欧洲（波罗的海）；中国经中亚、西亚至波斯湾、地中海；中国至东南亚、南亚、印度洋。21 世纪海上丝绸之路重点方向是从中国沿海港口过南海到印度洋，延伸至欧洲；从中国沿海港口过南海到南太平洋。

③ 根据"一带一路"的走向，陆上依托国际大通道，以沿线中心城市为支撑，以重点经贸产业园区为合作平台，共同打造新亚欧大陆桥、中蒙俄、中国—中亚—西亚、中国—中南半岛等国际经济合作走廊；海上以重点港口为节点，共同建设通畅安全高效的运输大通道。中巴、孟中印缅两个经济走廊与推进"一带一路"建设关联紧密，要进一步推动合作，取得更大进展。

④ "一带一路"建设是沿线各国开放合作的宏大经济愿景，需各国携手努力，朝着互利互惠、共同安全的目标相向而行。努力实现区域基础设施更加完善，安全高效的陆海空通道网络基本形成，互联互通达到新水平；投资贸易便利化水平进一步提升，高标准自由贸易区网络基本形成，经济联系更加紧密，政治互信更加深入；人文交流更加广泛深入，不同文明互鉴共荣，各国人民相知相交、和平友好。

客观说来，在"一带一路"推动的"走出去"时代，中国企业"走出去"的准备还不足，一些企业在国内政府种种政策的呵护下还能生存，但在比较激烈的竞争环境里能不能生存还是一个问题。在没有准备好的时候，不能大规模、急切地走出去。中国企业"走出去"还要面对汇率风险、保护主义、金融风险和社会风险，以及沿线国家在法律、环境、劳工福利等方面的问题。

中国企业要认真思考一个问题，"一带一路"需要什么样的中国企业？就目前中国企业的现状以及跨国企业竞争的形势来看，能代表"一带一路"的中国企业应具备以下几点要求：

第一，不仅要能"走出去"，更要能"走进去"。中共十八大报告言简意赅地强调："加快走出去步伐，增强企业国际化经营能力，培育一批世界水平的跨国公司。"实际上"走出去"只是手段，"走进去"才是目的，培育具有世界水平、打造有世界影响力的跨国公司。

2011 年，美国《世界日报》刊文《中资企业要关注全球化形象》指出："中国企业发展至今，在世界经贸体系中具有举足轻重的作用，而如何从量的优势转变为质的优势，是现阶段中国企业所应思考的问题。"走进去"，即追求客户的品牌认可度与忠诚度，这不是一件容易但不得不做的事情。无论对国家还是企业而言，优越先进的文化所带来的吸引力比经济、军事手段更有效。

第二，要为企业长远发展建立企业的愿景、使命、价值观和文化。中国企业与世界一流企业的差距体现在如下几个方面：创新方面，突破性的创新少，多为改良渐进性的创新；投资并购方面，企业的管理以及资源的整合力度不够，企业的规模扩大了，但管理水平未跟上，同时未充分利用整合后的资源，导致带来较大的经营风险；国际化经营方面，中国企业国际化竞争参与度还较低，在打造全球产业链、整合资源以及全球布局等方面还处于起步阶段。

例如，日本已经用"工匠精神"征服了世界，日本百年企业共 2.2 万多家，其中超过 300 年的有 600 多家，而我国的百年企业相对较少。"一带一路"推进过程中需要的中国企业是世界一流企业，需要做经得起时间考验的伟大事业。

第三，要形成品牌效应和品牌价值。目前中国企业的一个"顽疾"是有产品没有品牌、或者有品牌没有品牌价值。中国企业普遍缺乏大师级的管理者、设计者，缺乏生产过程的管控艺术，忽视了企业的品牌效应与品牌价值，这样的企业所生产出来的产品往往缺乏精益求精的打磨。

二、渝新欧国际铁路运输介绍

凭借着地理交通、人力成本等的优势，越来越多的国内外电子企业把目光投向了重庆，进而电子信息产业集群在重庆逐渐形成，然而不断加大的产能使得交通运输成为了企业集群内企业进一步发展壮大的瓶颈。为解决这一问题，重庆政府向中央主管部门提出了申请，在原国家铁道部、国家海关总署带动下，基于南线欧亚大陆桥线路优化改良而开通了"渝新欧"国际物流大通道。该通道运行路径从重庆出发，经达州、安康、西安、兰州、乌鲁木齐，向西过北疆铁路到达我国边境阿拉山口，进入哈萨克斯坦，再转俄罗斯、白俄罗斯、波兰，最终至德国的杜伊斯堡，全程共 11 179 千米。后来为了将重庆与欧盟总部所在地比利时相连，于 2012 年将这条国际大通道西延了 202 千米，到达比利时的安特卫普。"渝新欧"的名称由沿线六国共同商定，"渝"指重庆，"新"指新疆阿拉山口，"欧"指欧洲，简称"渝新欧"。

重庆海关与乌鲁木齐海关在 2010 年 12 月 7 日签署了《建立渝新欧国际铁路大通道出口转关监管机制的协议》和《区域通关改革合作备忘录》。以往经重庆运往欧洲的货物需要在阿拉山口口岸花去一周左右的时间报关，而两地实现通关后，重庆企业可以直接在重庆海关办理完报关手续，无需再在口岸报关，使得全线时间极大缩短。"渝新欧"国际铁路联运班列在 2011 年 3 月 19 日首次正式运行，从重庆团结村始发，满载着重庆生产的电子产品，沿途经过六个国家，总共耗时 16 天，最终抵达德国的杜伊斯堡，圆满地实现了"渝新欧"铁路的全线运行。

渝新欧（重庆）物流有限公司在上述背景下应运而生，成为我国"一带一路"背景下的渝新欧铁路运营企业生态的核心组织平台。渝新欧（重庆）物流有限公司由沿线中国、俄罗斯、哈萨克斯坦、白俄罗、波兰和德国共六国一起控股建立，旨在建立一个整合沿线各国铁路优势资源，协调运价，优化运输路径等，以确保"渝新欧"铁路能长期、良好、稳定地运行。自公司成立运营之后，通道在不断变得更加高效、快捷的同时，也不断促进着中欧间贸易往来，为沿线各国相关行业的发展带来了巨大商机。由渝新欧物流公司为核心构建的企业生态，在产品、规模、资源、技术、装备上都显示了雄厚的实力，因此选择其作为企业生态视角下的企业发展与改革实证分析的对象。

第二节 基于企业生态的企业发展改革分析

渝新欧（重庆）物流有限公司成立于 2012 年 4 月 12 日，由中铁、俄铁、哈铁、德铁及重庆交运集团合资组建，主要从事重庆与欧洲之间的"站到站"铁路货物运输业务，经营范围包括：订舱、仓储、配送、包装、报检、流通加工、搬运装卸、结算运杂费，以及相关物流信息处理等。

渝新欧公司作为"一带一路"先行者，公司积极创新拓展渝新欧国际铁路联运大通道的运营模式，在公共班列开行、铁路货源组织、"1+N"的"渝新欧"分拨体系建设、汽车整车进口、国际邮运开通、班列提速降费方面均有重大突破，真正承担起了"渝新欧"国际铁路联运大通道在国家"一带一路"建设中的战略节点作用，成为了"一带一路"国家战略建设的重要基础和支撑。

一、企业生态产业链分析

重庆市作为渝新欧物流有限公司的经济腹地，近几年开放型经济迅猛发展，特别是笔电出口和对外加工贸易规模增长迅速。从 2009 年开始，惠普、华硕、宏基笔记本电脑制造基地先后落户重庆，随后以富士康为代表的六家台湾代工企业及 300 多家零部件企业落户重庆。2011年，重庆形成了"3+6+300"的笔记本电脑产业群。2012 年一季度，全市累计出口笔记本电脑 920.87 万台，同比增长 5.9 倍。2013 年，该产业群年生产规模达 1 亿台，而其中 40%的笔电产品通过渝新欧铁路销往欧洲国家。各类企业提供技术投入，产业基地基于地理与资源上的支持，渝新欧国际铁路保证了快速有效的运输通道，欧洲沿线国家产品需求所产生的销售渠道，于重庆乃至整个国内市场形成了一条完整的综合型产业链，尤其发展出具有特色与发展潜力的电子与机电产业集群。以渝新欧国际铁路为核心的产业链中，国内及沿线各国制造企业形成上游产业，铁路沿线各节点国家代理商、分销商以及中小物流公司形成下游产业，通过该国际线路提供的运输渠道，上游产业和下游产业相互支撑发展循环经济，消除产业链断层，同时降低了运输线运营成本，达到资源的最大化利用，实现国内外企业商品进出口的可持续发展，为市场与企业的发展提供有益的导向。

渝新欧国际铁路通道的出现使得国际贸易产业链中的每一环实现了合作多赢的局面，在运输效率与成本尽可能优化的条件下，国内企业得到了更多与国外企业竞争的资本，国内企业与企业之间的竞争则促进了产品性能与质量的提升，在政策的严厉把关下，更好的产品带来了需求方对商品质量、货源数量的信任与需求量的增加，需求量则保证了国际铁路通道能够持续稳定运营。这有利于"渝新欧"物流运输生态系统的不断发展与改革，是成员企业共享经济发展的成果，进行资源、产能优势互补，深度全方位地合作、互联互通，助力各成员企业的良性发展与深化改革，实现共赢。

而对于渝新欧物流有限公司自身，由多国相关企业合作，共同出资组建，按照现代企业制度组织模式运营管理。通过成为一个联合各国同类型企业的跨国公司，避免直接竞争，打通跨国贸易各个环节的问题，组建以自身为核心平台的企业生态，使更多的企业、产业向这个企业生态聚集，从而达到良性生态的效益。

二、企业生态运营管理分析

渝新欧(重庆)物流有限公司的主要任务是为从重庆至哈萨克斯坦、俄罗斯、白俄罗斯、波兰、德国等国家的货物双向运输提供协调平台，使渝新欧国际铁路通道成为真正具有"世界品牌意义的优质通道"，主要目标是成为以供应链管理及协调为主的综合性物流集成商。

（1）公司股东构成

渝新欧（重庆）物流有限公司由中国、德国、俄罗斯和哈萨克斯坦四国的五个股东构成,注册资本 300 万美元，投资总额 600 万美元。股东占比如图 10-1 所示。

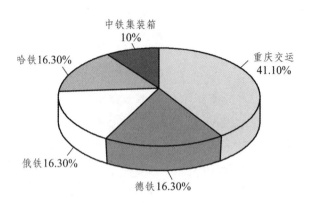

图 10-1　渝新欧物流公司股东构成情况

　　渝新欧（重庆）物流有限公司的五大股东，大都是经济实力雄厚的国有企业。五大股东共同出资 600 万美金，根据公司未来发展需要，还会追加投资额，甚至引进其他实力雄厚的企业来投资。

　　第一股东是占比 41.1% 的重庆交运集团。其在重庆地区的大件运输、客运快递、载货汽车滚装运输等业务行业居龙头地位，在长江内支线集装箱运输、国际货运代理等业务处于行业领先地位。

　　第二股东是占比 16.3% 的德国联邦铁路集团。该公司是世界领先的综合物流服务提供商，为世界 500 强企业。其主要分工职责是确保渝新欧铁路欧盟段的铁路运输服务质量、争取最有竞争力的运输价格和回程货源的组织。

　　第三股东是占比 16.3% 的俄罗斯铁路股份公司。其主要分工职责是确保渝新欧铁路俄罗斯、乌克兰、白俄罗斯段的铁路运输服务质量和争取最有竞争力的运输价格。

　　第四股东是占比 16.3% 的哈萨克斯坦国家铁路股份总公司。其主要分工职责是协助确保渝新欧铁路哈萨克斯坦段的铁路运输服务质量和争取最具竞争力的运输价格。

　　第五股东是占比 10% 的中铁集装箱运输有限责任公司。该公司是我国国有大型集装箱运输企业，其主要分工职责是确保渝新欧铁路中国段的铁路运输服务质量和争取最具竞争力的运输价格。

（2）公司组织架构（见图 10-2）

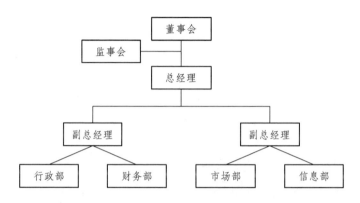

图 10-2　渝新欧（重庆）物流有限公司组织架构

由五大投资股东共同组建的董事会是渝新欧（重庆）物流有限公司的最高组织，公司重大决议都由董事会决定。其中，由中方推荐人选担任董事长，同时，为保证决议的规范操作，设有监事会对董事会进行监督。董事会下设有总经理，德方推荐人选担任总经理，总经理下设有若干分管各部门的副经理，并对经理负责。公司组织管理上主要采用权责明确的经理负责制。

渝新欧（重庆）物流有限公司可以通过整合五大股东在运营管理资源上的经验，借助先进的思想理念和手段，提高企业自身管理水平，实现对渝新欧铁路通道的有效管理。

三、企业生态竞争合作分析

企业生态网络中的成员企业只有通力合作，建立起有利于商品、服务和信息在彼此之间以及外部环境之间流动的平台，才能够整合生态组织内各成员企业的核心资源和能力，产生生态经济效应，形成竞争优势。

渝新欧（重庆）物流有限公司与电子信息产业运输需求客户建立长

期的合作关系。目前，渝新欧铁路主要承载惠普、宏基、华硕三大品牌的笔记本电脑，以及包括富士康、广达等企业的电子零配件运往欧洲，且各种电子信息产品出口量呈不断上升趋势。因此，与电子信息产业运输需求客户建立长期合作关系，形成规模经济，为渝新欧（重庆）物流有限公司带来了具有竞争力的坚实利益。此外，渝新欧（重庆）物流有限公司的目标市场可在多方面进行扩展：运输需求客户可以从电子信息产业延伸到重庆其他机电产业，甚至包括纺织、医药等多个领域，而合作企业不仅仅局限于重庆地区，考虑将服务网络扩大到周边省市乃至全国，为除重庆以外的其他区域的企业提供运输服务。渝新欧物流有限公司将考虑和国内其他地区如我国东部、中部等企业长期合作，同时刺激渝新欧铁路通道沿线其他国家企业需求，寻求稳定的、长期的合作企业，进而整合供应链，与供应链上下游建立长期合作关系，为公司带来长远经济效益的同时，提高公司的竞争力。

渝新欧（重庆）物流有限公司的五大股东都是经济实力雄厚的企业，因此，可发挥股东优势，提高企业在物流方案咨询、设计、资源整合方面的供应链管理及协调能力。同时，由股东公司牵头，与国际知名物流企业结成战略联盟，共同开拓国际市场。

企业生态引入内部市场，成员企业之间在某些环节的设计和生产上必然存在着竞争，企业生态竞争优势的获得需要成员企业为降低生产成本而开展竞争。

渝新欧铁路带来的巨大市场效益，吸引着世界各国企业前来投资。全球最大的集装箱运输公司马士基、全球最大的工业及物流基础设施提供商和服务商美国普洛斯公司等国际巨头纷纷布局重庆，成为渝新欧（重庆）物流有限公司发展物流业务的有力竞争对手。此外，渝新欧铁路沿途穿过六个国家，沿途企业间、国家间的利益摩擦都有可能对渝新欧物流有限公司的正常运作产生影响。

当前国际贸易中的主要运输方式为海洋运输，其运量大、运费低，但运输速度相对较低。渝新欧国际铁路运输虽然在速度方面优于海运，但是班列在报关、吊装转轨等方面需要投入较大的财力、物力；并且目前班列缺乏回程货源，从欧洲返回的大多都是空箱，这导致运力资源的浪费，从而导致运价相对较高。

四、企业生态商业模式分析

作为提供第三方物流服务的铁路物流企业，渝新欧（重庆）物流有限公司不仅承担着对渝新欧国际通道管理的重要责任，还扮演着供应链集成商的角色，协调供应链上下游企业间的利益关系、合理配置供应链资源降低物流成本等。渝新欧（重庆）物流有限公司当前需立足于渝新欧国际铁路通道，充分整合各方资源，选择合适的物流运作模式，把渝新欧铁路通道作为企业品牌进行打造，为企业长远发展打下牢固的基石。

在渝新欧物流公司发展初期，公司的发展战略是以提高经济效益为核心，最大限度地降低物流成本，增加企业收益。因此，在这个时期公司更多关注的是企业的运作成本和经济效益。在物流模式的选择时，经济指标作为物流模式选择和评价的依据。当主要以经济指标进行评判时，精益物流服务模式最优，公司实施精益物流模式，有利于降低物流成本，提高企业经济效益。

在渝新欧物流公司发展中期，此时企业初具一定的实力规模，企业首要目标不再是降低成本。企业管理者将注意力转移到改善物流设施设备、建立高效的物流信息系统上，提高企业快速响应、柔性化运作能力，从而提高企业物流服务水平。当主要以技术指标进行评判时，敏捷物流服务模式最优，即公司实施敏捷物流模式有助于企业物流能力以及物流服务水平的提高。

在渝新欧物流公司发展远期，企业进入成熟发展阶段。在考虑物流模式选择时，不再以某单一因素作为评判依据，而是综合考虑技术、经济、社会等各项因素，进而选择最适合的物流服务模式。

因此，根据目前渝新欧（重庆）物流有限公司的发展情况，精益物流模式更有利于公司的长远发展。精益物流旨在以精益的方法理念，最大限度地消除供应链环节的浪费，以尽可能小的成本创造最大的价值。

渝新欧（重庆）物流有限公司在实施精益物流服务模式时，首先深刻学习体会精益物流的思想理念，以客户需求为导向在对流程全面分析、整体规划的基础上，优化供应链环节，消除浪费，降低供应链整体成本。渝新欧（重庆）物流有限公司作为渝新欧国际通道的运营者，必须全面详细掌握渝新欧国际通道的运营情况，如渝新欧班列运营时间、班次、通关手续，供需情况以及运营中遇到的困难等。通过找出关键问题，进而对运行关键环节进行优化调整，从而达到提高通道运行效率、消除浪费、降低成本的目标。

五、企业生态创新分析

渝新欧物流公司是在高平台上精心打造的"渝新欧"物流运输生态的"航空母舰"，必须不断进行创新，保持自身的企业规模、综合实力以及核心竞争力，使自身在物流服务方面位于国内领先地位，在国际市场拥有一席之地，对接国家"一带一路"重大发展战略，使"渝新欧"成为新丝绸之路上一张响亮的名片。公司生态创新主要体现为理念创新和产品服务创新。

公司将"卓越的领导，迅捷的团队；共赢的平台，持久的合作；员工的归属，成功的起点；优质的运输，贴心的服务"作为公司的远景；将"尽职尽责，真诚沟通，持续改进，关注顾客，诚信为本，质量至上，尊重信任"作为公司的核心价值。"渝新欧"物流公司在实践中坚持理念创新、科技创新、管理创新、文化创新，在创新中拓展自身发展空间，丰富企业文化内涵，提升形象品味。只有提倡这些理念，才能吸引理念相近、气质相合的更多企业加入"渝新欧"物流生态体系中，而大家有着相同的愿景与核心价值观，这些理念一起构成整个企业生态的共同的生态文化，营造了良好的文化氛围，支持着整个企业生态不断的良性发展与继续深化改革。

企业创新的核心是产品，目前，渝新欧物流公司针对"一带一路"运输市场推出了五种核心创新性的产品服务，分别为集装箱公共班列服务、国际铁路运输服务、定制化多式联运物流服务、拼箱集运服务和中国—欧洲拖车服务。

1. 集装箱公共班列服务

集装箱公共班列从渝新欧物流 2012 年成立以来就一直是其优势，与传统的货运相比，渝新欧的国际班列平均运行时间为 13～15 天，较江海联运单程缩时在 20 天以上，运输成本仅为空运成本的五分之一。

一个主线：重庆至德国杜伊斯堡，途径马拉舍维奇、布列斯特、白俄罗斯、波兰、捷克、乌克兰、立陶宛、拉脱维亚等国家及地区，并通过杜伊斯堡转至荷兰、比利时、法国、意大利、瑞典、匈牙利、捷克等欧洲列国，通过重庆转运至中国内陆及东南亚国家。

"N"条辅助线：重庆经多斯特克（拟开通霍尔果斯/阿藤克里口岸）到阿拉木图，再转运至中亚五国主要城市及俄罗斯主要城市。

2. 国际铁路运输服务

渝新欧物流致力于中国、哈萨克斯坦、俄罗斯、白俄罗斯、波兰、德国的铁路运输及国际联运服务。其负责国际铁路联运领域的专业员工拥有极高的专业知识和经验，能够对所有复杂及非常规的运输需求进行专业妥善的受理。经多年的发展，已在哈萨克斯坦、俄罗斯、白俄罗斯、波兰、德国等国家建立了卓越的服务网络。同时拥有数量众多的集装箱，能够显著地帮助客户节省来往于哈萨克斯坦、俄罗斯、白俄罗斯、波兰、德国地区之间的运输成本，确保运价的竞争力和可靠性以及地区服务的畅通性。业务范围包括：

① 国际铁路集装箱联运；

② 提供可靠的货物在途跟踪信息；

③ 提供本地化关务服务；

④ 使用高安全性的封条和条形锁保证货物安全。

3. 定制化多式联运物流服务

渝新欧物流公司有优秀的销售和操作的物流团队，在进行复杂项目货物运输时,能够深入研究各种运输方案,考虑所有潜在问题,对各种突发情况采取快速果断的行动,能因地制宜地为客户定制和提供门到门的运输方案。业务范围包括:

① 多式联运物流方案;

② 可提供全程物流监控和指导;

③ 铁路班列定制服务;

④ 运输保险。

4. 拼箱集运服务

渝新欧物流是中国所有中欧班列中最早提供国际铁路运输服务的公司之一,在坚实的基础上,渝新欧物流开辟和发展了国际铁路运输拼箱集运服务,一路走在行业前沿。业务范围包括:

① 创新服务:国际铁路联运拼箱集运,从中国至德国杜伊斯堡等沿线地区;

② 完善网络:渝新欧物流在哈萨克斯坦、俄罗斯、白俄罗斯、波兰、德国等国家拥有完善的服务网络;

③ 方便快捷:可提供上门服务,稳定的发运时间;

④ 规范操作:整箱直达,减少中间环节,降低物流成本,提高效率。

5. 中国—欧洲拖车服务

在国内国际运输过程中配合货物出柜,提供拖车服务。可从中国境内任意一个城市起运,提供便捷的门到门服务,操作规范,提供正式的《国际道路运单》,可提供全程的运输保险。

随着"一带一路"的不断推进,会有越来越多的企业参与到国际贸易中,其产品服务面对的市场环境变得更加复杂。作为企业生态中核心地位的企业,其产品服务设计必须面向市场、面向客户,同时也要面向上下游合作企业。面向市场,使产品服务能够符合市场需求,在市场竞争中具有竞争力;面向合作企业,能够让合作企业的参与到产品服务设计中来,为它们提供思路与指导,使他们的产品服务符合"一带一路"

下的国际市场需求与要求，不断创新产品服务设计，促进企业生态组织的良性发展与深化改革。

第三节　发展建议对策

一、建立战略联盟，形成企业生态整体升级

当前全球相关领域的巨头企业纷纷落户重庆，成为渝新欧物流有限公司扩展除渝新欧业务外的其他物流业务的强劲对手。渝新欧物流公司可以在重庆西部物流园区形成以自身为核心的物流企业集群，整合资源，发挥规模效益，设计开发出适合市场、有竞争力的物流服务项目，从而更好地应对市场竞争，实现企业生态的整体升级。

渝新欧铁路一端连着中国长江经济带，另一端连着欧洲经济中心区域，是一条贯穿丝绸之路经济带的国际贸易大通道。这条通道得到了沿线国家极大的政治支持，有优惠、便利的通关政策；在经济上蕴藏较大的商机，不断吸引着全球各类企业前往投资。渝新欧物流公司作为这生态系统的核心组成部分，应充分利用本土优势，找准市场定位，以生态共赢的思维，不断做大渝新欧铁路所带来的巨大经济市场。

二、基于企业生态采取差异化发展战略

（1）找准市场定位，抓住主要客户，明确服务重点

渝新欧铁路所形成的企业生态是很大的，生态内各企业应根据自身特征找准在企业生态中的定位。在大企业从事主要的物流运输环节工作同时，中小物流企业应准确定位不能被大企业所顾及的其他运输环节，如短途运输、帮商家报关、包车皮揽活、装卸上车等服务。

（2）基于物流业与交叉产业融合，实现跨产业升级

当前的物流市场竞争激烈、瞬息万变，渝新欧物流公司可以与重庆

支柱产业（电子信息、摩托车、汽车、旅游业、机械制造、钢铁等）融合，采取产业交叉融合的方式，提高市场份额，实现跨产业升级。跨产业升级不仅为企业提供了差异化的物流服务，还能提升企业的知名度与品牌价值，带来产业结构升级。

（3）重视特色服务、增值服务

在企业生态中，不仅包含大企业，也包含了更多的中小企业，因此在大企业追求规模经济效益的同时，中小物流可根据规模小、灵活性强的特点，涉及大企业所忽略或难以涉及的领域。

不同企业可以本着"人无我有、人有我专、人专我专"的原则，建立服务特色，开展增值服务。渝新欧铁路货运品类包括电子产品、摩托车、汽车、玩具、服装、奢侈品等，企业结合市场需求以及商品自身的特点，提供特色服务与增值服务，树立自身品牌形象和提升知名度。如通过渝新欧铁路运往重庆的欧洲玩具，到达仓库后重新包装，以符合当地消费习惯，即使定价较高，但货主也会认可这种增值服务。

三、建立全面的企业数据库，构建企业生态信息平台

以渝新欧物流公司为核心的企业生态如果想要赢得市场，必须发展精益的物流服务模式，而精益的物流服务模式需要生态内各企业的信息实时共享。为此，渝新欧物流公司应该建立一个全面有效的企业数据库，并能够及时收集发布企业生态运行信息，如图 10-3 所示。

渝新欧（重庆）物流有限公司在实施精益物流服务模式中的过程中，其客户需求应该是由整个企业生态系统的物流、信息流、资金流、商流构成的有机整体，其数据库应包括来自制造商、供应商、零售商、分销商、

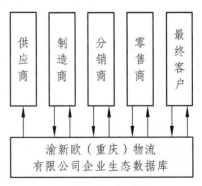

图 10-3　渝新欧（重庆）物流有限公司企业生态数据库

最终客户的需求。

　　高效的信息系统是物流各环节无缝衔接的基础,生态内各企业的良好沟通更需要以高效的信息系统作为支撑。当前,我国物流企业发展迅速,但是信息化建设却相对落后,企业之间常常因为信息不完全而产生资源浪费,从而导致较高的物流成本。因此,渝新欧物流公司应重视信息系统的开发,接入整合各方信息资源,提升物流服务的信息化水平,从而提高物流服务水平。

四、推动物流过程分析

　　过程分析法是对过程及其特性运用规定的方法进行有关合格与否或寻求改进的一种分析。物流过程分析是将过程分析方法应用在物流领域用特定的分析方法,在把握物流过程整体性基础上分析物流的各个功能环节,同时按照增值类、辅助增值类和无用类对各环节各步骤进行分析、归类和改进,从而消除冗余步骤、减少浪费。识别浪费是精益物流实施的出发点,而对物流过程的分析可以有效地识别出物流各操作环节中的浪费。而对于物流过程分析的具体实施方法,目前有过程活动图、供应链反应矩阵、产品漏斗图、质量过滤图、需求放大(扭曲)图、决策点分析图、实体结构图 7 种,其中过程活动图是比较常用且有效的方法。

　　渝新欧(重庆)物流有限公司在实施物流活动过程中,可以对每次物流活动进行详细记录,包括完成一次业务所花的时间、所运用的设备、产品技术经济指标等,对供应链物流过程进行总体考察,了解物流流程是否合理,是否有改进的必要性,然后运用为什么存在、谁来执行、用什么工具和设备、在哪里实施、何时和怎样实施的五阶段分析方法进行分析,最后进行物流流程再造。

五、提高企业管理水平,促进企业生态文化融合

　　目前,渝新欧物流有限公司承担者渝新欧铁路的管理工作,对这条

国际铁路的高效管理能够确保渝新欧国际铁路通道的常态运行,进而推动以重庆为核心辐射的西南地区经济发展。因此,渝新欧物流有限公司须积极培养、引进相关人才,提高企业经营管理水,为渝新欧国际通道的高效管理打下人才基础。

　　来自不同国家的企业组成了以渝新欧物流公司为核心的企业生态,在价值观念、文化背景等方面相互之间存在较大差异。为避免因这些差异而可能导致的矛盾冲突,应在求同存异的原则基础上,以充分尊重对方企业文化为前提,加强交流和沟通达到解决问题的目的。具体方法包括:第一,树立共同的目标和共同的价值观,使各企业成员为了共同的目标同舟共济。第二,增加交流渠道,增进相互了解。除了日常经济活动以外,企业生态成员们可以相互派遣本企业工作人员到其他企业学习、交流,促进文化融合互动。第三,加强企业共同文化建设。通过各派员工进行企业文化培训,以企业文化理念和价值观引导企业间的文化融合及发展。

参考文献

[1]　资武成."大数据"时代企业生态系统的演化与建构[J]. 社会科学，2013（12）：55-62.

[2]　陈辉. 高新技术企业生态系统的运行机制研究[D]. 西北大学，2006.

[3]　刘志坚. 基于产业集群的企业生态网络研究[J]. 经济与管理研究，2006（1）：61-64.

[4]　宋阳. 基于商业生态系统的中小企业成长机制研究[D]. 中国矿业大学，2009.

[5]　乔家霞. 基于生态理论的企业成长战略研究[D]. 北京工业大学，2008.

[6]　彭雪蓉，刘洋，赵立龙. 企业生态创新的研究脉络、内涵澄清与测量[J]. 生态学报，2014，34（22）：6440-6449.

[7]　宋阳，祝木伟. 企业生态理论对我国中小企业成长的启示[J]. 湖湘论坛，2004，17（4）：65-66.

[8]　胡斌，章仁俊. 企业生态系统的动态演化机制[J]. 财经科学，2008（9）：78-85.

[9]　胡斌. 企业生态系统的动态演化及运作研究[D]. 河海大学，2006.

[10]　张燚，张锐. 企业生态系统的构成及运行机制研究[J]. 科技管理研究，2005，25（3）：58-61.

[11]　徐建彬. 企业生态系统发展与评价研究[D]. 山西大学，2009.

[12]　曹利军，黄泳. 企业生态系统进化模型与进化机理研究[J]. 企业

经济，2012（3）：56-59.

[13] 周守华，吴春雷，刘国强. 企业生态效率、融资约束异质性与出口模式选择——基于 2013 年世界银行公布的中国企业调查数据[J]. 财贸经济，2015（10）：134-147.

[14] 梁嘉骅，葛振忠，范建平. 企业生态与企业发展[M]. 北京：科学出版社，2002.

[15] 梁嘉骅，范建平，吴美琴. 企业生态与企业管理范式[J]. 华东经济管理，2005（6）：67-70.

[16] 姜楠. 中小企业生态环境关键因子研究[D]. 大连海事大学，2009.

[17] 孟辉. 基于产业融合的电信企业发展战略和管理模式研究[D]. 暨南大学，2012.

[18] 惠兴杰，李晓慧，罗国锋，等. 创新型企业生态系统及其关键要素——基于企业生态理论[J]. 华东经济管理，2014（12）：100-103.

[19] 何雪英. 从物种生态位到企业生态位的仿生研究[J]. 改革与战略，2004（12）：86-88.

[20] 刘志坚. 基于产业集群的企业生态网络研究[J]. 经济与管理研究，2006（1）：61-64.

[21] 孟辉. 基于产业融合的电信企业发展战略和管理模式研究[D]. 暨南大学，2012.

[22] 刘海波. 基于企业生态位的企业发展战略研究[D]. 辽宁工程技术大学，2006.

[23] 薛海涛. 基于企业生态位的企业竞争战略选择[D]. 天津大学，2012.

[24] 范建平，李景峰，梁嘉骅，等. 基于企业生态系统协同演化的管理研究[J]. 经济管理，2009（6）：168-172.

[25] 钱言. 基于生态位理论的企业间关系优化研究[D]. 同济大学，2007.

[26] 李梅英. 基于生物学的企业生态系统共生模式研究[J]. 江海学

刊，2006（6）：90-95.

[27] 王举颖. 集群企业生态位态势互动与协同进化研究[J]. 北京理工大学学报：社会科学版，2010，12（4）：57-60.

[28] 李佳诚. 乐视网生态系统模式研究[D]. 南京财经大学，2015.

[29] 杨蕙馨，刘璐. 企业集群中企业生态位与企业成长[D]. 山东大学，2006.

[30] 赵红，陈绍愿，陈荣秋. 企业群落演替过程与企业生态对策选择及其优势度比较研究[J]. 管理评论，2004，16（8）：12-17.

[31] 徐建中，王莉静. 企业生态化协同发展机制及模式研究[J]. 华东经济管理，2011，25（10）：89-91.

[32] 李瑞丽. 企业生态理论与基于 BP 人工神经网络的企业生态评价[D]. 山西大学，2003.

[33] 李玉杰，刘志峰. 企业生态位本质、特征与结构研究[J]. 企业经济，2009（9）：54-57.

[34] 刘志峰. 企业生态位优化的理论基础及路径选择[J]. 企业经济，2011（3）：53-55.

[35] 张燚，张锐. 企业生态系统的构成及运行机制研究[J]. 科技管理研究，2005，25（3）：58-61.

[36] 谷鸣. 企业生态系统及其评价体系研究[D]. 中国海洋大学，2007.

[37] 桂萍，高维义. 企业生态系统时代的竞争战略[J]. 科学技术与工程，2004，4（3）：236-238.

[38] 沈大维. 企业生态系统研究：生态位理论与企业竞争策略[D]. 山西大学，2006.

[39] 孟娟. 网络环境下企业生态系统协同创新的影响机制研究[D]. 南华大学，2014.

[40] 陶斌. 我国企业生态化的影响要素研究[D]. 大连理工大学，2013.

[41] 陈国铁. 我国企业生态化建设研究[D]. 福建师范大学，2009.

[42] 王莉静. 我国企业生态化系统及发展模式研究[D]. 哈尔滨工程大学，2010.

[43] 范青松. 造纸企业生态产业链的构建研究[D]. 南京林业大学，2013.

[44] 李舸. 产业集群的生态演化规律及其运行机制研究[M]. 北京：经济科学出版社，2011.

[45] 程俊慧. 试论企业生态平衡[J]. 工厂管理，1994（8）：38-39.

[46] 张哲. 产业集群内企业的协同创新研究[M]. 北京：人民交通出版社，2011.

[47] 周正，尹玲娜，蔡兵. 我国产学研协同创新动力机制研究[J]. 软科学，2013，27（7）：52-56.

[48] 张敬文. 企业战略网络演化机理研究[M]. 北京：经济管理出版社，2013.

[49] 张敬文. 战略网络自组织演化机制研究[C] // 中国管理科学学术年会. 2007：521-524.

[50] 李广明. 区域产业生态网络的经济研究[M]. 广州：暨南大学出版社，2013.

[51] 庞瑞芝，周密，丁明磊. 区域创新网络与产业发展研究（南开大学区域产业经济研究丛书）[M]. 北京：经济科学出版社，2013.

[52] 芮明杰. 网络状产业链构造与运行[M]. 上海：上海人民出版社，2009.

[53] 李想. 模块化分工条件下网络状产业链的基本构造与运行机制研究[D]. 复旦大学，2008.

[54] 高静波. 现代企业运营管理体系[M]. 北京：经济管理出版社，2008.

[55] 王惠慧. 论现代企业经营管理体系构建[J]. 中国科技纵横，2013（20）：292-292.

[56] 李强. 论现代企业经营管理体系构建[J]. 现代商贸工业，2012（19）：29-30.

[57] 范建平. 基于企业生态的管理学研究纲领[M]. 北京：科学出版社，2012.

[58] 余东华. 模块化企业价值网络[M]. 上海：格致出版社，2008.

[59] 王成慧. 速度经济与基于模块化企业价值网络[J]. 人力资源管理，2010（7）：86-88.

[60] 江娟. 模块化企业价值网络与商业模式创新研究[J]. 商业时代，2014（24）：91-92.

[61] 亓文国，解宝苗. 基于供应链网络的商业模式创新研究[J]. 中国管理信息化，2011（18）：91-92.

[62] 韩福荣. 企业仿生学[M]. 北京：企业管理出版社，2002.

[63] 魏光兴. 企业生命周期理论综述及简评[J]. 生产力研究，2005（6）：231-232.

[64] 万伦来. 虚拟企业类生物机制及其生态位研究[J]. 东南大学学报：哲学社会科学版，2003（4）：59-65.

[65] 李政权. 从趋势到行动：未来十年商业新生态+企业转型与变革之路[M]. 北京：中信出版社，2015.

[66] 张剑锋. 浅论传统经销商的转型之路[J]. 企业技术开发，2005，24（5）：55-56.

[67] 母质文. 互联网时代，浅谈传统企业转型之路[C]　// 四川省通信学会2015年学术年会论文集. 2015.

[68] 郑秀峰. 企业种群生态系统研究[M]. 北京：中国经济出版社，2008.

[69] 聂宁. 网商种群生态系统过程研究[D]. 浙江大学，2011.

[70] 张晟义，刘永俊. 基于共生种群生态的企业群落成长机制研究[J]. 上海管理科学，2011，33（1）：54-59.

[71] 纪淑娴，陈华宏. 电子商务生态系统中种群演化模型研究[C]　// 网商及电子商务生态学术研讨会. 2009.

[72] 盛振中. 淘宝网生态系统中种群成长研究[C]　// 网商及电子商务生态学术研讨会. 2009.

[73]　姜博. 基于生态系统理论的风险投资企业集群战略研究[D]. 武汉理工大学，2010.

[74]　李文博. 集群情景下的企业知识网络[M]. 北京：中国社会科学出版社，2013.

[75]　刘昆. 产业集群网络的知识溢出：研究进展与理论述评[D]. 东北财经大学，2014.

[76]　陈金丹，胡汉辉，吉敏. 动态外部环境下的集群企业知识网络演化研究[J]. 中国科技论坛，2013（2）：95-102.

[77]　刘昆. 产业集群网络的知识溢出：研究进展与理论述评[D]. 东北财经大学，2014.

[78]　郭劲光. 企业网络的经济社会学研究[C]　//　辽宁省哲学社会科学获奖成果汇编[2007-2008年度]. 2010.

[79]　肖柯. 社会因素对企业合作网络的影响研究[D]. 山东大学，2008.

[80]　程恩富. 企业研究：一个新经济社会学的视角[J]. 江苏行政学院学报，2002（2）：57-65.

[81]　杨忠直. 企业生态学引论[M]. 科学出版社，2003.

[82]　顾力刚，方康. 企业生态学研究[J]. 科技进步与对策，2007，24（10）：119-123.

[83]　郭宁，梁雄健. 组织生态学与企业生态学的研究发展[J]. 北京邮电大学学报：社会科学版，2005，7（3）：68-71.

[84]　王大勇. 产业互联网时代下的商业模式变革[M]. 北京：电子工业出版社，2015.

[85]　李文文. 中国模式下小微企业的发展剖析[J]. 开发研究，2013（5）：111-113.

[86]　张晓萍，方培基. 新商业模式下的中国EMC企业发展战略研究[J]. 建筑经济，2007（S2）：239-242.

[87]　张华. "生物拟态"——中国小企业生存模式探索[J]. 当代经济月刊，2007（12）：22-23.

[88]　刘晓芳. 众包：微观时代[M]. 北京：商务印书馆，2011.

[89]　黄速建. 国有企业改革和发展[M]. 北京：经济管理出版社，2014.

[90]　钱辉. 生态位、因子互动与企业演化：企业生态位对企业成长影响研究[M]. 杭州：浙江大学出版社，2008.

[91]　曹康林. 位置为王——解读企业生态位现象[M]. 武汉：武汉大学出版社，2007.

[92]　李玉琼. 网络环境下企业生态系统创新共生战略[M]. 北京：经济科学出版社，2007.

[93]　石声波. 虚拟企业管理概论[M]. 北京：首都经济贸易大学出版社，2010.

[94]　高天亮. 基于价值网理论的商业模式研究[M]. 广州：世界图书出版广东有限公司，2011.

[95]　陈可. 商业模式的力量[J]. 新财富，2011（10）.

[96]　罗珉. 商业模式的理论框架述评[J]. 当代经济管理，2009，31（11）：1-8.

[97]　王卫. 企业共生论：和谐社会理念下的企业生态机理及生态战略研究[M]. 北京：中国财政经济出版社，2006.

[98]　任运河. 企业生态文化研究[M]. 大连：东北财经大学出版社，2005.

[99]　李文舒. 现代企业管理概论[M]. 南京：南京大学出版社，2011.

[100]　高青松. 企业竞争战略[M]. 北京：国防科技大学出版社，2009.

[101]　Iansiti M，Levien R. The Keystone Advantage: What the New Dynamics of Business Ecosystems Mean for Strategy, Innovation, and Sustainability[J]. Future Survey，2004，20（2）：88-90.

[102]　Moore J F. The death of competition：Leadership and strategy in the age of business ecosystems[J]. Ecosystems，1997.

[103]　Mcgrath R G，Macmillan I C. MarketBusting: strategies for exceptional business growth.[J]. Harvard Business Review，2005，83（3）：80-9，148.

[104]　Coleman J S. Social Capital in the Creation of Human Capital-Knowledge and Social Capital-Chapter 2[J]. Knowledge & Social Capital, 2000（Suppl 1）：17-41.

[105]　Richardson B. Comprehensive Approach to Strategic Management：：Leading across the Strategic Management Domain[J]. Management Decision, 1994, 32（8）: 27-41.

[106]　Kelly W. Strategy and Structure[J]. 2007.

[107]　Prahalad C K, Hamel G. The Core Competence of the Corporation[J]. Harvard Business Review, 1993, 68（3）: 275-292.

[108]　Birkin F, Woodward D. Accounting for the sustainable corporation[J]. Environmental Management & Health, 1997, 8（2）: 67-72.

[109]　Moore J F. Predators and Prey: A New Ecology of Competition[J]. Harvard Business Review, 1999, 71（3）: 75-86.

[110]　Thornton R J, Bisson L, Gago P. The Business of Enology[M] // WINE - A Global Business. 2008：95-122.

[111]　Rosen C M. Industrial Ecology and the Greening of Business History[J]. Business & Economic History, 1997, 26（1）: 123-137.

[112]　Eisenhardt K M, Galunic D C. Coevolving: At last, a way to make synergies work[J]. Harvard Business Review, 2000, 78（1）: 91-101.

[113]　Gossain S. Cracking the collaboration code[J]. Engineering Management Review IEEE, 2003, 31（2）: 20-20.

[114]　Hobday M. Product complexity, innovation and industrial organisation[J]. Research Policy, 1998, 26（6）: 689-710.

[115]　Poppo L, Zenger T. Do Formal Contracts and Relational Governance Function As Substitutes or Complements?[J]. Strategic Management Journal, 2002, 23（8）: 707-725.

[116]　Luhmann N, Burns T, Poggi G. Trust and Power[J]. 1979.

[117]　Greiner L E. Evolution and Revolution as Organizations Grow： A company's past has clues for management that are critical to future success.[J]. Family Business Review, 1997, 10（4）: 397-409.

[118]　Hannan M , Freeman J. The Population Ecology of Organizations[J]. Social Science Electronic Publishing, 1977.

[119]　Ivery J M. Organizational ecology[J]. International Encyclopedia of Organization Studies, 2007, 31（4）: 7-19.

[120]　Sorenson O, Mcevily S, Ren C R, et al. Niche width revisited: organizational scope, behavior and performance[J]. Strategic Management Journal, 2006, 27（10）: 915-936.

[121]　Carroll G R. Concentration and Specialization： Dynamics of Niche Width in Populations of Organizations[J]. American Journal of Sociology, 1985, 90（6）: 1262-1283.

[122]　Popielarz P A, Mcpherson J M. On the Edge or In Between： Niche Position , Niche Overlap , and the Duration of Voluntary Association Memberships[J]. American Journal of Sociology（101）.

[123]　Echols A, Tsai W. Niche and performance： the moderating role of network embeddedness[J]. Strategic Management Journal, 2005, 26（3）: 219-238.

[124]　Macarthur R, Levins R. The limiting similarity, convergence, and divergence of coexisting species[J]. American Naturalist, 1967, 101（921）: 377-385.

[125]　Stuart T E, Podolny J M. Local search and the evolution of technological capabilities[J]. Strategic Management Journal, 1996, 17（S1）: 21 38.

[126]　Tisdell C, Seidl I. Niches and economic competition: implications for economic efficiency , growth and diversity[J]. Structural Change & Economic Dynamics, 2001, 15（2）: 119-135.

[127] Gallagher M. Niche Overlap and Limiting Similarity: An Ecological Approach to the Theory of the Firm.[J]. Journal of Evolutionary Economics, 1993, 3（1）: 63-77.

[128] Basset A, Rossi L. Relationships between Trophic Niche Breadth and Reproductive Capabilities in a Population of Proasellus coxalis Dollfus（Crustacea: Isopoda）[J]. Functional Ecology, 1987, 1（1）: 13-18.

[129] Payne A. Advances in relationship marketing[M]. Kogan Page, 1995.

[130] Parvatiyar A, Sheth J N. The Domain and Conceptual Foundations of Relationship Marketing[J]. In: Parvatiyar, Atul; Sheth, Jagadish N. Handbook of Relationship Marketing. Thousand Oaks, California: Sage Publications, 2000: 3-38.

[131] Barnett W P. The Organizational Ecology of a Technological System[J]. Administrative Science Quarterly, 1990, 35(1): 31-60.

[132] Singh J V. Organizational Niches and the Dynamics of Organizational Founding[J]. Organization Science, 1994, 5（4）: 483-501.

[133] Ferro G M, Calandra A J, Arvia A J. Toward An Institutional Ecology of Organizational Founding[J]. Academy of Management Journal, 1996, 39（5）: 1378-1427.

[134] Baum J A C, Mezias S J. Localized Competition and Organizational Failure in the Manhattan Hotel Industry, 1898-1990[J]. Administrative Science Quarterly, 1992, 37(4): 580-604.

[135] Cohen W M, Levinthal D A. Absorptive Capacity: A New Perspective on Learning and Innovation.[J]. Administrative Science Quarterly, 1990, 35（1）: 128-152.

[136] He J. Research on enterprise's innovation management to protection of commercial secrets[C] // International Conference on

Information Management, Innovation Management and Industrial Engineering. 2012: 92-94.

[137] Barron D N. Organizational Ecology and Industrial Economics: A Comment on Geroski.[J]. Industrial & Corporate Change, 2001, 10 (2): 541-48.

[138] Geroski P A. Exploring the Niche Overlaps between Organizational Ecology and Industrial Economics.[J]. Industrial & Corporate Change, 2000, 10 (10): 507-40.

[139] Grant R M. The Resource-Based Theory of Competitive Advantage[J]. California Management Review, 1991, 33 (3): 3-23.

[140] Gnyawali D R, Madhavan R. Cooperative Networks and Competitive Dynamics: A Structural Embeddedness Perspective[J]. Academy of Management Review, 2001, 26 (3): 431-445.

[141] Maskell B P. Growth and the Territorial Configuration of Economic Activity" paper presented to the DRUID conference in honour of Nelson and Winters[J]. 2015.

[142] Zollo M, Winter S G. From Organizational Routines to Dynamic Capabilities[J]. 1999.

[143] Krugman, Paul R. Geography and Trade[J]. Southern Economic Journal, 1992, 1.

[144] Lane P J, Lubatkin M. Relative absorptive capacity and interorganizational learning[J]. Strategic Management Journal, 1998, 19 (5): 461-477.

[145] Coombs R. Core competencies and the strategic management of R&D[J]. R & D Management, 2007, 26 (4): 345-355.

[146] Woodruff R B. Customer Value: The Next Source for Competitive Advantage[J]. Journal of the Academy of Marketing Science, 1997, 25 (2): 139-153.

[147] Marco Iansiti, Roy Levien. The New Operational Dynamics of

Business Ecosystems: Implications for Policy, Operations and Technology Strategy[J]. 2002.

[148]   Ring P S, Ven A H V D. Structuring cooperative relationships between organizations[J]. Strategic Management Journal, 1992, 13（7）: 483   498.

[149]   Garbarino E, Johnson M S. The Different Roles of Satisfaction, Trust, and Commitment in Customer Relationships[J]. Journal of Marketing, 1999, 63（2）: 70-87.

[150]   Doney P M, Cannon J P. An Examination of the Nature of Trust in Buyer-Seller Relationships[J]. Journal of Marketing, 1997, 61（2）: 35-51.

[151]   Bachmann R. Trust, Power and Control in Trans-Organizational Relations[J]. Organization Studies, 2001, 22（2）: 337-365.

[152]   Wang Y, Lo H P, Yang Y. The constituents of core competencies and firm performance: evidence from high-technology firms in china[J]. Journal of Engineering & Technology Management, 2004, 21（4）: 249-280.

[153]   Teece D J, Pisano G, Shuen A. Dynamic capabilities and strategic management[M] // Dynamic capabilities and strategic management: . Oxford University Press, 2009: 509-533.

[154]   Patel P, Pavitt K. The technological competencies of the world's largest firms: Complex and path-dependent, but not much variety ☆[J]. Research Policy, 1997, 26（2）: 141-156.